# 『大乗起信論』を読む

竹村牧男

春秋社

『大乗起信論』を読む

目次

# 『大乗起信論』を読む

# 第一章　『大乗起信論』について

## 『大乗起信論』の影響力

『大乗起信論』（以下、『起信論』）は非常に有名な書物で、古来、お寺さんのお坊さんもよく読んできました。東洋大学の創立者の井上円了は、東大の哲学科に入り、フェノロサから西洋哲学、特にヘーゲルの思想などを学びます。その際に原坦山という曹洞宗のお坊さんから『起信論』の講義を受けました。また東大の哲学科教授となった井上哲次郎も、同じように原坦山から『起信論』の講義を受けています。このように、明治の初期の哲学者は『起信論』の影響をかなり受けています。たとえば、井上哲次郎が現象即実在論として、『起信論』から哲学的な体系を作り出したように、彼らはヘーゲル等の哲学を解釈し理解する際にも、『起信論』を用いたりしました。

その他に、『起信論』の影響を受けた人物の一人に、鈴木大拙が挙げられます。彼がアメリカに渡って最初に取りかかった仕事が、『起信論』の英訳でした。そのときにさまざまな資料を大拙に届けてあげたのが、西田幾多郎です。この『起信論』の英訳が大拙の初めて出版した本となります。彼が英訳した『起信論』は、現在の私たちがよく目にする真諦《しんだい》訳ではなくて、もう一つの実叉難陀《じっしゃなんだ》訳の方です。そして、その後に『大乗仏教概論』という書物を大拙はアメリカで書くことになります。

戦後では、西洋神秘主義から入ってイスラーム神秘主義を研究した井筒俊彦も、最後に書いた書物は『起信論』でした。こうした例は他にもあると思いますが、『起信論』が近代以降にも影響力を与え続けてきた書物であることは間違いないでしょう。

## 大乗仏教綱要書としての『大乗起信論』

仏教といっても、上座部仏教や大乗仏教、密教などいろいろあります。そして、そのうちの大乗仏教の中にもいろいろな流れがあり、さまざまな教えが含まれています。しかし、そういった大乗仏教の教えの核心をわかりやすく短くまとめたすぐれた綱要書は、実はあまりありません。その一つは、『摂大乗論《しょうだいじょうろん》』でしょう。この書は唯識学派の無著《むじゃく》が著したと言われています。そしてもう一つが『起信論』です。『起信論』はその内容とともに、大乗仏教の綱要書として貴重な存在です。

## 『大乗起信論』の作者・訳者

先ほど挙げた『摂大乗論』は研究者の間でも無著の作とほぼ確定されています。サンスクリット語原本はほとんど残っていませんが、チベット語訳に翻訳されていて、漢訳も何本かあります。ところが、『起信論』の方は、チベット語訳もなく、いまだに研究者の間でもインド成立なのか中国成立なのか定まっておらず、誰が書いたのかもよくわからないとされています。

岩波文庫で出ている『起信論』では馬鳴《めみょう》作・真諦訳となっています。『仏所行讃《ぶっしょぎょうさん》』という、仏を讃える詩を作った馬鳴がいますが、その馬鳴は説一切有部と関係が深いとも言われ、時代的にも『起信論』の著者と同一人物とは思えません。

そして真諦の翻訳についても、中国撰述説をとる研究者は否定しますが、インド撰述説をとる研究者はそれほど問題視しません。しかし真諦は中国の南方で活躍した人ですが、『起信論』の用語を見ると、菩提流支《ぼだいるし》や勒那摩提《ろくなまだい》などの、どちらかというと北方の訳語と多く共通しています。そのため、今では真諦の訳ではなく、地論宗《じろん》(世親作『十地経論』を中心に研究する学派)系統の誰かの訳ではないかということが盛んに言われるようになってきています。

『起信論』の文体はいかにも経典の原語であるサンスクリット語を翻訳した感じになっていますが、

ところどころインドではありえないような表現もあったりします。一例に、五行（五つの修行）を説く中、止観行の説明に、奢摩他《しゃまた》観《かん》と毗鉢舎那《びばしゃな》観《かん》の語が出ますが、後者は「観観」の意となり、ふつうはありえない表現です（二三六頁参照）。しかし思想内容はインド以来の思想を確かに受け継いでいるというところがあります。そのため中国成立かインド成立か決め手がなかなかありません。今は地論宗との関係から成立の事情が探られている状況ではないかと思います。

その地論宗から展開したのが華厳《けごん》宗です。華厳宗では『起信論』は非常に重視され、華厳宗を大成した賢首大師《げんじゅだいし》法蔵《ほうぞう》は『起信論義記《ぎき》』という重要な注釈書を書いています。この書は、実は新羅《しらぎ》の元暁《がんぎょう》の注釈書にほとんど依拠していますが、華厳宗ではその後も『起信論』が非常に重視されていきました。

法蔵の『義記』では仏教をいくつかの宗に分類していますが、『起信論』を如来蔵縁起宗《にょらいぞうえんぎ》にあてて、そのかぎり最上位に置いています。しかし一方、法蔵の『華厳五教章』では、仏教を五教十宗に分類します。その五教とは、小乗教《しょうじょうきょう》、大乗始教《だいじょうしきょう》（唯識・中観）、終教《しゅうきょう》（如来蔵）、頓教《とんぎょう》（禅）、そして円《えん》教《ぎょう》（華厳）です。そのうち、『起信論』は終教にあたります。決して最上の教えである円教ではありませんし、その次の頓教でもありません（ただし離言真如は頓教）。このように、華厳の立場よりは低いと位置づけられてはいますが、重視もされてきたことは間違いありません。

## 『大乗起信論』の体系

『起信論』は非常に体系的に構成されています。その体系は「一心―二門―三大―四信―五行」と言われています。「一心」は衆生心のこと。衆生心というと、私たちの、惜しい、ほしい、憎い、かわいいというようなふだんからある煩悩のまとわりつく心です。『起信論』は、その煩悩にまとわりつく心の中にすばらしい性質があるのだということを説いていきます。

その一心の下に、「二門」があります。生滅門《しょうめつもん》と真如門《しんにょもん》です。生滅門から衆生心を分析していくと、迷いの状態から覚りの状態までいろいろと違ったありようが出てきますが、その衆生心の中に、「三大」という三つの偉大なる要素があります。その三つとは、体《たい》・相《そう》・用《ゆう》です。この体大・相大・用大というものが衆生心に具わっていると説きます。体というのは本体のことで、体大とは存在そのものとして偉大であることです。これは真如・法性《ほっしょう》にもつながっていきます。相というのは性質、属性を意味します。『起信論』の説明では、相大の説明として智慧や光明といったものが語られています。用というのは働き、衆生を救済する働きのことです。あるいは真如熏習《くんじゅう》といって、真如そのものが内から目覚めようと働いてくる、そういう働きを言います。私たちのふだんのつまらない心の中にも、実は体大・相大・用大という三つの大いなる要素が具わっていることを『起信論』は説くわけです。

そうした本来のいのちを実現していく仏道の中で、最も重要なのは「信」です。その信の内容は何かというと、真如と仏・法・僧の三宝《さんぽう》への四つの信とされています。そしてその四信を確立するための修行に、「五行」があります。五行の内実は六波羅蜜《ろっぱらみつ》です。布施《ふせ》・持戒《じかい》・忍辱《にんにく》・精進《しょうじん》の四つに、禅定《ぜんじょう》と智慧《ちえ》を合わせた止観《しかん》、の五つです。こうして、一心—二門—三大—四信—五行という体系の中で、教理を展開しているわけです。このように非常に組織立った構成は、インドにはあまり見られない点であり、中国的とも言えます。

内容の点から見ると、『起信論』では、ある唯識説が説かれています。この唯識は、法相唯識の系統とは違った、『楞伽経《りょうがきょう》』に基づく独特な唯識です。そして如来蔵、本覚思想が説かれています。さらに、一心・二門の真如門・生滅門というのは、ある意味では二諦《にたい》説です。世俗諦《せぞくたい》と勝義諦《しょうぎたい》の二諦説に関しては、中観《ちゅうがん》が根本にあります。ですから、インドの大乗仏教の思想的な流れ、唯識思想、如来蔵思想、中観思想を全部統合して組織し直したものが『大乗起信論』であると、私は見ています。思想的な流れの上では、インド思想を十分に踏まえているものになるわけです。

## 信の成就と成仏

「信」が強調して説かれている理由について考えてみましょう。一般の仏教は、「信」→「行」→

「証」というプロセスを取ります。教えをいただいて、それを学んで信じ、信が成就すると修行に入っていって覚りを開くという順序です。大乗仏教では一人一人が仏に成っていきます。仏に成るということは、自利利他円満の存在になることです。自分のいのちも大切にし、人のいのちも大切にする、そういうことが完成していくのです。このような自利利他円満の存在に一人一人が成っていくというのが大乗仏教です。そして、仏に成る階梯として、十信《じゅっしん》・十住《じゅうじゅう》・十行《じゅうぎょう》・十廻向《じゅうえこう》・十地《じゅうじ》・等覚《とうがく》・妙《みょう》覚《がく》の五十二位、あるいは十住・十行・十廻向・十地・仏の四十一位が言われています。この階梯にそって仏に成るために修行していくわけですが、唯識説などによりますと、それにはとてつもなく長い時間（三大阿僧祇劫《さんだいあそうぎこう》）がかかると言われています。そのため、その人がもう必ず仏に成るということが約束されるという段階において、宗教的救いが語られるようになります。

今、仏に成らなくても、必ず仏に成るということが約束されれば、安心《あんじん》になるわけです。ではそれはどの時点なのでしょうか。先ほど述べた五十二位や四十一位のうちの、信の位、行の位、証の位などが説かれたりします。いずれであれ、その約束された時点からは、もう退転することがないため、不退の位と言います。

そうした中、信が成就する段階が不退の位であると述べているのが、『華厳経』の「初発心時《しょほっしんじ》、便《べん》成正覚《じょうしょうがく》」（初発心の時、便ち正覚を成ず）の一文です。菩提心《ぼだいしん》を発すまでは信がなかなか確立されていません。でも信が確立されて初めて菩提心を発すれば、もう仏に成ったも同然だというような考え方です。信成就によって不退になる、そういう仏道の道があると華厳仏教ではとらえるわけです。

『起信論』も『華厳経』と同じく、信不退の道を説きます。信が確立されれば、もうあなたのいのちはやがて仏として実現していくのですよ、だから信の確立が大事なのですよ、と述べています。しかし、どういう信のあり方であるべきかは深い問題です。特に浄土真宗の説くような他力信仰は、自分が信ずるというよりも、信の心を向こうの仏の側から与えてくださると言います。そのため「如来より賜りたる信心」などと言います。このように、いろいろな信の考え方がありえますが、信成就のところで仏道というものが一つの大きな結着を得るので、信が重要視されるのです。

この点から、仏道の体系において信の問題に焦点をあてて語られているのが、『起信論』なのです。その一心―二門―三大―四信―五行では、「信」の後に五つの「行」があります。信成就してそこから五行を修行していくのかというと、実はそうではありません。「信」の確立にも修行が必要なので、『起信論』はその「信」を確立するために、どのような修行をすればよいかを説きます。その修行が五行になります。信のための「五行」が六波羅蜜として語られているわけです。そのため、修行の時間的なプロセスから言えば、「行」から「信」へというのが『起信論』の立場になります。

そうすると親鸞の『教行信証』と同じことになるかもしれません。そこでも、行から信への道が説かれているからです。しかし親鸞の場合の「行」は大行《だいぎょう》と言って、阿弥陀仏の第十七願に根ざした、諸仏が阿弥陀仏の御名《みな》を称えるという行なのです。自分の行ではなくて諸仏が南無阿弥陀仏と念仏を称える。それが衆生の耳に届いて、それを聞いて衆生が救われるのです。したがって、『教行信証』の「行」は自分の行ではなくて、諸仏の行であって、それによって信が確立すると言います。そして信成就すると、もう現生正定聚《げんしょうしょうじょうしゅ》（この世で仏に成ることが定まった人々）の仲間に入り、不退の位に達します。これが親鸞の立場です。

一方の『起信論』の場合では、その信を確立するために、自ら大乗仏教の基本的な修行である六波羅蜜を行じていきます。その中で「信」が成就していくのです。ところが六波羅蜜を行ずることもできない衆生がいます。その者のために、勝れた方便である念仏が説かれます。そのため、真宗系統の人には、『起信論』は一心―二門―三大―四信―五行―六字名号を説いていると言ったりする人もいます。

## 題号の読み方――信とは何か

このように、大乗仏教の基本的な教理が独特なかたちで織り込まれた書物が、『大乗起信論』です。この「大乗起信」という書名の解釈にもいろいろあります。たとえば①「大乗の信を起こす」、②「大乗に信を起こす」、③「大乗が信を起こす」というような解釈が挙げられます。この大乗とはいったい何なのでしょうか。一つには、小乗仏教に対する大乗仏教やその教理のことと考えられると思います。

それでは、大乗の信とは具体的に何でしょうか。『成唯識論《じょうゆいしきろん》』などでは、小乗仏教は我執《がしゅう》だけを断つと説きます。我執を離れる修行をして、我執だけを断って、生死《しょうじ》輪廻《りんね》を超えて涅槃《ねはん》に入ります。しかしそれでは本来のいのちの究極の目標を達成したとは言えない、と大乗仏教は批判します。

私たちには我執だけではなくて法執《ほっしゅう》、ものに対する執着もあります。そのものに対する執着をも断っていくと、菩提《ぼだい》が実現します。我執を断って涅槃を実現すると同時に、法執も断って菩提も実現するわけです。大乗仏教は、このように我執・法執あるいは煩悩障・所知障の二障を両方とも断って、菩提と涅槃とを実現することを目指します。

そして、その両方が実現したときに、大円鏡智《だいえんきょうち》・平等性智《びょうどうしょうち》・妙観察智《みょうかんざっち》・成所作智《じょうしょさち》という四つの智慧が実現して、生死の世界が空《くう》であることを明確に見届けることができるので、生死の世界に自由に入っていけるようになります。小乗のように生死を超えた涅槃に入ってしまうのではなくて、むしろ生死の中に入っていって、働いてやまない世界の中に涅槃を見出すわけです。これが、生死即涅槃《しょうじそくねはん》、あるいは無住処涅槃《むじゅうしょねはん》です。生死にも涅槃にもとどまらないという涅槃が菩提の下に実現し、それが仏という存在でもあるというようになっていくわけです。「大乗起信」とは、この大乗の教えに対しての信と考えられます。

一方、『起信論』は衆生心を説明していきますが、その衆生心の中に体大・相大・用大という三つの偉大なるものが具わっています。それは迷いの岸から覚りの岸へと到る乗物です。私たちの心自身が仏道を運んでいく乗物であるということです。私たちの衆生心そのものが、偉大なものであり乗物であるので、その心そのものが大乗なのだと見ることもできます。そのため、大乗に対する信とは私たちのいのちそのものの本質に対する信ということにも読めますし、さらには「（大なる乗物である、大乗の本質・本体である）衆生心が信を起こしていく」という意味にもとらえることができます。

つまり仏性《ぶっしょう》にあたるものが、真如随縁のように現実世界に働き出すと、大乗が発動して、そのことが信として結実していくと読めるかもしれません。このように、大乗というのは決して教理だけではなくて、むしろ衆生心であり、あるいはその衆生心に具わる仏心・仏性、大にして乗なるもの、という読み方もできるものなのです。

# 第二章　三宝への帰依——序分

## 帰敬偈——序分（1）

『起信論』は、初めに「序分」があり、第二「正宗分《しょうしゅうぶん》」、第三「流通分《るづうぶん》」と続きます。仏典は「序分・正宗分・流通分」に分類されることが多いです。「序分」は「はじめに」に相当し、「正宗分」が本論にあたります。この「正宗分」がまたさまざまな章・節に分かれていくことになります。「流通分」は「結び」や「まとめ」にあたり、「本書が弘まりますように」というお祈りの詩があてられています。

また「序分」の初めにも詩が載っています。この詩の内容を見ますと、仏法僧の三宝《さんぼう》への帰依、帰命が詠われています。三宝に帰依し奉るということがまず説かれ、その後にこの論を作成する目的が説かれます。インドで論師らが論書を造る場合には、まず仏にお祈りの詩を捧げます。自分が造る論がうまくいきますように、成功しますように、という願いを込めて最初に詩を捧げるということが、しばしばなされます。『起信論』もこのインドの例に則って、まず三宝に帰依することが説かれ、そして何のためにこの書を造るのかということを表して、それがうまくいきますようにとお願いし、祈りを捧げる内容になっています。

尽十方《じんじっぽう》の、最勝業《さいしょうごう》なる偏知《へんち》、色無礙自在《しきむげじざい》、救世《ぐぜ》の大悲者《だいひしゃ》と、
及《およ》び彼《かの》の身《しん》の体相《たいそう》の法性真如海《ほっしょうしんにょかい》、無量《むりょう》の功徳蔵《くどくぞう》と、
如実修行等《にょじつしゅぎょうとう》、とに帰命《きみょう》す。

## 三宝——序分（2）

### 仏宝

「尽十方の、最勝業なる偏知、色無礙自在、救世の大悲者」が仏宝《ぶっぽう》を意味しています。「尽十方の」とは、「ありとあらゆる世界の」という意味です。大乗仏教では三世十方多仏説、過去にもたくさん仏がいて、現在仏に成る者がいて、そして今は仏ではないけれども未来に仏に成る者がいると説きま

す。しかもそれがあらゆる世界にわたるわけです。十方（東西南北、四維、上下）にたくさんの世界があって、その世界ごとに仏が教化しているため、釈尊だけではなく、それらの仏さまたち全員に帰依することになります。

「最勝業」とは、「最も勝れた働きを持てる」という意味です。「業」は働きのことで、仏教ではふつう身・語・意と言って、体の行為・言葉の行為・心の行為の三方面で行為全体を見ていきます。

その仏のすばらしい働きは何かというと、「偏《あまね》く知る」、一切を知り尽くしていることです。仏は、真如・法性を無分別智《むふんべつち》で証して、ありとあらゆるものにゆきわたっている普遍なる存在、本性を如実に証しています。また後得智《ごとくち》によって、あらゆる現象の一つ一つを的確に把握しています。仏は、その両者を含めた一切知の智慧を持っていることになります。

「色無礙自在」とは、妙なる物質からなる仏の身体のことです。これを妙色身《みょうしきしん》と言います。唯識では、心の深層にある八番目の識、阿頼耶識《あらやしき》の中に、身体と環境が維持されていると説きます。この身体は不可知で、五感を通してしか認識できない私たちにはどういうものかはわかりません。仏に成ると、その第八阿頼耶識は大円鏡智という智慧になって、仏としての身体と仏国土、浄土を維持していくことになります。『起信論』では、そこを「色無礙自在」、自由自在なる色身を持っていると言っているのです。さらに、その色身は、他者の身体と融通無礙で、相即相入して融け合っていると理解してもよいかもしれません。他者をも自分の体としていると言ってよいのではないかと私は思います。

そして「救世」とは、世間の人々を救うことです。世間とは、煩悩に覆われて苦しんでいる人たちが住んでいるところです。それに対して、出世間というと、覚りの智慧の世界ということになります。その世間の人々を救おうという心が「大悲」です。「大悲」の悲は「慈悲」の悲で、慈悲という言葉は、「マイトリー」と「カルナー」の訳語です。慈はマイトリーですが、これは「ミトラ」（友だち、友人）に由来する言葉で、友情という意味合いになります。悲はカルナーで、相手に同情していくこと、シンパシーのようなものです。相手が苦しければ自分も苦しい、相手が嬉しければ自分も嬉しいといった感情の心が悲の心です。世間の人びとはみなすでに苦しんでいるわけですから、一緒になって苦しむことになります。

ところがたんなる慈悲ではなくて、「大悲《だいひ》」とあります。この「大」には次のような意味があるのではないかと思います。一つには世間的な苦悩を解決するのではなくて、まさに根源的な苦悩、人間の生死に関わるような苦悩や、あるいは宗教的な苦悩を抜いていくことから「大」であるという解釈です。もう一つは、無条件であるから「大」であるという解釈です。何か条件を付けて、この者たちは道徳的に正しいから救おう、この者たちはどうも好い加減ででたらめだから救うのはやめておこう、というような差別がないことです。無条件にどのような人にでも関わって救っていくことが、「大悲」の「大」の意味と考えられます。

## 法宝

次に、「彼の身の体相の法性真如海、無量の功徳蔵」が法宝《ほうぼう》に相当します。法宝の法とは、ふつう、教法、教えを指します。また教えが説き表している、真理そのものを指すこともあります。

「彼の身」とは仏さまのことで、その本体とすばらしい性質が「体と相」です。『起信論』は体と相に、働きを意味する「用《ゆう》」を加えて、体（大）・相（大）・用（大）という概念を用います。

「法性真如海」が仏さまの本体を意味しています。「法性」は諸法の本性という意味ですが、自己も仏身も諸法から成り立っていると言えますので、その体は諸法の本性である法性と言ってもさしつかえありません。別の言葉で言えば真如になります。法性はサンスクリット語では「ダルマター」と言います。真如は「タタター」と言って、実は空性《くうしょう》（シューニヤター）と同じです。

あらゆるものに常住の本体、実体はありません。現象としてはあっても、それは刹那《せつな》刹那生じては滅し生じては滅しを繰り返しながら相続しています。あるいは縁起の中で成立して、自分で自分を支える存在はありません。どのような現象も、それ自身の常住の本体を持っていないわけで、それを空と言います。その空というあり方そのもの（空性）が、ありとあらゆるものにゆきわたっているわけです。しかもこの本性はたんなる無ではなくて、その中で現象が生成していきます。現象世界を展開していく、成立せしめる何らかの働き、性能を持っているのです。このように空性は決してネガティブな面だけではありません。そのポジティブな面をダルマターとかタタターとか呼んでいるわけです。そしてその広大なるあり方を、「海」という言葉で喩えています。

「無量の功徳蔵」は、仏が無量の功徳を蔵しているという意味で、「相」（性質）にあたります。法宝としてとらえる場合は、その仏身に「蔵」されている「無量の功徳」を指すと取るのがよいでしょう。

「功徳」の内容については、相大の説明の中で智慧の働きや光明を発する働きと語っています（一五三頁）。

教えが明かす存在や功徳が、法を意味するダルマという言葉で表されることがしばしばありました。大乗以前でも、「ダルマカーヤ」（法身）という言葉があって、これは無量の「功徳の聚《あつま》り」という意味です。つまり、法宝の法には功徳の意味もあって、すばらしい性質を指すことになります。

僧宝

それから「如実修行等」が僧宝《そうぼう》に相当します。『起信論』では「如実修行」という言葉がよく使用されていますので、これを一つの語と見た方がよいと思います。要するに修行者を意味していますが、「如実」とあるように、低い階位の修行者でなくて、ある程度修行を修めた一定の位に達した菩薩《ぼさつ》たちのことを指しています。

伝統的な仏教における三宝は、ふつうは釈尊（仏）とその教え（法）と具体的に存在しているサンガ（僧、僧伽）でしょう。しかし、『起信論』では、三世十方の諸仏（仏）と、その本性及びそこに実現している諸々の功徳（法）、そしてそれを目指して修行しているあらゆる修行者たちのすべて（僧）とあるように、仏教の宗教体験の中で自覚され、味わわれた眼に見えない仏・法・僧が描かれています。『起信論』の僧宝は、人間の自他のつながりのあり方の中でそれぞれ修行しているその集まり全体、根源的な共同体として見られているのです。

釈尊の昔から、サンガには現前《げんぜん》サンガと四方《しほう》サンガとがありました。「現前」とは、眼に見えるその地域ごとの修行共同体です。その具体的な共同体に対して、それを包摂する、理念的な眼に見えない仏教徒全体の共同体と考えられたものが、四方サンガです。ちなみに、律宗の唐招提寺《とうしょうだいじ》の「招提」という語は、その「四方」という意味です。律は特定の宗派だけで勉強するのではなくて、あらゆる宗派の者が勉強しなければならないものです。四方から集まって勉強しなければならないので、四方サンガのようなあらゆる修行者の共同体の意味合いが、招提に込められているわけです。

以上、これらの三宝に「帰命する」わけです。「帰命」は帰依するということですが、サンスクリット語では「ナマス」と言います。後に濁音や母音などの影響で訛って「ナモウ」になり、「ナモウアミターバ」とか「ナモウアミターユ」と変化して、「南無阿弥陀」仏となりました。インドのごく日常の挨拶で「ナマステー」と言いますが、「テー」は「貴方に」という意味で、「ナマステー」は「貴方に帰依します」という意味です。

その南無が「帰命」と漢訳されたことによって、「自分の命を三宝に帰します」という解釈も出てきました。また、仏陀の命令に帰順しますという解釈も出てきました。このように翻訳語から新しい解釈が生まれたりすることもあります。

## 祈願文——序分（3）

衆生《しゅじょう》をして疑《ぎ》を除《のぞ》き邪執《じゃしゅう》を捨《す》て、大乗《だいじょう》の正信《しょうしん》を起《おこ》し、仏種《ぶっしゅ》をして断《だん》ぜざらしめんと欲《ほっ》する為《ため》の故《ゆえ》に。

続いて祈願文が続きます。ここではまず、衆生に誤った執着、「邪執」を捨てさせるとあります。この「邪執」とは、詳しくは『起信論』の「対治邪執」のところで述べられていますが、人我見と法我見のことです。一般に人我見とは自我に対する執着で、ものに対する執着が法我見です。

そして「大乗の正信を起」こさせてとなります。「大乗の正信」の意味も、「大乗仏教における正しい信」や「大乗に対する正しい信」等といろいろに解釈できますが、それらを含めて、「大乗の正しい信を」でしょう。

その後の「仏種」とは、仏に成る種、つまり必ず仏に成っていくその人のことです。修行者の聚りで正定聚《しょうじょうしゅ》・邪定聚《じゃじょうしゅ》・不定聚《ふじょうしゅ》という分け方があります。正定聚というのは仏に成ることが約束された者たちという意味です。邪定聚はそれが約束されない者たち、不定聚はどちらとも決まっていない者たちのことです。そういう仏に成ることが約束された者にあっては、そこに「仏種」があるということになるわけです。

その者はいずれ仏に成るので、いわば仏の家系が断絶せずに、常に仏が現れていくことが実現していきます。そのことを実現させるために、というのが、「仏種をして断ぜざらしめんと欲する為の故に」の意味です。

その仏に成ることの確約は、仏に成っていく階梯の中で、もう退くということがなくなる段階、不退の位と関係します。不退の位はどこなのか、という議論はいろいろあります。たとえば、『華厳経』では信を非常に重視していますので、「初発心時便成正覚」という言葉もあるように、信満成仏説《しんまんじょうぶつ》（十信の成就においてすでに仏果に達したと見る説）に立ちます。

その流れの中に『大乗起信論』もあります。そのため、正しい信を起こすということは、その信が決定する、信が成満するということも含んでいるわけです。信が成満するときに正定聚の位に入り、仏種が確立されて、断ずることがなくなります。そのことを願ってこの書を書くわけです。ぜひそのことが成功するようにお守りください、といった祈りの詩が帰敬偈として最初に挙げられているのです。

# 第三章　書かれた理由と主旨――正宗分（一）

## 五つの章立て

論《ろん》に曰《いわ》く、法有《ほうあ》り、能《よ》く摩訶衍《まかえん》の信根《しんこん》を起《おこ》す。是《こ》の故《ゆえ》に応《まさ》に説《と》くべし。
説《せつ》に五分有《ごぶんあ》り。云何《いかん》が五《いつつ》と為《な》す。
一《ひとつ》には因縁分《いんねんぶん》、二《ふたつ》には立義分《りゅうぎぶん》、三《みつ》には解釈分《げしゃくぶん》、四《よつ》には修行信心分《しゅぎょうしんじんぶん》、五《いつつ》には勧修利益分《かんじゅりやくぶん》なり。

ここで挙げられる「法」が何を指すかは、いろいろ考えられます。衆生心そのものともとらえられますし、教えともとらえられます。またはその両方ともとらえることができます。さらに、大乗（摩訶衍）の信根を起こすような仏身・仏性というふうにも読めます。

問題は「信根」と「根」が付いていることです。この「根」が付いているということは、信成就したところを意味します。たんなる信心ではなくて、確立された信だから、「信根」であると解釈されています。その大乗（摩訶衍）の信根を起こすことができる「法」があるので、これからその法について説きましょう、と言うのです。事実上、この法とは、教えのことになるでしょう。

それを説く本論＝「正宗分」では、「因縁分」「立義分」「解釈分」「修行信心分」「勧修利益分」と、五つに分けて説いていきます。

「因縁分」というのは、何故この論を説くのか、そのいわれ、因縁、理由を明かすところです。

二つ目の「立義分」は、この論で説きたい根本的な主張になります。

仏教の世界の論理学を因明《いんみょう》と言います。インドでは論理学は弁論術、あるいは論争術を意味します。相手と論争していかに勝つかが大事で、そのためには誤謬やミスのない論証をしていかなければなりません。その方法について研究するのが因明です。一般には、三段論法のように、最初に命題を掲げて、その後にその理由を述べ、一般的と思われる具体的な事例を挙げて、その証明とします。この最初に掲げる命題を漢訳では「立義」と呼んだりします。

したがって、立義分とは、『起信論』が最も言いたい根本命題、根本主張が明かされるところなのです。その根本主張とは、衆生心に三大があるということです。また、衆生心には此岸から彼岸へと運ぶ乗物の意味があるということです。そのように、衆生心は大であり乗であるから、衆生心こそ大乗だという主張が簡潔に述べられます。

三つ目の「解釈分」は、その命題が表している世界を、生滅門《しょうめつもん》・真如門《しんにょもん》の二門から三大とか本覚など、さまざまなかたちで詳しく解説していく部分です。ここでは、唯識的な説明や如来蔵的な説明が展開されます。

四つ目の「修行信心分」では、自己の本来のあり方がわかった後で、どのように自己実現していくのかを説いていくところです。それには長い道のりがあるけれども、まずは信を成就することがポイントだと説明します。そして、その信を成就するための修行についても説明されます。

それが、六波羅蜜《ろっぱらみつ》の布施《ふせ》・持戒《じかい》・忍辱《にんにく》・精進《しょうじん》・禅定《ぜんじょう》・智慧《ちえ》のうち、禅定と智慧を止観《しかん》の一つにまとめて五つにした五行で、五行が信を形成するという仕方になっています。

五つ目の「勧修利益分」は、その修行をすれば、どういった利益があるかを示して、人々にその修行を勧める部分です。

## 著述の八つの理由――因縁分（1）

初《はじ》めに因縁分《いんねんぶん》を説《と》かん。
問《と》うて曰《いわ》く、何《なに》の因縁《いんねん》有《あ》りて此《こ》の論《ろん》を造《つく》るや。
答《こた》えて曰《いわ》く、是《こ》の因縁《いんねん》に八種《はっしゅ》有《あ》り。
云何《いかん》が八《やつ》と為《な》す。

一《ひとつ》には因縁総相《いんねんそうそう》なり。所謂衆生《いわゆるしゅじょう》をして一切《いっさい》の苦《く》を離《はな》れ究竟《くきょう》の楽《らく》を得《え》せしめん為《ため》なり。世間《せけん》の名《みょう》利《り》・恭敬《くぎょう》を求《もと》むるに非《あら》ざるが故《ゆえ》に。

二《ふたつ》には如来《にょらい》の根本《こんぽん》の義《ぎ》を解釈《げしゃく》して、諸《もろもろ》の衆生《しゅじょう》をして正《ただ》しく解《げ》して謬《あやま》らざらしめんと欲《ほっ》するが為《ため》の故《ゆえ》に。

三《みっつ》には善根成熟《ぜんごんじょうじゅく》の衆生《しゅじょう》をして、摩訶衍《まかえん》の法《ほう》に於《おい》て不退《ふたい》の信《しん》に堪任《かんにん》ならしめん為《ため》の故《ゆえ》に。

四《よっつ》には善根微少《ぜんごんみしょう》の衆生《しゅじょう》をして信心《しんじん》を修習《しゅじゅう》せしめん為《ため》の故《ゆえ》に。

五《いつつ》には方便《ほうべん》を示《しめ》し悪業障《あくごっしょう》を消《け》して善《よ》く其《そ》の心《しん》を護《まも》り癡《ち》・慢《まん》を遠離《おんり》し邪網《じゃもう》を出《い》でしめん為《ため》の故《ゆえ》に。

六《むっつ》には止観《しかん》を修習《しゅじゅう》することを示《しめ》し凡夫《ぼんぶ》・二乗《にじょう》の心過《しんか》を対治《たいじ》せん為《ため》の故《ゆえ》に。

七《ななつ》には専念《せんねん》の方便《ほうべん》を示《しめ》して仏前《ぶつぜん》に生《しょう》じて必定《ひつじょう》して信心《しんじん》を退《たい》せざらん為《ため》の故《ゆえ》に。

八《やっつ》には利益《りやく》を示《しめ》し修行《しゅぎょう》を勧《すす》むる為《ため》の故《ゆえ》に。

是《かく》の如《ごと》き等《とう》の因縁有《いんねんあ》り。所以《ゆえ》に論《ろん》を造《つく》るなり。


『起信論』を造る理由（因縁）について八つ挙げられます。「因縁」にはいろいろな意味がありますが、ここではいわれとか理由とか訳《わけ》と取ってよいかと思います。寺院が建立されたいわれを○○縁起と言ったりしますが、これも同じような使われ方です。

## 第一の理由

最初に全体的な理由、『起信論』全体を通じての理由が挙げられます。

「衆生をして一切の苦を離れ究竟の楽を得せしめん為なり」。一番上に「為」という字があって、最後に「故」という字があります。このスタイルは、二以下もみなほぼ同じです。二以下は、「……の為めの故に」と、全部そういう読み方をしています。ここも同じように読もうとすると、「衆生をして一切の苦を離れ、究竟の楽を得、世間の名利・恭敬を求むるに非ざらしめん為めの故に」となります。しかしそうすると「衆生に世間の名利と恭敬とを求めさせないように」という意味になって、不自然な文章に思われますので、「究竟の楽」のところで切る読み方がよいでしょう。

「人びとを一切の苦しみから離れさせる」とありますが、仏教の場合、苦しみといえば四苦・八苦が代表的です。生・老・病・死の四つが四苦で、それに愛別離苦《あいべつりく》・怨憎会苦《おんぞうえく》・求不得苦《ぐふとくく》・五蘊盛苦《ごうんじょうく》の四つを加えたものが八苦です。生・老・病・死は、生まれたこと自体が苦しみであること、老いる苦しみのこと、病む苦しみのこと、死ぬ苦しみ・死の苦しみのことです。そして愛別離苦は、愛する者と別離する、別れなければならないという苦しみ。怨憎会苦は、恨み憎む者と会う苦しみです。嫌な人と出会うだけではなくて、そういった人と一緒に仕事をしなければならないという苦しみも含まれます。求不得苦は、求めても得られない、ほしいものが得られないという苦しみです。五蘊盛苦の五蘊とは、色《しき》・受《じゅ》・想《そう》・行《ぎょう》・識《しき》のことです。これら個体を構成している身心の諸要素の活動が盛んで、コントロールが利かないことの苦しみが五蘊盛苦です。

これらの苦しみの根本は、やはり生死の苦しみ、死の苦しみでしょう。いずれは死んでしまうというこの自己とはいったい何なのかという疑問や不安といった根本的な苦しみです。この問題の解決は宗教によるところが大きいと思います。

そして、「究竟の楽を得」させます。感覚的な楽しみや快楽を得させるのではなくて、宗教的な楽、究極的な楽しみを得させるのです。それは自分という存在が何であるかということを自分なりに了解できて得られる楽ではないかと思います。それを得させるために、この『起信論』を造ったわけです。

「世間の名利・恭敬」とは、一般の人々の煩悩が渦巻いている世間における名誉や実利、あるいは尊敬等々、そういうものを求めるためではないということです。ここでは、「為に」で切って、この『起信論』を造る私が、世間の名利等を求めるわけではなくて、あくまでも人々の苦しみを解決したいために造るのです、と読みたいと思います。

第二の理由

「如来の根本の義」とは、仏さまが覚りを開いて、その中で見た世界のあり方、私たちが迷って見えないでいる世界の本当の姿です。それを作者が解説して、衆生に正しく理解させて、その理解に誤りがないようにさせたい。つまり、世界と自己に関する正しい理解を持たせるために、この『起信論』を書いたのだということです。これは「立義分」と「解釈分」のことを指して言っているといと見なされています。

第三の理由

「善根成熟の衆生」は、もう信がすでに定まった人のことです。そういう者に対して、大乗の教え（摩訶衍の法）、あるいは大乗の教えが明かしている真理の世界を十分に理解し、大乗のさまざまな修行の世界に対して、それにそって十分に行動できるようにさせる（堪任。任に堪える）のです。成就した信をそれ以上退却させないことです。ここは「解釈分」の「分別発趣道相」が想定されています。

第四の理由

次は、「善根微小の衆生」、善根が微小でまだ信成就に至っていない人々に対して、信を決定させることを述べています。「信心を修習せしめ」るというのは、信心を確立させるための修行を「修習せしめ」るということでしょう。後の「修行信心分」が相当することになります。

ここでは、「信心」がいかに大切で、それを確立させることがどれほど仏道上のポイントになるか、ということが訴えられているかと思います。「信心」といっても、大乗の場合はやみくもに信ずることではなくて、知的な教えに対する了解（信解）というものが基本になるかと思います。

第五の理由

「方便」と言うのは手立てです。ここでは修行の方法ということです。それによって、「悪業障」という、過去にいろいろ無明・煩悩を起こしてきた障りを消していくわけです。

そしてその心を無明・煩悩に患わされないように護ります。特に「癡・慢を遠離し」の「癡」というのは無明です。「慢」は、他者と自己を比べながら何とか自己を保全しようという心、慢心のことです。煩悩には他にもいろいろあって、唯識の五位百法の分類では、根本煩悩に、「貪《とん》」（貪り）・「瞋《しん》」（怒り）・「癡」（無明）・「慢」（慢心）・「疑《ぎ》」（疑い）・「悪見《あくけん》」（悪しき見解）という六つを挙げています。ここでは「癡・慢」が代表として挙げられていますが、この語にはそれら六つの根本煩悩に加えて、さらには随煩悩まで含んでいると見てよいのではないでしょうか。

そういうものを遠く離れて、「邪網を出でしめん為の故に」とあります。「邪網」は、「邪《よこしま》なる網《あみ》」ということになりますが、魔の障りのことでしょう。修行していくと魔が出てきて邪魔すると、仏道修行上よく言われたりします。特に禅では魔境といって、坐禅が深まれば深まるほど、観音さまなどが現れたりするが、それにとらわれてしまうととんでもないことになってしまうと言います。

この修行上に現れる魔性については、他の文献にはあまり触れられていなくて、『天台小止観』などいくつかしかありませんが、『起信論』ではかなりきちんと書いています。ここは、その部分を指して言っているのでしょう。

### 第六の理由

「止観を修習すること」は非常に大事です。止観は『起信論』が説く五行の一つです。六波羅蜜の中の定（禅定）と慧（智慧）を合わせて修する止観は、仏道修行の上で最も基本的なものです。これによって、凡夫と二乗（声聞・縁覚）の、自分の問題さえ解決できればよい、自分だけ生死輪廻の苦しみから逃れさえできればよいのだというような心の過ちを対治していくのです。止観には、このように究極的な大乗の真理を自覚していくと同時に、小乗の我執を対治し、一種のエゴイズムのような立場を越えていく働きもあるのかと思います。

### 第七の理由

そういう六波羅蜜の止観行に堪えられない者には、「専念の方便を示し」ます。その方便とは専ら念仏するという方法です。後で説明がありますが、この念仏は称名念仏《しょうみょうねんぶつ》ととってよいでしょう。それは勝れた方便ということで、勝方便《しょうほうべん》として説かれています。

念仏によって、仏がいらっしゃる浄土に往生して（「仏前に生じ」）、そこで修行していきます。すると、浄土において初めて信心が退転しない境地に入っていきます。実際に『無量寿経』などの浄土教経典にも、「即得往生、住不退転」と、往生して不退に住することが考えられていますので、その立場に相応しているととらえてよいでしょう。念仏が『起信論』に説かれていることは興味深いことです。

### 第八の理由

これは「勧修利益分」の理由です。仏道修行の利益を示して、その修行を勧めるということです。

以上の八つの理由から、『大乗起信論』を五つの章立てで造りました、というわけです。

## 著述理由への質疑応答――因縁分（2）

問《と》うて曰《いわ》く、修多羅《しゅたら》の中《なか》に具《つぶさ》に此《こ》の法有《ほうあ》り。何《なん》ぞ重《かさ》ねて説《と》くことを須《もち》ゆるや。

答《こた》えて曰《いわ》く、修多羅《しゅたら》の中《なか》に此《こ》の法有《ほうあ》りと雖《いえど》も、衆生《しゅじょう》の根《こん》・行等《ぎょうひと》しからず、受解《じゅげ》の縁別《えんべつ》なるを以《もっ》てなり。

所謂如来《いわゆるにょらい》の在世《ざいせ》には、衆生利根《しゅじょうりこん》なり、能説《のうせつ》の人《にん》も色《しき》・心業勝《しんごうすぐ》れ、円音一《えんのんひと》たび演《の》べたもうに異類《いるい》等《ひと》しく解《げ》すれば則《すなわ》ち論《ろん》を須《もち》いず。若《も》しは如来《にょらい》の滅後《めつご》に或《あるい》は衆生《しゅじょう》の能《よ》く自力広聞《じりきこうもん》を以《もっ》て解《げ》を取《と》る者有《ものあ》り。或《あるい》は衆生《しゅじょう》の亦《ま》た自力少聞《じりきしょうもん》を以《もっ》て多《おお》く解《げ》する者有《ものあ》り。或《あるい》は衆生《しゅじょう》の自《みずから》の心力無《しんりきな》く広論《こうろん》に因《よ》りて解《げ》を得《う》る者有《ものあ》り。自《おのずか》ら衆生《しゅじょう》の復《ま》た広論《こうろん》の文多《もんおお》きを煩《はん》と為《な》すを以《もっ》て、心《しん》に総持《そうじ》の文少《もんすく》なくして多義《たぎ》を摂《しょう》するを楽《ねが》いて能《よ》く解《げ》を取《と》る者有《ものあ》り。是《かく》の如《ごと》く此《こ》の論《ろん》は如来《にょらい》の広大深法《こうだいじんぽう》の無辺《むへん》の義《ぎ》を総摂《そうしょう》せんと欲《ほっ》する為《ため》の故《ゆえ》に、応《まさ》に此《こ》の論《ろん》を説《と》くべし。

質問

「修多羅」とはサンスクリット語のスートラの音写で、経典のことです。いろいろな経典にすでに『起信論』が説く「信を不退ならしめる方法」とか、「如来の根本義の解説」などの教え（此の法）が詳しく（具に）説かれているのに、どうして改めて説く必要があるのかという質問です。「須」とは「須《すべから》く～すべし」とも読みますが、ここでは「須《もち》ゆるや」と読む方が坐りがよいと思います。

回答

質問の答えの一つが、「衆生の根・行等しからず」です。「根《こん》」とは、資質とか、生まれつき持っている能力などを意味する機根のことです。「行《ぎょう》」は、それまでに修行してきた行のあり方で、そういったものは人それぞれみな別々だからと答えています。だから、いろいろな仕方で説かれてよいはずと言うのでしょう。

また、もう一つの理由として、解説を受ける縁（受解の縁）の違いも挙げています。いろいろな師匠や仏に出会って教えを受けたりしますが、そのあり方がいろいろ異なっているわけです。教えを授ける方も、仏だけでなく勝れた弟子、劣った者などさまざまですし、教えを受ける側も、理解する能力や教えてもらう機会はさまざまです。

このことについて、続いて釈尊が生きていた当時と入滅後の世界を比較して詳しく解説していきます。

釈尊が生きていた当時は、教えを説く方もそれを聞く衆生も勝れていたと述べています。「能説の人」とは説法する人ですから、釈尊のことです。その如来は、心の働きだけではなく体の動作も含めて勝れていました（「色・心業勝れ」）。そのため、完全なる説法（円音）を少しでもすると、ありとあらゆる生きとし生けるものがその説法を聞いて、みなそれぞれ自分なりに理解していくことができたのです。この「異類」というのは、資質（根）が異なっているという意味もありますし、さらには人類以外の、天龍《てんりゅう》・夜叉《やしゃ》・緊那羅《きんなら》といった意味も含んでいるのかもしれません。ともかく、したがって経典を解説する論などは必要なかったわけです。

ただし、当然のことながら、実際に釈尊が生きていた当時すべての人がみな勝れていたとはかぎりません。このことについて、道元禅師も同じようなことを述べています。「必ずしも釈尊の在世に、勝れた人ばかりがいたわけではない。勝れた人もいたかもしれないが、劣った人もいたのだ。それは今も同じで、劣った人もいるし、勝れた人もいる。その勝れたとか劣ったとかいうことは何に由来するのかというと、志の切なるか切ならざるかによるのだ」と。それでは、志の切なるは何によるかというと、無常を観察するか否かだと言うのです。「無常という厳然たる事実をありのままに見つめるか否か、それが志の切実さ如何をもたらすのだから、如来の在世ばかりが勝れていたとはかぎらないのだ。今日においても、それが深まるほど正に利根の人になるのだ」と、道元禅師は言われました。ある意味では末法思想を否定されたことになります。

次に、如来滅後の話となります。釈尊が亡くなった後では、たくさん教えを聞いてその意味を正確にとらえることができる人（「或は衆生の能く自力広聞を以て解を取る者」）がいたり、時間をかけて多くを学ぶことに堪えられないけれども、少し学んだことから、その意味内容を深く多く学び取ることができる人（「或は衆生の亦た自力少聞を以て多く解する者」）がいたりします。「広く」とは「たくさん」、あるいは「細かく詳しく」という意味です。

あるいは、自分の心の力が乏しいので、詳しく解説した論書（広論）を読むことによって、初めてその内容を理解することができる人（「或は衆生の自の心力無く広論に因りて解を得る者」）がいます。反対に、詳しく説かれた書物は読むに堪えられないので、短い文言で多くの意味内容をたたえているもの（総持）を願って、そのわずかの文言から理解を得る人（「自ら衆生の復た広論の文多きを煩と為すを以て、心に総持の文少なくして多義を摂するを楽いて能く解を取る者」）がいたりします。

このように人びとの能力はさまざまですが、短い文言の中で深い理解を得たいという期待や需要があるので、如来の広大な深い教えや真理の極まりない意味を本書の中に収めようというのが、『起信論』を造る目的なのです。そこには、あまり多くない分量の文章にしようということが言外にあるのでしょう。『起信論』は、ある意味では比較的少ない分量の中に多くの意味を込めた「総持」として造られたものと言えます。「総持」はダラニの意訳です。

これが「因縁分」の結びになっているわけです。

## 摩訶衍とは何か——立義分（1）

已《すで》に因縁分《いんねんぶん》を説《と》きつ。次《つぎ》に立義分《りゅうぎ》を説《と》かん。
摩訶衍《まかえん》というは総《そう》じて説《と》くに二種《にしゅ》有《あ》り。
云何《いかん》が二《ふたつ》と為《な》す。
一《ひとつ》には法《ほう》、二《ふたつ》には義《ぎ》なり。
言《い》う所《ところ》の法《ほう》というは謂《いわ》く衆生心《しゅじょうしん》ぞ。是《こ》の心《しん》に則《すなわ》ち一切《いっさい》の世間《せけん》と出世間《しゅっせけん》との法《ほう》を摂《しょう》す。
此《こ》の心《しん》に依《よ》りて摩訶衍《まかえん》の義《ぎ》を顕示《けんじ》す。
何《なに》を以《もっ》ての故《ゆえ》に。
是《こ》の心真如《しんしんにょ》の相《そう》は即《すなわ》ち摩訶衍《まかえん》の体《たい》を示《しめ》すが故《ゆえ》に。
是《こ》の心生滅因縁《しんしょうめついんねん》の相《そう》は能《よ》く摩訶衍《まかえん》の自体《じたい》と相《そう》と用《ゆう》とを示《しめ》すが故《ゆえ》に。

### 摩訶衍の二種

次に『起信論』の一番根本の主張を明らかにしていきます。

「摩訶衍」とは、サンスクリット語のマハーヤーナの音写で、意味は「大乗」です。ふつう、大乗は、小乗仏教に対して言われます。あるいは声聞《しょうもん》乗・縁覚《えんがく》乗に対して菩薩《ぼさつ》乗と言われたりもします。「乗」とは乗物のことですが、実際には教義を意味しますので、大乗は「偉大なる教義」という意味です。

そのため、「大乗というもの」など、ふつうはあまり考えないのではないかと思います。しかし、『起信論』は「大乗というもの」があるのだと言います。実際には「心」ということになっていきますが、大乗という何かある「もの」があると主張します。なぜそれが「大乗というもの」かというと、そのものには「大であり乗である意味」があるからだと説明します。

「総じて説くに」というのは、全体をまとめて説けば、というような意味合いです。それ（摩訶衍）をまとめて説けば、というような感じでしょうか。それは、「二種有り」と、二つにまとめることができると言います。

大乗というものを二つにまとめます。その二つは何かというと、一つが法です。「法」には真理や法律、五位百法に見られる世界の構成要素など、多様な意味がありますが、ここでは何かあるものというような意味合いの法です。二つ目が、意義（義）です。

法

その法について何かというと、それは衆生心です。この衆生心という言葉も、衆生の心をどこで見ていくかで解釈が異なってきます。

一つは、个爾《けに》の心といって、凡夫のその時その場の一瞬の心、「惜しい、ほしい、憎い、かわいい」と思うその心を指します。この个爾の心は、特に天台系などで言われたりします。この場合は、凡夫の心は無明・煩悩そのものであるかもしれませんが、それがそのまま大乗なのですよ、というような意味合いになります。

もう一つは、衆生は無明・煩悩に覆われているけれども、その根底にある私たちを彼岸に運んでいく自性清浄心《じしょうしょうじょうしん》というような心です。この場合は、衆生心が有している如来蔵とか自性清浄心といった覚りの心、仏の心と解釈してよいでしょう。

このように衆生心を、一瞬一瞬の凡夫の心というところで見るというあり方が一つあります。一方で、凡夫の心であるけれども、実質的・究極的には、そこに潜んでいる自性清浄心そのものを意味しているという解釈もありうるわけです。

その二つの取り方がありうることを、まずはおさえておいて、『起信論』の全体を読み終わったときに、衆生心とは何か、改めて考え直してみたいと思います。

「世間」法とは、迷いのさまざまな心の働きとそこから展開するさまざまな事象です。「出世間」法とは、覚りの智慧や、無明・煩悩を脱してその漏泄《ろせつ》がなくなった無漏の心の働きとそこから展開するさまざまな事象です。「是の心」すなわち衆生心はその両方を摂めているわけです。

それをどこで摂めているかというと、迷いにある凡夫の一瞬のそのときの心です。しかしその本質・本性は自性清浄であるため、その一瞬の心が実は「世間」法の全体も「出世間」法の全体も摂めているということができます。

あるいは、『起信論』が説く阿梨耶識《ありやしき》ととらえることもできます。阿犂耶識というのは、いわゆる自性清浄心が無明・煩悩に熏習《くんじゅう》されて世間に迷い出たものです。生死輪廻の根源になるものです。しかし同時に、自性清浄心の意味合いが一方にあって、覚りへと向かわせる働きも内在しています。自性清浄心と一体となっている、凡夫の意識下の根源的な心としての阿梨耶識ととることも可能です。

このように凡夫の一瞬の心の中に、その全体が摂まっているわけです。同じような考え方は、華厳にもありますし、天台にも一念三千の教えに代表されるようにあります。

凡夫の心には迷いの一切のことがらや、覚りの世界の一切のことがらが摂まっていて、すべてはその衆生心から展開すると言えます。世間法と出世間法とをすべて具えており、そこから次に述べるように「摩訶衍」＝大・乗の意味が出てくるわけで、衆生心が大乗であるということになります。

義

①心真如相

次に衆生心の構造や側面について解説されます。「真如の相」の真如というのは、諸法や現象世界の本性のことです。その本質・本性は空性です。どのようなものも、そのものとしての常住の本体を持たないという空のあり方です。すべてのものは、縁起の中にあって自分で自分を支えることができず、他をまって初めてありうるとか、刹那刹那生じては滅し生じては滅ししながら相続しているなどと説明されます。この空という本質は、ありとあらゆる現象にゆきわたっている普遍の本性なのです。衆生心をそのつどそのつど変化していく現象の世界で見るとしても、その一つ一つの心を貫く「真如の相」は、空性《くうしょう》です。現象世界は空を本質としている、その本質が空性の世界です。この空性は、法性《ほっしょう》(ダルマター)とか、真如(タタター)とか、あるいは実際《じっさい》や法界《ほっかい》、勝義諦、一心法界、円成実《えんじょうじつ》性《しょう》などさまざまな言葉で表されます。理と言われる場合もあり、このときの理とは究極の普遍のことです。

なお空性という言葉は、まったくネガティブな意味のものではありません。空であるという本質に基づいて現象世界は展開しうるからです。ですから、たんなる無ではなくて、むしろ現象世界の母体というような意味合いがあります。

それから如来蔵思想の立場でいうと、その空性たる真如がそのまま覚りの智慧そのものの意味合いを持っていることになります。これを理智不二の立場と言います。覚った仏の側から世界のあり方を反省して表現したときには、その本質・本性がそのまま智慧でもあるということで、私たちの分別による理解を超えるものです。こちらの意味でも、真如はたんなる無ではありません。

いずれにしても、心のその真如の側面は、大乗の本体を示しています。「体」とは言っても、実体的な存在として何かが存在するという意味ではなくて、その根源的な存在の本性を「体」という言葉で表現しているのでしょう。

②心生滅因縁相

次に心の生滅する側から見てみます。阿梨耶識は、刹那刹那生じては滅し生じては滅ししながら相続しています。また意識上にあっては無明・煩悩を起こしたりして、「惜しい、ほしい、憎い、かわいい」と思ったりする心も時々刻々変化しています。心が縁起の中で生滅していくその現象の側面から見ると、そこには、大乗の本体そのものが、生滅する心の中に実はあるのだというわけです。

現象しているそのつどそのつどの心のその本質・本性としての空性において体を見ることができるし、その体の中にさまざまな功徳が理智不二として実は具わっているのです。さらに、私たちは無明・煩悩にとらわれていますが、空性でもある真如は無明・煩悩に働きかけて（熏習して）、私たちを目覚めさせようと、本来の自己を実現させようと働いています。そういう作用を見ることができると述べています。

真如の相は本来は言葉では分析できない、言葉を離れた世界です。そのため体しかありません。しかし、現象の側面から分析していくと、そこに体だけではなくて、相（性質）と用（働き）を見ることもできます。しかも、大乗（摩訶衍）の偉大なる相と用を見ることができるのです。

西洋哲学でも、個々のものに関して、基体、その性質、そして機能と、この三つの要素で見ていく立場がありえたかと思います。インドの伝統的な哲学においても、ドラヴィヤ（実体）・グナ（性質）・カルマン（働き）の三つを挙げます。『起信論』は、そういうインドの見方の伝統をきちんと引き継いでいるわけです、体・用の思想は中国から出たと言われたりもしますが、体・相・用の見方は中国には必ずしも明確には見られなくて、インドにはその伝統があります。そのため、インドで成立したかまではははっきりわかりませんが、『起信論』の三大に関してはインド直伝であると言えます。本質・本性、本体という意味からすれば、ただ真如というしかありません。しかし、分析できないその体そのものを現象の方面からとらえたときは、体・相・用に分析して見ることができます。その体・相・用も衆生心そのものに具わっているものという意味で、「自体と（自の）相と用」と言われているわけです。

## 「大」の三義――立義分（2）

言《い》う所《ところ》の義《ぎ》というは則《すなわ》ち三種《さんしゅ》有《あ》り。
云何《いかん》が三《みっ》と為《な》す。
一《ひとつ》には体大《たいだい》。謂《いわ》く一切《いっさい》の法《ほう》は真如《しんにょ》と平等《びょうどう》にして増減《ぞうげん》せざるが故《ゆえ》に。
二《ふたつ》には相大《そうだい》。謂《いわ》く如来蔵《にょらいぞう》は無量《むりょう》の性功徳《しょうくどく》を具足《ぐそく》するが故《ゆえ》に。
三《みっ》には用大《ゆうだい》。能《よ》く一切《いっさい》の世間《せけん》と出世間《しゅっせけん》との善《ぜん》の因果《いんが》を生《しょう》ずるが故《ゆえ》に。

「摩訶衍」である衆生心には、三種類の観点があります。それは、生滅因縁相で、体・相・用の三つが分析できるからです。特に大乗の「大」であるという点から、衆生心を三種類に分析しています。

## 体大

その三つとは体大・相大・用大です。一つ目の体大は、体そのものが大であるという意味合いです。真如と生滅とを合わせた衆生心そのものの体の面から見たものです。この体としては真如と語られていました。そして、なぜ真如が大であるかというと、一つは自他あるいはあらゆるものや現象において、平等にして増減しないからと説明しています。あらゆるものに普遍的にゆきわたっているので、「体大」と言うことができるのです。

この「平等にして」というのは、空間的だけではなくて、時間的にも平等であると言うことができるでしょう。つまり、迷っているときに真如がないかというと、そんなことはありません。どれほど迷っていても、その衆生心の本質・本性として真如がゆきわたっているのです。また修行して覚ったら、真如が増えるかというと、そういうこともありません。

有垢真如と無垢真如という言葉があります。真如そのものは変わらないけれども、無明・煩悩に覆われているときは、それにまとわりつかれています。しかし、修行して覚りの智慧が実現してくると、清浄になって、真如そのものが円かに実現します。けれども、真如そのものは、空性そのものですから、何か存在の量として変わることもありません。『成唯識論《じょうゆいしきろん》』では真如を真実・如常と説明しますが、そういう時間的な増減がないということも含んでいます。

相大

二つ目の相大では「如来蔵」と言っています。これは、如来のさまざまな功徳を蔵している、という意味です。また「無量の功徳」に「性」と付いているのは、本より持っている、先天的という意味があります。今ここでは無明・煩悩による汚れた心、悪の心だとしても、その本質・本性は真如・法性で、その真如・法性には無量の功徳が蔵されているというわけです。それを如来蔵と呼ぶのです。ですから、相（性質）としても偉大なるものがあると見て、相大と言うことができるのです。

用大

三つ目の用大は「ゆうだい」と読みます。働きの面でも、実は偉大なものがある、というわけです。その理由が、「能く一切の世間と出世間との善の因果を生ずるが故に」です。世間というのは、修行の過程から言って、いまだ覚りの智慧を発する以前の段階です。覚りの智慧は無漏の智慧で、それを発する前でも、さまざまな修行の中に善があります。六波羅蜜の中の布施や忍辱などを修していきますが、それらの修行には善の性質があって、善を修めれば楽の結果がある、善因楽果です。楽というのは、たんに感覚的な快楽という意味ではなくて、宗教的な自己実現に近づいていくこと、あらゆる苦しみや執着から解放されていくことです。覚りの智慧を発する以前の修行でも、その世界なりの善の因果というものがあるのです。

出世間の場合は、覚りの智慧を発して修行していく善の修行のことです。その善の修行には、さらに高い位の菩薩の位へと進んでいったり、あるいは仏に成っていくような因果があります。善を修すれば楽の果があり、悪を行えば苦しみの結果があります。悪というのは、仏教では無明・煩悩と表現されるものです。怒りとか貪り、あるいは嫉妬とか恨みとかさまざまなものです。たとえ、私たちが今、煩悩の心を起こしていても、その本質・本性は真如・法性の智と不可分なもので、実は本来の自己実現へと働いているのです。そういう偉大なる働きが心には具わっています。

私たちの迷い苦しみ汚れた日常の心にも、実はそういう偉大なる三方面の要素というものがあるので、大乗の「大」という意味合いがあるというわけです。

## 「乗」の理由——立義分（3）

一切《いっさい》の諸仏《しょぶつ》の本《も》と所乗《しょじょう》の故《ゆえ》に。
一切《いっさい》の菩薩《ぼさつ》は皆《み》な此《こ》の法《ほう》に乗《じょう》じて如来地《にょらいじ》に到《いた》るが故《ゆえ》に。

次に「乗」の説明に入ります。すでに仏に成ったものは、その衆生心を乗物にして、それに拠りながら修行をしてきました。また、すべての菩薩もこの衆生心に乗って、凡夫の心に基づきながら教えを聞いて修行をして、最終的に仏の世界へ至っていくのです。つまり、衆生心には、迷いの世界から覚りの世界へと運んでいく乗物の意味合いがあることになります。こうして、衆生心には、偉大な（大）という意味合いと乗物（乗）という意味合いもあります。そのため、衆生心が大乗なるものだと、大乗＝衆生心と考えることができます。

「此の法（衆生心）に乗じて」とはどういうことでしょうか。一つには、私たち衆生の心でもって意識的に教えを聞いて、善の修行をしていくので、「その心（此法）に乗って」と考えられます。

もう一つは、その本質・本性としての真如・法性が常に私たちにある無明・煩悩に働き続けていることと考えることもできます。この真如が無明・煩悩に働きかけることを真如熏習《しんにょくんじゅう》と言います。それとは逆に、無明・煩悩が真如に働きかけ（熏習）ていって、真実を暗ましていくという面もあります。私たちはその狭間にあるということなのでしょうが、本来は、真如は絶えずその人を本来のいのち自身の実現に向けて働き続けていますので、「衆生心（のとりわけ本質・本性）に乗って」と理解できるかもしれません。

このように、衆生心という心を、一瞬の心、時々刻々変化していく私たち凡夫の心と見るか、もう少し深い意識下の阿梨耶識で見るのか、さらには、その本質・本性としての自性清浄心を中心に見ていくのかで、説明はいろいろとできます。いずれにしても、私たちの凡夫の心の中にある真如に即して無量の善の功徳を起こしていくのです。そしてそこから善の因果を生ずるという働きが実は具わっているという、根本的な認識を示しているのです。

それなのに、なぜ私たちはその方向へと向かわないのかというと、宿業《しゅくごう》とも言える、これまでの無明・煩悩があまりに厚くて、なかなか真如熏習の働きが顕現してこないからでしょう。けれども、本当はいのちの根源・本質というのは、私たちに常に働き掛け続けているということが、ここに説かれていると思います。

これが『起信論』の一番根本の見方になっていて、これを本にして、私たちが迷いへと進んでいくあり方と、その一方の覚りの世界を実現していくあり方が詳しく解説されていくことになります。

# 第四章　正しい教えを明かす（一）――正宗分（一）

## 正しい教えの内容――解釈分（1）

已《すで》に立義分《りゅうぎぶん》を説《と》きつ。次《つぎ》に解釈分《げしゃくぶん》を説《と》かん。
解釈分《げしゃくぶん》に三種《さんしゅ》有《あ》り。
云何《いかん》が三《みつ》と為《な》す。
一《ひとつ》には正義《しょうぎ》を顕示《けんじ》す。二《ふたつ》には邪執《じゃしゅう》を対治《たいじ》す。三《みつ》には発趣道相《ほっしゅどうそう》を分別《ふんべつ》す。
正義《しょうぎ》を顕示《けんじ》すというは、一心《いっしん》の法《ほう》に依《よ》りて二種《にしゅ》の門《もん》有《あ》り。
云何《いかん》が二《ふたつ》と為《な》す。
一《ひとつ》には心真如門《しんしんにょもん》、二《ふたつ》には心生滅門《しんしょうめつもん》なり。
是《こ》の二種《にしゅ》の門《もん》に皆《み》な各《おのおの》一切《いっさい》の法《ほう》を総摂《そうしょう》す。

此《こ》の義《ぎ》は云何《いかん》ぞ。
是《こ》の二門《にもん》は相《あ》い離《はな》れざるを以《もっ》ての故《ゆえ》に。

続いて「解釈分」において『起信論』の根本主張「立義分」の内容を詳しく解説していきます。この「解釈分」が『起信論』の本論の部分になっていきます。「解釈分」は三つに分かれます。

一つ目が「顕示正義」、正しい教えの立場、人間観・世界観の正しい了解・理解というものを明らかにします。二つ目が「対治邪執」、間違った見解やそれへの執着などを正します。三つ目が「分別発趣道相」、覚り（道）に向かっていく様子を子細に示します。

「分別発趣道相」の「道」とは、道路の意味ではなく、覚り（ボーディ）のことです。しばしば中国では、ボーディというサンスクリット語が道と訳されました。たとえば、道場という言葉があります。今は道場は剣道場とか柔道場とか、そういう体育館みたいなものを思い起こしますが、本来はボーディマンダという言葉の漢訳で、釈尊の菩提樹下の「覚りの座」を意味するのです。覚りに向かう様相は前に挙げました五十二位の階梯の内容になります。

## 真如門・生滅門

最初が「顕示正義」の説明です。「一心の法に依りて二種の門有り」の一心は衆生心のことです。つまり、前で述べました、そのつどそのつどの心もしくは、根源的な自性清浄心ということです。

二種の門とは、心を真如の面から見ていく立場の「真如門」と、心を現象の面から見ていく立場の「生滅門」です。真如は繰り返しますが、現象の空なる本質です。諸法の本質・本性が法性や真如、空性で、それらは単独でどこかにあるわけではありません。だから法性はあくまでも諸法を離れない、現象を離れないと言います。超越的な絶対者というものがどこかにあるというような見方はしません。

唯識では、遍計所執性《へんげしょしゅうしょう》、依他紀性《えたきしょう》、円成実性《えんじょうじつしょう》という三性説《さんしょうせつ》を立てます。縁起の中で時々刻々変化していく世界が依他起性、それを貫く本質・本性としての空性あるいは真如が円成実性です。けれども依他起性と円成実性は別のものではなく、不一不二なのです。このように真如と生滅は一つのものを二つに分けて見ていますが、別々にあるものではありません。

そのため、真如という方面から見たら、真如の中にあらゆる現象を摂《おさ》めてしまうことになります。一方の心生滅門から見れば、あらゆる現象の中に、その現象を貫く真如を摂めとって見ることができます。真如と現象は別のものではありませんから、二種の門はそれぞれあらゆる法を摂めていると説いているわけです。

## 言葉を離れた真理——解釈分（2）

心真如《しんしんにょ》というは即《すなわ》ち是《こ》れ一法界《いちほっかい》の大総相法門《だいそうそうほうもん》の体《たい》なり。

所謂《いわゆる》心性《しんしょう》は不生不滅《ふしょうふめつ》なり。
一切《いっさい》の諸法《しょほう》は唯《た》だ妄念《もうねん》に依《よ》りて差別《しゃべつ》有《あ》り。若《も》し心念《しんねん》を離《はな》れぬれば則《すなわ》ち一切《いっさい》の境界《きょうがい》の相《そう》無《な》し。
是《こ》の故《ゆえ》に一切《いっさい》の法《ほう》は本《もと》より已来《このかた》、言説《ごんぜつ》の相《そう》を離《はな》れ、名字《みょうじ》の相《そう》を離《はな》れ、心縁《しんえん》の相《そう》を離《はな》れて、畢竟《ひっきょう》
平等《びょうどう》にして変異《へんい》有《あ》ること無《な》く破壊《はえ》すべからず。
唯《た》だ是《こ》れ一心《いっしん》なり。故《ゆえ》に真如《しんにょ》と名《な》づく。

真如門の説明に入りますが、衆生心の真如は何かというと、一つの全世界の全体（一法界大総相）と述べています。「法界」については、わりあい古い唯識の論書である『弁中辺論《べんちゅうへんろん》』に、「法界」は覚りの智慧とかの聖なる法の因であると説明していて、界（ダートゥ）は因の意味ととらえることもできます。つまり真如は、覚りの智慧を実現させたり、覚りの智慧を生み出す縁《よすが》になる因でもあるわけです。

さらに、あらゆるものを摂めている全体であるところを「大総相」と言っています。華厳の教学には、総相《そう》・別相《べっ》・同相《どう》・異相《い》・成相《じょう》・壊相《え》という六相《りくそう》の円融義《えんにゅうぎ》というのがあります。このうち総相というのは全体を意味していますが、それをさらに強調して「大総相」と言っているわけです。ありとあらゆるものにゆきわたっているユニバーサルなところをおさえているのでしょう。そして、世間法と出世間法、ありとあらゆるものが生まれてくるその源としての体でもあるのです。

その心の本性である真如を端的に言えば空性であり、そのため生ずるのでもないし、滅するのでも

ない（不生不滅）ものです。そこでは、あらゆる二元対立分別が消えてしまう、戯論寂滅《けろんじゃくめつ》の世界です。したがって、言語・分別を否定して初めて、それそのものをそのものとして体証することができます。普通の知性では知りえない世界なのです。

現象世界の一つ一つの事物は、言葉で把握して認識することによって、他との違いによる把握というようなものが出てきます。いわゆる分別、妄念です。対象として想定してしかも分別することによっていろいろと違いが自覚され、認識されるのです。この対象として分別する心の働き（心念）を離れたときは、長いとか短いとか、有るとか無いとかという「境界の相」がなくなってしまいます。

これは、西田幾多郎の純粋経験というような世界だと思います。西田幾多郎が『善の研究』を書いたモチーフは、純粋経験ということで一切を説明したいということでした。その純粋経験の世界とは、色を見、音を聞く刹那の、いまだ主観客観の分かれる以前の世界です。色を見ているかもしれないけれども、何々だと対象的に限定するというようなことから離れている世界です。つまり、その色なら色と一つになり切っている、音なら音と一つになり切っている、いのちそのものがいのちそのものを生きている世界が純粋経験の世界であり、『起信論』の心念を離れた一切の境界の相がない世界なのでしょう。

そうすると、私たちの迷いを離れた本来の真実の世界では言語や主観を離れていることになります。言語表現は主語・述語を立てて成立します。龍樹の『中論』はそのことを盛んに分析して、主語を立てて述語した途端に、そのものと遊離してしまうことを盛んに述べ、ものごとを実体視しないように諭しました。この「名字」とは、いわば単語のことです。

たとえば「机」という単語を考えてみましょう。「机」といったら、あらゆる机に共通の概念であって、それそのものではありません。「机」と言っても、目の前にある独自の色・形を持ったかけがえのないそれそのものを、それそのものとして指し示すことはできないわけです。言葉は物事を平準化し一般化しますが、かえって独自のそれそのものからは離れてしまうということがあります。

そして、私たちが分別して対象的にとらえるというあり方も、本来的にはそれそのものから離れてしまっています。そこで、言語・分別を離れて見たときはすべて平等であって、違いや否定するものはなくなることになります。

そこが「一心」であるわけですが、この一心というのも言葉であって、仮に立てたに過ぎません。主観・客観を離れたいのちそのものは言葉を離れたものなので、真如と名づけるだけなのです。

一切《いっさい》の言説《ごんぜつ》は仮名《けみょう》にして実無《じつな》く、但《た》だ妄念《もうねん》に随《したが》いて不可得《ふかとく》なるを以《もっ》ての故《ゆえ》に、真如《しんにょ》と言《い》うは亦《ま》た相有《そうあ》ること無《な》し。謂《いわ》く言説《ごんぜつ》の極《ごく》、言《ごん》に因《よ》りて言《ごん》を遣《や》るなり。此《こ》の真如《しんにょ》の体《たい》は遣《や》るべき有《あ》ること無《な》し、一切《いっさい》の法《ほう》は悉《ことごと》く皆《み》な真《しん》なるを以《もっ》ての故《ゆえ》に。亦《ま》た立《た》つべき無《な》し、一切《いっさい》の法《ほう》は皆《み》な同《おな》じく如《にょ》なるを以《もっ》ての故《ゆえ》に。当《まさ》に知《し》るべし。一切《いっさい》の法《ほう》は説《と》くべからず念《ねん》ずべからざるが故《ゆえ》に名《な》づけて真如《しんにょ》と為《な》す。

また、言葉というものは、仮に名づけるようなものであって、言葉に対応して、それにピッタリ合うような本体・存在があるわけではありません。言説や言説を用いて分別して得られたものは、誤った分別（妄念）によるものです。それらは、私たち凡夫には誤ったものとは思えませんが、その存在の本来の相に照らして言えば、主観があえて対象化して、二元分別等々で分別したものなので、そのため、本来のそれそのものとは乖離しています。したがって、仮のもので実体がなく、言語や分別に見合うものはとうてい得られません。

そこをこれまで、いちおう真如と呼んできましたが、真如という何か特別の姿とか対象的に把握できるものがあるわけではありません。あくまでも、言説の極みに立って言葉に因って言葉を否定するために真如という言葉がつかわれたのだと言っています。

この解説では、法蔵の『起信論義記』の説明がよく挙げられます。たとえば騒がしいときに、それを静めるために、「静まれ」と言います。「静まれ」というのは音声を出していますから、静かではありません。しかし、静かにさせるには、あえて「静まれ」という言葉をつかわざるをえないわけです。言葉で説けないところを、何とかして言葉で言うために、真如という言葉をつかわざるをえないが、実際には言葉では表せない世界だということです。

しかし、真如は相もないと言いましたが、何もないのかというと、そうではありません。真如というものを否定すべきでもない、ということが次に述べられています。空性としての本性・本体ですけれども、それは無と否定すべきものではないのです。

どのようなものも言語・分別を離れた真のあり方にあるのであって、それらは私たちが実体として把握するあり方を離れています。そういう意味では、本体を持たないというあり方にあるわけで、すべて真であると言えます。そのため、これは違う、これは否定すべきだということが一切ないことにもなるわけです。また逆に、すべては空性で、言語・分別を離れたところで平等一如であるので、ことさら他と区別してこれが真如ですと取り上げるということもできないのです。

問《と》うて曰《いわ》く、若《も》し是《かく》の如《ごと》き義《ぎ》ならば、諸《もろもろ》の衆生等《しゅじょうとう》云何《いかん》が随順《ずいじゅん》し而《しか》して能《よ》く得入《とくにゅう》せん。
答《こた》えて曰《いわ》く、若《も》し一切《いっさい》の法《ほう》は説《と》くと雖《いえど》も能説《のうせつ》と可説《かせつ》と有《あ》ること無《な》く、念《ねん》ずと雖《いえど》も亦《ま》た能念《のうねん》と可念《かねん》と無《な》しと知《し》る、是《こ》れを随順《ずいじゅん》と名《な》づく。若《も》し念《ねん》を離《はな》るを名《な》づけて得入《とくにゅう》と為《な》す。

続いて質疑応答があります。真如が言語・分別を離れた世界を意味しているのであるならば、凡夫の人々はどのように真如を理解していき、真如を覚ることができるのかという疑問です。「随順」とは、知的に深く了解していくということです。「得入」とは実際に覚りを開くということです。

それに対して、さまざまな法を説明するけれども、説くもの・説かれるものがあるわけではなく、考察の対象とすると表現するけれども、考える主観と考えられたものが別々に存在する、というわけではない、そういうことを知的に理解することが、「随順する」ということだと答えています。要するに、たんなる主観や外界の対象が別個に独立して存在しているわけではないことを深く了解していくことです。

唯識でも、外界の実在はないと言います。したがって外界の実在に見合う主観というようなものもありません。そういうことを了解していくのが、覚りを開く直前に具体的に観法を修する段階である加行位《けぎょうい》の唯識観の根本になっています。独立の客観もなければ、独立の主観もない。そのことを深く了解していく中で、主客未分の世界に入っていくのです。

そして、修行を深めていってそれを了解し、迷いの心を離れ智慧を発したならば、覚りを開いたと言うことができるわけです。このことについては、「分別発趣道相」の箇所で具体的に述べられています。

## 言葉で表現できる真理——解釈分（3）

復《ま》た次《つぎ》に真如《しんにょ》というは、言説《ごんぜつ》に依《よ》りて分別《ふんべつ》するに二種《にしゅ》の義《ぎ》有《あ》り。

云何《いかん》が二《ふたつ》と為《な》す。

一《ひとつ》には如実空《にょじつくう》。能《よ》く究竟《くきょう》じて実《じつ》を顕《あら》わすを以《もっ》ての故《ゆえ》に。

二《ふたつ》には如実不空《にょじつふくう》。自体《じたい》有《あ》り、無漏《むろ》の性功徳《しょうくどく》を具足《ぐそく》するを以《もっ》ての故《ゆえ》に。

言《い》う所《ところ》の空《くう》というは、本《もと》より已来《このかた》一切《いっさい》の染法《ぜんぽう》は相応《そうおう》せざるが故《ゆえ》に。謂《いわ》く一切《いっさい》の法《ほう》の差別《しゃべつ》の相《そう》を離《はな》れ、虚妄《こもう》の心念《しんねん》無《な》きを以《もっ》ての故《ゆえ》に。当《まさ》に知《し》るべし。真如《しんにょ》の自性《じしょう》は、有相《うそう》に非《あら》ず、無相《むそう》に非《あら》ず、非有相《ひうそう》に非《あら》ず、非無相《ひむそう》に非《あら》ず、有無倶《うむく》相《そう》に非《あら》ず、一相《いっそう》に非《あら》ず、異相《いそう》に非《あら》ず、非一相《ひいっそう》に非《あら》ず、非異相《ひいそう》に非《あら》ず、一異倶相《いちいくそう》に非《あら》ず。乃至総《ないしそう》じて説《と》く。一切《いっさい》の衆生《しゅじょう》は妄心《もうじん》有《あ》るを以《もっ》て念念分別《ねんねんふんべつ》するに依《よ》りて皆《み》な相応《そうおう》せず。故《ゆえ》に説《と》きて空《くう》と為《な》す。

若《も》し妄心《もうじん》を離《はな》れぬれば実《じつ》に空《くう》ずべき無《な》きが故《ゆえ》に。言《い》う所《ところ》の不空《ふくう》というは、已《すで》に法体空《ほったいくう》にして妄無《もうな》きことを顕《あら》わすが故《ゆえ》に。即《すなわ》ち是《こ》の真心《しんじん》は常恒《じょうごう》不《ふ》変《へん》にして浄法満足《じょうほうまんぞく》せるを、則《すなわ》ち不空《ふくう》と名《な》づく。亦《ま》た相《そう》の取《と》るべき有《あ》ること無《な》し、離念《りねん》の境界《きょうがい》は唯《た》だ証《しょう》と相応《そうおう》するを以《もっ》ての故《ゆえ》に。

真如は本来説けない世界ですが、あえて言葉で説明していくと、二種類の意味合い、立場がありえます。

一つには、如実に空であることとです。それは、否定でしか語れないというところです。まさに空そのものであり、あらゆる言語・分別は否定される、というところでおさえる真如です。もう一つは、否定ばかりでもないということです。なぜかというと、空性としての本体・本性があって、覚りの智慧（無漏）とそれに本来具わっている功徳があるからです。「自体」とありますが、有の意味での体ではなく、空性としての本性・本体です。また、真如（理）の中に覚りの智慧と功徳を認めているので、理智不二の立場にあることになります。要するに、二つ目はポジティブな面も忘れてはいけないということを言っています。言語・分別を離れたいのちそのものの世界には、無限の可能性が実はあるということです。

如実空

ここでの空とは、真如の一面を指したものです。真如とは、現象世界の本質・本性であり、私たち凡夫の心の本質・本性です。そのため、言語・分別というような迷いに関わるものと相応しません。その点を空という言葉で表しています。

そして、何ものかとしてとらえられるというような地平を一切離れています。机・黒板・椅子等々、個別に把握される地平を離れたところ、迷いの分別が関わることのない世界に、真如の世界はあるのです。

真如という本性は、有ることもなく、無いこともなく、有るのではないこともなく、無いのではないこともなく、有りかつ無いというようなものでもありません。つまり、あらゆる分別を離れているわけです。また、同じでもないし異なるものでもありません。

しかしすべての衆生は、迷いの心があって、一瞬一瞬に分別して、真実そのもの、いのちや自己そのものと離れてしまうことになります。そういった妄心・分別の所得を否定する意味で、空ということを説くのです。ですからもし迷いの心を離れれば、空だと否定すべきものもなくなってしまいます。

## 如実不空

一方、不空とは、その衆生心の本性そのもの、心真如は、一方で真心、真実の心だということができます。自性清浄心と言ってもよいかもしれませんし、真如・法性と同じなのですが、この真心がさまざまな世界を支えたり、展開したりする母胎や根源になっています。

そのため、常・恒・不変なのです。この常恒不変ということも、時間軸の点から常住というよりも、生ずるも滅するもない、長も短もない、という意味です。しかも、同時に浄らかな功徳（浄法）としての性質を持っていることになります。

したがって、不空と名づけるのです。しかし、何かこういうものがあると把握できるものでもありません。心真如の世界というのは、仏の智慧によって初めてわかる、妄心の分別を離れた世界で、凡夫が分別してわかる世界ではないのです。

真如を離言・依言の二面から説明していましたが、中観《ちゅうがん》で説く二諦説のうちの勝義諦をさらに克明に分析している面があるとも言えるのではないでしょうか。つまり、勝義諦には、空性というユニバーサルな本性と、具体的に証すべき分別を離れた純粋経験の世界が考えられるわけで、その両方をどのように了解すればよいかという問題と関係しています。

純粋経験そのものの世界は、言葉で表現すれば空性の世界でもあるのです。そのため、空性というのは、たんなる抽象的な概念ではなくて、無分別智が働いている世界と言い換えることもできます。

無分別智で真如を証した世界というのは、対象的に分別するあり方を超え出た、今・ここのいのちそのものの世界です。本来の自己そのものの世界です。このように空性と純粋経験の世界の両方が統合的に了解されていかなければならないのではないかと思います。そのことが、依言・離言の真如として語られていると見ることができるでしょう。

## 日常の世界――解釈分（4）

心生滅《しんしょうめつ》というは、如来蔵《にょらいぞう》に依《よ》るが故《ゆえ》に生滅《しょうめつ》の心《しん》有《あ》り。所謂《いわゆる》不生《ふしょう》・不滅《ふめつ》と生《しょう》・滅《めつ》と和合《わごう》して一《いち》に非《あら》ず異《い》に非《あら》ざるを、名《な》づけて阿梨耶識《ありやしき》と為《な》す。此《こ》の識《しき》に二種《にしゅ》の義《ぎ》有《あ》り。能《よ》く一切《いっさい》の法《ほう》を摂《しょう》し、一切《いっさい》の法《ほう》を生《しょう》ず。

### 如来蔵

心真如門の説明が終わって、この後は心生滅門という、私たちの迷いの世界、現象世界の話に入ります。心生滅とは、そのつどそのつどさまざまな心が展開していくような世界のことです。仏教は基本的には唯心思想になっていきます。心の中に、見られるもの＝対象も具わっていると説きますが、その心の中の生滅の世界のことです。その生滅心は、如来蔵に基づいて成立しているものなのです。

しかし、如来蔵の持つ意味は広く、真如や法性でもあり、覚りの智慧でもあります。それが迷いの衆生の中にも実は存在していて、それを如来蔵ということがしばしばあります。そのため、「依る」の意味が重要になってきます。

たとえば、初めに何か真如・法性というものがあって、そこから現象世界が現れ出てくるというような考え方もできます。いわゆる発出論ですが、これはあまり仏教的な考え方ではありません。そもそも真如・法性は、諸法の本質・本性であって、諸法は現象世界、生滅の世界です。その変化していく縁起の世界での本質・本性が真如・法性であるということですから、その諸法を離れて、ただ真如・法性だけが独自に自立的に存在しているということは考えられないからです。したがって、絶対の世界があって、そこからだんだんと相対世界が流れ出てきて成立してくるという考え方は、仏教の世界観とはそぐわないのです。

それでは、「如来蔵に依る」とはどういうことかというと、真如・法性と有為の諸法が一体になって、同じでもなく異なるのでもない関係のことであると言っています。

たとえば唯識の三性説、遍計所執性・依他起性・円成実性で考えてみましょう。遍計所執性は我執と法執、さらにその執着のもとの我見（人我見・法我見）といった悪しき見解のもとに対象を実体としてとらえて、現象でしかないものを常住不変の本体があるものとしてとらえたもののことです。そこには主に言語が介在します。机というと、何か机という一つの本体があるように思い見なしてしまいます。その実体として見なされたものが遍計所執性です。

それに対して、そのつど変化し相続されていく現象世界、これが依他起性です。その依他起性が無自性・空であるというその本質、空性を円成実性と言います。

そこで、この円成実性と依他起性は、「一に非ず異に非」ずの関係にあります。刻々変化していく世界と空性という変わらない世界は一つの同じものではありません。しかしあくまでも、円成実性は依他起性の本質・本性、つまり諸法の本質・本性ですから、異なるとも言えません。そのため、同じとも言えないが異なるとも言えないということになります。

まさにそのことを「如来蔵に依るが故に生滅の心有り」と言っているわけです。この「依る」とは、非一非異の関係があることを指しているのです。

### 阿梨耶識

それを「阿梨耶識」と呼ぶとありますが、ここはなかなかわかりづらいところです。唯識で言えば、生滅の世界は、眼識・耳識・鼻識といった八識すべての依他起性の世界です。その八識のうち第八識を阿頼耶識と呼びます。『起信論』の阿梨耶識と唯識の阿頼耶識と同じものかどうかはよくわかりません。なぜなら、生滅と不生不滅が和合したその全体に対して阿梨耶識と名づけるとしか書かれていないうえ、『起信論』では阿梨耶識について、二回ほど言葉が出てくるぐらいで、具体的にどのようなものかという解説はないからです。阿犁耶識は『起信論』独自の内容を持つと受け止めざるをえないのではないかという気がします。

覚りと迷い――解釈分（5）

唯識の阿頼耶識の「阿頼耶」は「蔵」の意味です。阿頼耶識に私たちの記憶や経験したものが貯えられています。法相宗の『成唯識論』の場合は、末那識《まなしき》に執着されるところ（執蔵）とされます。蔵に宝物がいっぱい入っているとそこに執着してしまうように、その執着の対象になっていると説明されます。

しかし阿梨耶となると、意味が蔵なのかすら不明です。阿頼耶識と同じくサンスクリット語のアーラヤに由来すると考えれば、蔵の識と言っていることになります。その場合は、生滅と不生不滅が和合している全体の中に一切のものが蔵されているから、蔵の識と名づけたと解釈できます。

もう一つには、アーラヤというサンスクリットの原語の長母音「アー」が短母音として受け止められたという解釈です。この場合は、ラヤが「没する」という意味で、それをアという語で否定するととらえて、無没識《むもつしき》となります。そのため、生死輪廻の間、ずっと相続し続けるという意味で無没識の名前が付いたという理解も考えられます。

ともあれ、この生滅と不生不滅が和合している全体の識に「二種の義」があるので、阿梨耶識が一切法を摂めることができるのです。では「二種の義」とは何かが、次に説明されます。

云何《いかん》が二《ふたつ》と為《な》す。一《ひとつ》には覚《かく》の義《ぎ》、二《ふたつ》には不覚《ふがく》の義《ぎ》なり。

言《い》う所《ところ》の覚《かく》の義《ぎ》というは、謂《いわ》く心体《しんたい》は念《ねん》を離《はな》れたり。

離念《りねん》の相《そう》は、虚空界《こくうかい》に等《ひと》しく偏《へん》せざる所無《ところな》く法界一相《ほっかいいっそう》なり。即《すなわ》ち是《こ》れ如来《にょらい》の平等法身《びょうどうほっしん》なり。

此《こ》の法身《ほっしん》に依《よ》りて説《と》きて本覚《ほんがく》と名《な》づく。

何《なに》を以《もっ》ての故《ゆえ》に。

本覚《ほんがく》の義《ぎ》というは、始覚《しがく》の義《ぎ》に対《たい》して説《と》く。始覚《しがく》は即《すなわ》ち本覚《ほんがく》に同《どう》ずるを以《もっ》てなり。

始覚《しがく》の義《ぎ》というは、本覚《ほんがく》に依《よ》るが故《ゆえ》に而《しか》も不覚有《ふがくあ》り、不覚《ふがく》に依《よ》るが故《ゆえ》に始覚有《しがくあ》りと説《と》く。

### 覚・不覚の関係

二種の義のうち、「覚」は覚りの智慧です。覚りの智慧が現象世界に働いているということです。一方の「不覚」は無明・煩悩の働きです。

この二つが互いにせめぎあって、浸透しあっているわけです。無明・煩悩が盛んであれば、覚りの働きは働いているにもかかわらず自覚されません。さまざまな執着のあり方とそれに応じるさまざまな存在のあり方が展開していくことになります。覚りの智慧の働きが強まって、無明・煩悩が対治されていけば、またそれに応じたさまざまな世界のあり方、心のあり方が展開してきます。要するに、「覚」と「不覚」の相互の働きあいの中で、ありとあらゆるものが生まれてくるし、またそこにありとあらゆるものが存在するということです。

『起信論』では、智慧と一体となっている真如が、無明に無明・煩悩に働きかけて（熏習して）、無明・煩悩を薄めていきます。しかし一方、無明・煩悩が真如に熏習して、その迷いを深めていきます。そういう両方の側からの熏習が説かれます。

しかし、唯識では、そのようなことは説かれません。あくまでも種子生現行《しゅうじしょうげんぎょう》・現行熏種子です。実際に見たり聞いたり考えたりの識の働きである現行が種子を阿頼耶識に熏習するのであって、直接に何か煩悩のダルマが真如・法性に熏習するというようなことは考えられていないわけです。

この真如と無明が互いに直接熏習することは『起信論』独特の見方であり、覚と不覚の相互の働きあいの中にそれぞれの人の境界があり、その境界に応じた世界、さまざまな事物等々が存在するということが基本にあります。

## 覚

それでは「覚」とはどういうものかというと、「心体は念を離れたり」とあります。「心体」とは心の体ですが、実有の本体ではなくて、心の本性、空性としての本性を意味すると理解してよいでしょう。それが念を離れているのが「覚」なのです。

「念」という言葉が、『起信論』では盛んに使われています。この「念」の正体を見極めるのが、『起信論』理解の一つの鍵ではないかと思います。念には自覚的なものと、無自覚的なものと両方あると思いますが、対象的に分別したり執着したりする働きです。対象的に関わる心のあり方、それが

「念」でしょう。そういう念のあり方を離れていて、心は心のままにあるところが覚だと言っているわけです。

覚は念を離れていますので、少なくとも対象的に限定して認識することができません。ですから、ちょうど虚空のようです。言語分別を離れたところを虚空のようだと言っているわけです。

それは、限定されるものではないので、ありとあらゆるところに遍満することになります。また、有るとか無いとか、同じとか異なるとか、対象的分別ではとらえられないわけですから、平等一相なる世界がそこに広がるわけです。

これが「如来の平等法身」なのです。『起信論』は大乗仏教ですから、三世十方に多仏がいるという多仏思想に立っていると思います。それぞれ仏はインディビジュアルな個としての智慧を発揮していいます。けれども、その本質・本性は平等一相であって、そこを法身（ダルマカーヤ）というわけです。

唯識でもダルマカーヤ（法身）とは、真如とか法性、あるいは空性のことです。みな同じものを指しています。それを仏身論で見たときには、ダルマカーヤ（法身）と呼ぶことになっています。ただし、唯識ではそれは理という存在の側面だけでとらえ、変化のない無為法であって、智慧の働きはそこにはないと見ます。つまり理と智が区別される、理智隔別の立場に立ちます。唯識や法相宗の法身の場合は、理としてのみの真如です。智慧はもう完全に刹那刹那生滅し変化する有為法です。たとえ無分別智であっても有為法として見ていて、それは無漏の種子から現行すると解釈します。

ところが、如来蔵思想は、その真如・法性は無為法だけれども、それがしかも智慧の働きを持っている、覚りの智慧そのものであると考えます。特に、無分別智で真如を証したときは、その智慧と真如は一体になります。それこそ念がない、対象的に限定してとらえるものが何もない世界です。対象的にとらえるものが何もないということは、主体がまさに主体として働いているそのただ中ということになりますが、そのただ中は真如でもあり、また智慧の働きそのものでもあるわけです。覚り体験の一つの説明の仕方として、如来蔵思想では、真如・法性はそのまま覚りの智慧の世界そのものでもあるという理智不二の立場で説明していくわけです。

『起信論』では、そこを「平等法身」であると言っています。対象的にとらえることをいっさい離れ、私たちが気づかないような微細な心の働きとしての分別や執着も離れたところです。そこに自覚される世界、それが法身なのだと述べています。そして、それはあらゆる如来に共通のものなのです。

そこに本覚というものを見出します。当然、本覚は、本来覚っている世界、仏の智慧の世界ということになります。私たちに本来具わっている仏の覚りの智慧の世界のことです。

## 本覚・始覚

なぜ本覚と呼ぶのかという質問に対し、始覚《しがく》との関係から答えています。「本覚」とは、初めて覚る（始覚）ことに対して、本来覚っているという意味で用いられます。初めて覚ることがあって、そのことを基にして考えたときに、本来覚っている世界があったと言わざるをえないというわけです。

そして、覚ってみると念を離れるわけですから、時間・空間の限定も離れます。まさに時間を超えた、無分別智の世界に入ることになります。そうすると、時間的な変化を超えた世界があったと理解し、時空を超えた世界に目覚めるわけです。その時空を超えた世界は、時間の世界に戻ってきて説明しようとすると、本より覚っていると言わざるをえません。本よりある世界というように表現せざるをえないことになってしまいます。そのため始覚があり、それは本覚と同じだからと説明しているのです。

この初めて覚るということは、私たちは現実に体験するわけです。禅の世界でも見性を果たしたとか、さらに覚りが深まったとかはありえる話です。ですから、初めて覚ることは厳然として実際にあるわけで、なぜそうなのかというと、今度は不覚があるからだ、覚りを成就していない状態があるからだと『起信論』では説明します。しかも、迷っていること自体が本来覚りの世界があるからこそ迷っていると言えるのだという論理を展開しています。

もともと覚りの世界があるからこそ、迷いがあり、迷っているからこそ初めて覚ることがあると言っています。不覚の前提として本覚があり、本覚があるので始覚があることになります。また本覚があるから不覚があって、不覚があるから始覚があるという関係です。しかし覚ってみれば、本より覚りの世界、時空を超えて変わらない覚りの世界というものに出会います。ともかく何らかの本覚の覚りの世界というものがあって、それについて私たちは気づかないけれども、その覚りの智慧は常に働いていると理解してよいでしょう。

それが無明・煩悩に覆われてしまっていて、不覚になっているわけです。けれども、本よりある本覚の世界や他者としての仏・菩薩の働きを受けて、私たちは修行していき、初めて覚るという体験を得ます。そうすると、本より覚っていたことがわかるということでしょう。


又《ま》た心源《しんげん》を覚《かく》するを以《もっ》ての故《ゆえ》に究竟覚《くきょうかく》と名《な》づく。心源《しんげん》を覚《かく》せざるが故《ゆえ》に究竟覚《くきょうかく》に非《あら》ず。

此《こ》の義《ぎ》は云何《いかん》ぞ。

凡夫人《ぼんぶにん》の如《ごと》きは前念《ぜんねん》の起悪《きあく》を覚知《かくち》するが故《ゆえ》に、能《よ》く後念《ごねん》を止《とど》めて其《そ》れをして起《おこ》らざらしむ。復《ま》た覚《かく》と名《な》づくと雖《いえど》も即《すなわ》ち是《こ》れ不覚《ふがく》なるが故《ゆえ》に。

二乗《にじょう》の観智《かんち》・初発意《しょほっち》の菩薩等《ぼさつとう》の如《ごと》きは、念異《ねんい》を覚《かく》して念《ねん》に異相《いそう》無《な》し、麁分別執著《そふんべつしゅうじゃく》の相《そう》を捨《しゃ》するを以《もっ》ての故《ゆえ》に相似覚《そうじかく》と名《な》づく。

法身《ほっしん》の菩薩等《ぼさつとう》の如《ごと》きは、念住《ねんじゅう》を覚《かく》して念《ねん》に住相《じゅうそう》無《な》し。分別麁念《ふんべつそねん》の相《そう》を離《り》するを以《もっ》ての故《ゆえ》に随分覚《ずいぶんかく》と名《な》づく。

菩薩地尽《ぼさつじじん》の如《ごと》きは、方便《ほうべん》を満足《まんぞく》して一念相応《いちねんそうおう》し心《しん》の初起《しょき》を覚《かく》して心《しん》に初相《しょそう》無《な》し。微細《みさい》の念《ねん》を遠離《おんり》するを以《もっ》ての故《ゆえ》に心性《しんしょう》を見《み》ることを得《う》。心即《しんすなわ》ち常住《じょうじゅう》なるを究竟覚《くきょうかく》と名《な》づく。

是《こ》の故《ゆえ》に修多羅《しゅたら》に「若《も》し衆生《しゅじょう》有《あ》りて能《よ》く無念《むねん》を観《かん》ずる者《もの》は則《すなわ》ち仏《ぶつ》に向《むか》う智《ち》と為《な》す」と説《と》くが故《ゆえ》に。

## 究竟覚

また、心の源を覚るから、「究竟覚」という完全なる覚り、究極の覚りになります。本来、真如・法性の世界があって、それが無明の影響を受けて迷いの世界に動き出す一番最初のところをつかむこと、つまり無明・煩悩の迷いの根元を覚ることが本当の究竟覚、究極の覚りであるという意味です。

この真如・法性が無明・煩悩によって迷いの世界に働き出し展開していって、私たちは言葉を用いながら、物事を実体視したり、自分を実体視したりしています。迷いの一番の始原からやや遠ざかった、日常的に迷いを自覚的に起こしていることを覚る段階は、いまだ究竟覚ではありません。迷いの根本に降りたって、一番の迷いの根元を覚るのが究竟覚であるという言い方です。

『起信論』は覚について一見、時間的な順序で語っています。時間的にまず真如・法性があって、そこから念を起こす瞬間というような一番の根元があって、そこを知るのが究竟覚であるととらえられます。しかし、基本的な仏教の教理のうえから考えるとどうでしょうか。

まず真如・法性が存在しているといった、発出論につながる世界観は、仏教にはないでしょう。そのため、「心源を覚す」というのは、時間的な始まりを覚す意味ではなくて、念が即ち無念であることを覚することである、念は念のままに実は無念であり、無自性・空であることを徹底して了解することが究竟覚である。それがいまだ徹底せず、ゆきわたらない段階が非究竟覚である、と見る見方もありえます。むしろこの理解の方がよろしいでしょう。

なお、この「心源」という言葉も、『起信論』独特の表現です。ある意味で、それがまた『起信論』の魅力なのかもしれません。空海には「心の源底」という言葉があります（『秘密曼荼羅十住心論』「秘密荘厳心」）。

いずれにせよ、究竟覚と非究竟覚の二つがあるということです。覚りにも段階があって、浅い覚りからだんだんと深まって究極の覚りに至ることがあるわけです。究極の覚りとは、その迷いの一番根元を覚ることで、それは時間的に何か始原をつかまえるというよりも、念が無念であることを徹底して知ることと受け止めるのがよいかと思います。

## 四段階の迷い

続いて、四段階の迷いの姿が示されています。ここでは、生・住・異・滅の言葉をその段階の指標としています。この生住異滅は仏教の有為法のあり方を示す言葉ですが、ここでは、滅・異・住・生の順で説明されています。

生住異滅とは、本来は有為法がどのように展開していくかを描くもので、これらは一刹那の内にあります。私たちの現象世界を長いスパンで見ると、生まれて存在して変化して、そしてなくなることは往々にしてあります。まさに諸行無常であって、この生住異滅を繰り返していくわけですが、仏教ではこれが一瞬の中にも起きていると言います。アビダルマ、『倶舎論《くしゃろん》』とか唯識では、一刹那の内にその生住異滅を見ることもあり、現象世界の一刹那一刹那ごとの生住異滅を、いったい何がもたらすのかを考えます。それは心不相応行法に生・住・異・滅というダルマがあって、その四つの法が他の有為法に関わると説明します。

この仏教が説く有為法の変化を表す語を、『起信論』は私たちの迷いの粗いものから微細なるものへの分類に使っています。滅とは本来ないものです。その本来ないものを、滅という言葉を用いて、最も粗い私たちの日常的な分別に用いているわけです。このような用い方はインドに見られないと思いますので、ここは中国撰述説の根拠の一つにもなると思われます。

（不覚）

一番目は「凡夫人」の段階です。「凡夫」というと、仏教を何も知らない人のように思うかもしれませんが、仏教で覚りを開く前は全員凡夫です。仏道修行をしている人でも、凡夫は凡夫です。ただし、ここでの場合はいわゆる十信の位にいる人を指します。

大乗仏教の修道論について、中国、日本では五十二位の修道論がよく取り上げられました。五十二位とは、十信・十住・十行・十廻向・十地・等覚・妙覚の位です。十信の段階は信を決定する修行をしている段階で、いまだ本当に大乗仏教の世界に入ったとは言えない段階です。その信が成就すると、次の十住の最初に入ります。それが初発心住で、そこで初めて菩提心を起こします。そして仏道に入っていくわけです。十住・十行・十廻向を三賢といって、まったくの凡夫とは区別します。そして十地の最初で無分別智を発して、いったんの覚りを開きます。しかし問題の全部は解決しないので、さらに修行を続けていきます。むしろこちらの修行の方が長いのですが、その十地の段階の菩薩は、聖《しょう》人《にん》と言われます。そして等覚・妙覚の仏と続きます。

ここで「凡夫人」とあるのは、十信の修行の位をしている人が念頭に置かれています。この段階の人は、自分が何か悪心を起こしたと自覚するわけです。ここの「前念の」の「念」は刹那の意味で解釈するとよいかもしれません。悪心というのは、未来にわたって苦しみをもたらす要因になっていくもので、それを自覚するのです。

そして、未来に悪心を起こさないよう努めていきます。悪心を未来にはもう起こさないようにするという意味では、ある意味「覚」だと言えます。十信の修行以前にある人は、悪心を起こしても悪だと自覚しない可能性がありますから、自覚することは大切です。ですから凡夫といっても、ここでの凡夫とはあらゆる凡夫ではなくて、仏道にもう入ってきた十信を修行しているような人を指しているわけです。

その意味で「悪を止める」と自覚することは、一種の「覚」ではありますが、本当の意味での「覚」の智慧とは言えません。そのため、不覚と言っているわけです。しかし、その「悪の心を起こしたことを自覚する」こと自体に、実はもう真如・法性といった本覚が働いているのです。私たちのいのちの中にそのような働きが実現してきているのです。

**（相似覚）**

二番目の「二乗の観智」の二乗とは、声聞《しょうもん》・縁覚《えんがく》のことです。預流《よる》・一来《いちらい》・不還《ふげん》・阿羅漢《あらかん》というような、小乗仏教の修行の道すじの中で、一種の覚りを開いたような人々のことです。「初発意の菩薩」とは、初めて菩提心を発こして十信を完成して、十住の最初の段階に入った大乗の菩薩やそれ以後の菩薩です。

「念異を覚し」の「異」とは、異相のことです。ここでは、従来の意味とは違って、執着する働きとか言葉をもとにいろいろ分別する、ある段階の迷いの働きを指しています。私たちの日常の粗い分別、言語による分別の働きが迷いであることを「覚」して、それを離れていきます。後に出てくる、執取相、計名字相などが異相に相当します。

そういった粗い分別をなくすのですが、まだポジティヴに何か真理を悟ったという段階ではありません。そのため覚に似ているということで、「相似覚」と名づけるわけです。

（隋分覚）

三番目の「法身の菩薩」とは、法身を自覚した菩薩のことです。法身を自覚するとは、真如・法性を証することで、真如と法身は同じものです。つまり、この法身の菩薩は、いったん覚りの智慧、無分別智を発した十地の菩薩のことなのです。「等」とあるのは、初地だけではなく、その後の段階も含む十地の菩薩であることを指しています。

「念住を覚し」の「住」も、とどまるとか住むなどの意味ではなく、先の粗い分別よりは少し繊細な分別の働き、根本的な分別の働きのことなのです。そのような繊細な、分別の働きが迷いであることを覚して離れた状態を、「念に住相無し」と説明しています。

そして、この段階の菩薩には、一時的な真如・法性の覚証があり、かつ麁分別執着よりは繊細な自覚しがたいような分別の働きを離れた覚を持っているので、「随分覚」と名づけるわけです。十地の各段階ごとに深まっていくので、「分に随った覚」というわけです。

（究竟覚）

またあらゆる修行（方便）を完成します。そうすると、仏に成る直前の一瞬に、真如・法性とぴたりと一つになって、非常に微細な分別の念をも完全に離れることが実現できるわけです。ここでいう「初起」は時間的に始原を突き止めるというよりは、迷いの働きの最も微細なものの自覚のことでしょう。その微細なものが無念に等しくなること、迷いの世界がそのまま覚りの世界に等しいことを自覚することが、「心の初起を覚」することだと思います。

そうすると、無明・煩悩の最も微細な働きもなくなるわけです。さらに心の本来のあり方、本性を自覚して、心が心のまま、いのちがいのちのままにあることを自覚します。こうして、心は絶対に主体そのものとして立って、時空を超えていきます。ここでいう「常住」は存在としてではなく、時間・空間の限定を離れるという意味で言っていると思います。このように、私たちが自覚的に気づきえないような細かい働きをも究極的に離れるので、「究竟覚と名づ」けるのです。

「説くが故に」という表現は、サンスクリット語ではよくあります。この言い方はサンスクリット語文の翻訳のような語調なので、また中国成立かインド成立かわからなくなります。

本テキストでは、経典の句を「若し衆生有りて能く無念を観ずる者は即ち仏に向かう智と為す」と読んでいますが、無念を観察するときは、その観察そのものが智である、修行の中に覚が働いているという意味に取ったものだと思います。つまり、本覚に寄ったとらえ方です。しかし、「無念を観ずるときは、即ち仏智に向かうが故に」と読むこともできるでしょう。こちらは、「仏智に向かう」ので、始覚に寄ったとらえ方になります。

又《ま》た心起《しんき》というは、初相《しょそう》の知《し》るべき有《あ》ること無《な》し。而《しか》も初相《しょそう》を知《し》ると言《い》うは、即《すなわ》ち謂《いわ》く無念《むねん》ぞ。是《こ》の故《ゆえ》に一切《いっさい》の衆生《しゅじょう》をば名《な》づけて覚《かく》と為《な》さず。本《も》とより来《このかた》念念相続《ねんねんそうぞく》して未《いま》だ曾《かつ》て念《ねん》を離《はな》れざるを以《もっ》ての故《ゆえ》に無始《むし》の無明《むみょう》と説《と》く。若《も》し無念《むねん》を得《う》る者《もの》は則《すなわ》ち心相《しんそう》の生《しょう》・住《じゅう》・異《い》・滅《めつ》を知《し》る、無念《むねん》と等《ひと》しきを以《もっ》ての故《ゆえ》に。而《しか》して実《じつ》に始《し》・覚《かく》の異《ことな》り有《あ》ること無《な》し。四相《しそう》は倶時《くじ》にして有《あ》り、皆《み》な自立《じりゅう》すること無《な》く、本来《ほんらい》平等《びょうどう》にして同一覚《どういつかく》なるを以《もっ》ての故《ゆえ》に。

### 心の始原

次の文章は、心が起きるといっても、その初めて起きるところに知るべきものは何もないはずだと、始原はつかまえられないのではないか、という質問を想定した文章だと思います。先ほど「初起を覚し」「初相無し」と言いましたので、無念を知ることが初相を知ることであると説明しています。無念になり尽くすこと、念がそのまま無念であると判然と洞察することを言っているのでしょう。だから、時間的な始原について言っているわけではないと、『起信論』が念を押しているのだと思います。

真如・法性そのものになり、無念なるいのちとして働くのが、究竟覚の仏です。そこに至るまでには対象として執着し分別する念がつきまとっています。そのような念は、時間的に始まりはないほど昔からずっとつきまとっています。そのため、修行僧や凡夫の段階では覚とはとうてい言えないと説明しているのです。

本当に念を離れ、心の本性そのものを洞察するときは、迷いの世界で心がどのように展開していくか、そのすべてを知ると言っています。先ほど説明したいろいろな煩悩の段階の姿、生住異滅のすべてを見抜いてしまいます。つまり、生住異滅のそれぞれが実は無念と等しくて、無念にしてしかも念であるから、そのあり方を徹底する中で、あらゆる念のあり方を、無念の展開のありさまとして理解することになるのです。言い換えれば、平等無差別の真如・法性を知れば、そのありとあらゆる諸法のあり方も同時に知るということでしょう。

唯識で言うと、無分別智を起こせば、後得智がおのずから生まれて、一切の現象世界を的確に知ることができます。また、真如・法性は如来だけではなく菩薩、衆生等一切の生き物に共通なる本性、ダルマカーヤとしてすべてにゆきわたっています。そのため、自分は究竟覚に達して、無念のあり方を離れたとしても、他者の方は本来そういうあり方にあるにもかかわらず、さまざまな念のあり方、生住異滅のいずれかにあることがわかってしまうと理解してもよいかもしれません。

次の文章を、「始（覚）と（本）覚との異り有ること無し」と読んでいます。これは深い読み方ですが、ごくふつうに「始覚《しがく》の異り有ること無《な》し」と読んでもよいかと思います。始覚には相似覚・随分覚・究竟覚といろいろな段階がありました。そういう始覚のさまざまな段階には差違はないという意味も含むでしょう。

四相は先ほどの「生住異滅」のことです。「四相は倶時にして有り」とは、それらは、どれか一つだけあるわけではなくて、滅があるときはその他の生住異がすべてあり、異があるときは少なくとも生・住もあるということです。また、このような区分自体が縁起と同じく他があって初めて成り立つので、そのことを言っているのかもしれません。

そして、滅相だけがあるとか、住相だけがあるとか、そういうことはありえないと言っています。それは、本来平等で、真如・法性があらゆる現象の本質・本性として、迷いの世界にすべて浸透している「同一覚」であるからです。始覚に段階はないけれども、あえて段階を設定して説明しましたが、実際には本覚があるので迷ったときも覚の世界にいることを改めて念押ししているわけです。

# 迷いにしたがう覚り――解釈分（6）

復《ま》た次《つぎ》に本覚随染《ほんがくずいぜん》を分別《ふんべつ》するに二種《にしゅ》の相《そう》を生《しょう》ず。彼《か》の本覚《ほんがく》と相《あ》い捨離《しゃり》せず。云何《いかん》が二《ふたつ》と為《な》す。一《ひとつ》には智浄相《ちじょうそう》、二《ふたつ》には不思議業相《ふしぎごっそう》なり。

智浄相《ちじょうそう》というは、謂《いわ》く法力熏習《ほうりきくんじゅう》に依《よ》りて如実修行《にょじつしゅぎょう》し方便《ほうべん》を満足《まんぞく》するが故《ゆえ》に。和合識《わごうしき》の相《そう》を破《は》し相続心《そうぞくしん》の相《そう》を滅《めっ》して法身《ほっしん》を顕現《けんげん》す。智淳浄《ちじゅんじょう》なるが故《ゆえ》に。

此《こ》の義《ぎ》は云何《いかん》ぞ。

一切《いっさい》の心識《しんしき》の相《そう》は皆《み》な是《こ》れ無明《むみょう》なるを以《もっ》てなり。無明《むみょう》の相《そう》は覚性《かくしょう》を離《はな》れず、壊《え》すべきに非《あら》ず壊《え》すべからざるに非《あら》ず。大海《たいかい》の水《みず》の風《かぜ》に因《よ》りて波動《はどう》し水相《すいそう》と風相《ふうそう》と相《あ》い捨離《しゃり》せず、而《しか》して水《みず》は動《どう》性《しょう》に非《あら》ず、若《も》し風止滅《かぜしめつ》すれば動相《どうそう》は則《すなわ》ち滅《めっ》し湿性《しっしょう》は壊《え》せざるが如《ごと》くなるが故《ゆえ》に。是《かく》の如《ごと》く衆生《しゅじょう》の自性清浄心《じしょうしょうじょうしん》も無明《むみょう》の風《かぜ》に因《よ》りて動《どう》ず。心《しん》と無明《むみょう》と倶《とも》に形相《ぎょうそう》無《な》くして相《あ》い捨離《しゃり》せざれども而《しか》も心《しん》は動性《どうしょう》に非《あら》ず。若《も》し無明滅《むみょうめっ》すれば相続《そうぞく》則《すなわ》ち滅《めっ》し智性《ちしょう》は壊《え》せざるが故《ゆえ》に。

不思議業相《ふしぎごっそう》というは、智浄相《ちじょうそう》に依《よ》るを以《もっ》て能《よ》く一切《いっさい》の勝妙《しょうみょう》の境界《きょうがい》を作《な》す。所謂《いわゆる》無量《むりょう》の功徳《くどく》の相《そう》は常《つね》に断絶《だんぜつ》無《な》く、衆生《しゅじょう》の根《こん》に随《したが》いて自然《じねん》に相応《そうおう》し種種《しゅじゅ》に而《しか》も現《げん》じて利益《りやく》を得《え》しむるが故《ゆえ》に。

無明・煩悩が本覚を覆って不覚になっているわけですが、本覚そのものは変わりません。その本覚は染に随って二つのあり方に区別することができます。しかし、たとえ無明・煩悩に随って迷いの現象を起こしていたとしても、その現象世界は本覚と離れるものではないのです。

その本覚の二つのあり方とは、「智浄相」と「不思議業相」です。智浄相とは、本より智として清浄なる世界のことです。不思議業相は、ふつうの人間の知性では考えられないような働きの姿です。この智浄相はまさに迷いに随っている中に存在している本覚とその姿、ということになります。それはこの前の始覚と同じように修行の中でみずからをより十全に現していくプロセスになります。そして不思議業相は、仏に成って、他を教化する偉大なる霊妙なる働きをなしていく、その姿ということになります。

### 智浄相

この智浄相を詳しく説明すると、まず、「法力熏習に依りて」とあります。一般に「熏習」とは、衣を掛けてその下でお香を焚くと、お香が衣に染みわたって香りが付くことと説明されます。唯識では私たちが見たり聞いたりするものが、阿頼耶識に貯蔵され種子として残されていくことを言います。ふだんから私たちが考えていることや見ていることはすべて阿頼耶識に熏習されて残っていきます。たとえば、仏典の説法を聴いたりして熏習する、聞熏習ということが盛んに言われますが、「法力熏習」というのも、そういう教法に触れてそれが心の奥深くに染みわたっていくことです。『起信論』では真如熏習といって、真如が無明・煩悩に熏習することも言います。そのため、真如・本覚が内から迷いの自己自身に働きかけることも、「法力熏習」の一つに入っています。

次の「如実修行」は、『起信論』の中では比較的術語として用いられています。十信・十住・十行・十廻向・十地・等覚・妙覚の五十二位のうち、無分別智を開いてからさらに修行をしていく十地の段階の修行のことを、如実修行という言葉で表します。したがって、「法力熏習」は、十地に登る前の段階の修行を意味することになります。少し形式的すぎるかもしれませんが、無分別智発得《ほっとく》以前が法力熏習、無分別智を発してさらに十地の修行をするのが如実修行と解釈できます。そして、修行（方便）を完成し、仏に成ります。

成仏したとき、不生不滅と生滅とが和合した阿梨耶識という、迷いの世界全体を破ることになります。また無明・煩悩に基づいて迷いの心が相続するあり方も滅します。しかし、不生不滅の真如・本覚の根源的な心そのものはなくなりません。そのため、そこに「法身を顕現」するのです。

「智淳浄なるが故に」とは、本来自性清浄だけれども無明や煩悩に覆われている本覚がすっかり現れて純粋な清浄な智慧が実現し、真如と一体になっている理智不二の世界に法身を見ることを言っているのだと思います。つまり、最終的には本来清浄な智慧が顕現するので、迷いの世界の中でも智は淳浄であるそのことを、智浄相と呼んでいるのでしょう。

ます。

## 水波の喩え

「〜が如く、是くの如く〜」は、〜であるようにそのように〜、という意味です。サンスクリット語では「ヤター〜、タター〜」という構文になり、インド的な構文を示唆するようなかたちになっています。

『起信論』では、後の段で、業識から始まって、転識や現識、分別事識などいろいろな識が出てくると説明します。これらは心識が区別されて立てられたものですが、すべて無明に基づく不覚の相と言っています。ここでいう無明は不覚を象徴した言葉ととらえた方がよいでしょう。日常の分別や執着に関わるような心の働きすべてということです。それらはすべて根本に無明を伴う不覚の姿なのです。

しかし、その無明の相である私たちの分別・執着する心の働きも、本覚の本性と離れたものではありません。そのため、その本覚を不生不滅の当体として見たときは、壊すべきでもなく、滅ぼすべきでもないものです。しかし、迷いは離れることができるので、「壊すべきでないこともない」とも言えます。

そのことを、ここでは水波の喩えを用いて説明しています。

喩えの中の「大海の水」は真如・本覚の世界です。水は本性としてみずから波立つことはありません。むしろ平らかになる性質を持っています。しかし、無明という風の縁によって波立つわけです。そして、その水と風は切り離すことができませんが、水は動く性質を持っているものではないので、風がやめば波立つことはなくなります。しかし、水の本性である湿性はなくなるものではありません。

この水波の喩えは、仏典ではあちらこちらで出てくるものです。『楞伽経《りょうがきょう》』でも、阿頼耶識と現識の間の説明でこの喩えが用いられています。また『楞伽経』では阿頼耶識と如来蔵とが一つであるというような言い方もされています。このように、本体と現象、本性と現象の関係の喩えとして「水波の喩え」はよく見られます。

その喩えのように、衆生の本来清浄なる心が根源的な無知である無明の働きかけを受けて動き出すと、分別や執着が生じるわけです。しかし、心も無明も本体があるわけではありません。けれども、お互いに働き合って離れず、迷い出して執着してしまう状態になるのです。

本来、心は自性清浄で迷いの分別を起こすようなものではありませんので、無明がなくなれば、分別や執着の働きとしての心の相続は消滅します。しかし心がなくなってしまうわけではなく、その根源的な自性清浄心としての智慧の働きそのものはなくならないのです。

このように『起信論』では、根源的な静止している清浄心があって、それに無明が取りつくことで働き出すというイメージで語られます。ある意味、発出論的ですが、単純な発出論は仏教とそぐわないはずです。自性清浄心もやはり智としての働きは本来持っていて、あらゆる現象にゆきわたっていながら、各個の根源としても働いていると見ないといけないでしょう。

不思議業相は、修行を完成して、真如・本覚が純粋に清浄なる智慧として実現した、その実現した智慧によって、あらゆる他者に対してすばらしい対象世界を見せたり聞かせたりする、仏のおのずからなる不思議な働きです。

つまり、本覚の自性清浄心は迷っていてもそれぞれの人に働いているわけなので、その真如・本覚の中に無量の功徳が具現されていて、それらは断絶することはありません。もしくは、仏に成って純粋の智慧が実現して以降ととらえてもよいかもしれません。そのようなすばらしい性質や力である功徳があるので、どのような相手でも、その能力・資質・性格などに応じて、おのずから何の計らいもなく最も相手にふさわしい導き方をしていくことができます。そのために、さまざまな姿・形を現して、利益を与えるので、不思議業というわけです。普通の人間の知性ではとらえきれない、仏に成ってこそ得られる働きです。

このように、本覚は本より清浄なのですが、修行の中で次第にみずからを顕わしていき、やがて究極の姿となり、すばらしい働きをなしていきます。その本来の清浄性とその後の働きの両方のあり方を本覚に見るべきであるという説明です。

## 本来清浄な覚り──解釈分（7）

復《ま》た次《つぎ》に覚《かく》の体相《たいそう》というは四種《ししゅ》の大義有《だいぎあ》り。虚空《こくう》と等《ひと》しく猶《なお》し浄鏡《じょうきょう》の如《ごと》し。

云何《いかん》が四《よつ》と為《な》す。

一《ひとつ》には如実空鏡《にょじつくうきょう》なり。一切《いっさい》の心《しん》と境界《きょうがい》との相《そう》を遠離《おんり》して、法《ほう》の現《げん》ずべき無《な》し。覚照《かくしょう》の義《ぎ》に非《あら》ざるが故《ゆえ》に。

二《ふたつ》には因熏習鏡《いんくんじゅうきょう》なり。謂《いわ》く如実不空《にょじつふくう》なり。一切世間《いっさいせけん》の境界悉《きょうがいことごと》く中《なか》に於《おい》て現《げん》じて不出《ふしゅつ》・不入《ふにゅう》・不失《ふしつ》・不壊《ふえ》にして常住一心《じょうじゅういっしん》なり。一切《いっさい》の法《ほう》は即《すなわ》ち真実《しんじつ》の性《しょう》なるを以《もっ》ての故《ゆえ》に。又《ま》た一切《いっさい》の染法《ぜんぽう》は染《ぜん》する能《あた》わざる所《ところ》なり。智体動《ちたいどう》ぜず無漏《むろ》を具足《ぐそく》して衆生《しゅじょう》に熏《くん》ずるが故《ゆえ》に。

三《みつ》には法出離鏡《ほうしゅつりきょう》なり。謂《いわ》く不空《ふくう》の法《ほう》は煩悩礙《ぼんのうげ》と智礙《ちげ》とを出《い》でて和合《わごう》の相《そう》を離《はな》れて淳《じゅん》・浄《じょう》・明《みょう》なるが故《ゆえ》に。

四《よつ》には縁熏習鏡《えんくんじゅうきょう》なり。謂《いわ》く法出離《ほうしゅつり》に依《よ》るが故《ゆえ》に徧《あまね》く衆生《しゅじょう》の心《こころ》を照《てら》して善根《ぜんごん》を修《しゅ》せしめ念《ねん》に随《したが》いて示現《じげん》するが故《ゆえ》に。

次に四つの鏡に喩えて説明します。四つとは、「如実空鏡」「因熏習鏡」「法出離鏡」「縁熏習鏡」です。鏡にそれぞれの意味があって、それに合わせて本覚のあり方を説いています。「覚の体と相とには」と体と相に分けて読む読み方もありえますが、後を見ると必ずしも体と相に分けて説いてはいませんので、「体相」で相を意味しているととらえてよいと思います。

始覚と本覚は一つのものですが、覚の姿に四つの大の義があります。いずれも、あらゆるものにゆきわたっている遍満性があります。迷いの中にも、生きとし生けるものにも、さらには私たちがいのちを維持している環境にも、それら全体に覚がゆきわたっているということです。「草木国土《そうもくこくど》悉皆《しっかい》成《じょう》仏《ぶつ》」という言葉がありますが、草木も国土もその覚に貫かれているというような見方もできるのではないでしょうか。そういった、ありとあらゆる現象の本性として貫いているので、「大」であると解釈しています。それは、鏡のようにあらゆるものを映し出す智慧の働きを持っているので、浄鏡のようであると言っているわけです。

### (1) 如実空鏡

「如実」とあると、「実際のように」と普通は副詞に受け止めてしまいますが、法蔵の『起信論義記』では、この「如実」を「真如」と解釈しています。この場合は、真如として空である意味になります。その空について、主観・客観などのありとあらゆる姿を離れています。また実体をその中に持っていません。ちょうど鏡がものを映し出すだけで、その映像の中に本体はないようなものです。私たちは、黒板なら黒板が、机なら机があると実体視します。しかし、鏡にはそれらの映った映像しかありませんから、それらの実体は鏡の世界にはありません。そういう意味で、実体視されたものはすべて鏡の世界には存在していないわけです。そのため、「一切の心と境界との相」である実体視されたものは、ウサギの角や亀の毛と同じく本よりありえないものなので、現じようがありません。それは鏡が照らすべきものではないということです。

唯識の三性説を応用して解釈してみましょう。最初の「一切の心と境界との相」を遍計所執性、識の相分に映像として現れたさまざまなものは依他起性ととらえます。そういった心に現れた現象そのもの、眼識に現れた色、耳識に現れた音、意識に現れたいろいろな関連したもの等が合わさると、無意識のうちに常住の本体があるとみなして執着してしまいます。しかし、実際には識のみがあって、その中の映像であり、それらの実体はありません。その識の中の映像の世界を依他起性と言います。

このように、覚りの世界＝真如には対象的に実体視したものはなく、主観の方面であれ客観の方面であれ、もとよりないものなのだから照らしようもない、そこが如実空鏡であるというわけで、ここでの空なるものとは唯識で言うと遍計所執性の世界と解釈できます。

### (2) 因熏習鏡

二つ目の因熏習鏡は依他起性と関係があります。私たちが生きている世界で出会うさまざまなものは、心の中に認識されたものです。それらは心の中に現れた映像ですから、依他起性の世界です。縁起の中で成立したものであり、実体はない無自性・空なるものです。その無自性・空なるものは、出るとも入るとも言えないし、なくなるものでもありません。あるのは常住なる一心だけです。迷いの世界に流れ出し支えている覚体としての心の中に、さまざまな現象が現れますが、それらは心の映像であって無自性・空で、あるのは一心の働きだけである、ということです。その現象としての一切法は、その本質・本性からすると、真実であると述べています。

それでは、なぜ因熏習鏡という名前になるのでしょうか。本覚が迷いの世界に働いているときは、私たちは心の中にあらゆるものを映し出して、それに執着しています。その心の中に現れている現象は映像にすぎませんが、その本性は真如・法性でもあるのです。その真如・本性が迷いからさめるように内から働いているわけです。その内からの働きが、因としての熏習です。したがって、因熏習鏡という名前になるわけです。

なお、真実性という言葉は、唯識の三性説の円成実性の旧訳《くやく》の訳語としても用いられています。旧訳においては、遍計所執性は分別性、依他起性は依他性となります。ここでいう真実性が唯識の円成実性をただちに表すかはわかりませんが、若干は意識されているかもしれません。

覚そのものは、無明や煩悩が汚すことはできないものです。なぜなら、覚は迷いの中でさまざまな現象に出会いますが、無明・煩悩によって染まることはなく、しかも本覚として衆生の迷いの心へ熏習し続けるからです。智体というと根源的な永遠なる本体があるような表現ですが、そうではなくて本覚の本性は清浄であって迷っていようが覚っていようが変化がない、「動じない」ことを体と表現しているのでしょう。無漏とは、煩悩が漏れ出すことがないことを言いますので、それを具足するとは、たんに煩悩を離れているだけではなく、無漏の性功徳、本来持っている功徳を具足していることを言うものです。そしてそれによって無明・煩悩に迷う衆生に内から働きかけているのです。

### (3) 法出離鏡

法出離鏡は汚れを出離した鏡で喩えられるということです。つまり修行を完成して無明・煩悩を脱したところを見ているわけです。煩悩礙と智礙というと、煩悩障と所知障が思い浮かびます。煩悩障は我に対する執着(我執)に関わる煩悩、所知障はものに対する執着(法執)に関わる煩悩を言います。我執を断ずると、生死輪廻から脱して涅槃に入ります。法執を断ずると菩提を実現して仏に成ります。この二障を断じて大菩提と大涅槃を実現するのが大乗仏教の目的です。

しかし、『起信論』では、この二つの礙は今の二障とは別の意味合いで使われているようです。根本に無明があって、そこからさまざまな迷いが現れます。それを三つの微細な段階である三細と自覚されるような六つの粗い段階の六麁に分けます。智礙は根本無明、煩悩礙はそこから現れ出た三細六麁を指します。そのため、ここでは無明とさまざまな煩悩を、修行によって離れることを意味します。

そして、不生不滅と生滅の和合というあり方を超えて、迷いと自性清浄心が和合しているあり方を超えて、覚が覚そのものとして完全になるところが、純粋で清らかで智慧として明るいので、鏡に喩えているのです。

### （4）縁熏習鏡

四つ目の縁熏習鏡は先ほどの不思議業相と同じような内容になります。修行が完成して煩悩礙と智礙を離れて本覚が十全に実現すると、相手に応じて善根を修めさせ、相手の思いに随って適切に対応していきます。そして今度は外側から相手の心に熏習していくので、縁として熏習する、縁熏習と言うのです。遍く照らす点を鏡に喩えているわけです。

## 迷いの根本とその展開——解釈分（8）

言《い》う所《ところ》の不覚《ふがく》の義《ぎ》というは、謂《いわ》く実《じつ》の如《ごと》く真如《しんにょ》と法《ほう》と一《いち》なりと知《し》らざるが故《ゆえ》に、不覚《ふがく》の心起《しんおこ》りて而《しか》も其《そ》の念有《ねんあ》り。念《ねん》に自相無《じそうな》ければ本覚《ほんがく》を離《はな》れず。猶《なお》し迷人《めいにん》の方《ほう》に依《よ》るが故《ゆえ》に迷《まよ》う、若《も》し方《ほう》を離《はな》れぬれば則《すなわ》ち迷有《まよいあ》ること無《な》きが如《ごと》し。衆生《しゅじょう》も亦《ま》た爾《しか》り。覚《かく》に依《よ》るが故《ゆえ》に迷《まよ》う、若《も》し覚性《かくしょう》を離《はな》れぬれば則《すなわ》ち不覚無《ふがくな》し。不覚《ふがく》の妄想心有《もうぞうしんあ》るを以《もっ》ての故《ゆえ》に能《よ》く名義《みょうぎ》を知《し》りて為《ため》に真覚《しんかく》と説《と》く。若《も》し不覚《ふがく》の心《しん》を離《はな》れぬれば則《すなわ》ち真覚《しんかく》の自相《じそう》の説《と》くべき無《な》し。

## 不覚

今度は不覚、まさに私たち凡夫の迷いの世界のことを説明していきます。前のところで、本覚があるから不覚がある、不覚があるからこそ始覚があると言っていました。そして始覚は本覚に同ずる。覚ってみたら本より覚っていたことに気づいたとなります。それでは不覚とは何でしょうか。

まず、真如が一であることを知らないことだと言っています。この一は絶対の一のことでしょう。真如は一味平等で、あらゆるものにゆきわたっていることを知らないということになります。それは無明のせいです。そうすると、いろいろな迷いの心が起こります。そういった迷いの分別があっても、本体はなく無自性・空であるので、本覚を離れてはいないわけです。念については、菩提流支《ぼだいるし》などは、分別を意味するヴィカルパとかカルパを念と訳しています。それから、間違って対象を志向すること（不如理作意）も念と訳していますので、迷いの分別ととらえてよいかと思います。

本覚を離れてはいないけれども、その中で何も見えないで迷っている状態が不覚であることを、次のような喩えで説明します。

どこへ行けばよいかわからないような、方角に迷った人は、そもそも方角があるから、どこへ向かえばよいかわからなくなるのだという喩えです。だから方角を離れとらわれることがなければ、迷うこともない、基準となるものがなければ迷うこともないのだということです。衆生も同様に覚というものを設定するから迷うことが出てきますが、覚もその本体はないと離れてしまえば不覚もなくなるし、それが実相であるわけです。

だいたい妄想心という迷いの分別があるから、覚りとか迷いとか表現してそういうものがあると思ってしまうのであって、迷いの心を離れて覚ってみれば、これが覚りであるとか不覚であるとかいうものはないと言っています。言い換えれば、本覚の世界は無分別の世界なのでしょう。

『起信論』で始覚・不覚・本覚という言葉が出てくるのは生滅門の中のことです。生滅門では、言葉を用いていろいろと説明し体系づけたりしますが、実際に修行して覚りそのものに至れば、真如門に入ります。そこでは離言真如、言葉も消えた世界になります。したがって、「真覚の自相の説くべき無し」というのは、真如門に入った後の説明でしょう。生滅門に立って説明するときには、覚とか不覚とか言うけれども、覚った真如門の世界ではそういうものはありませんよ、ということです。

続いて私たち迷いの姿を、根源的な迷いの意識しえない微細な世界（三細）と自覚できる粗い世界（六麁）で描写していきます。


復《ま》た次《つぎ》に不覚《ふがく》に依《よ》るが故《ゆえ》に三種《さんしゅ》の相《そう》を生《しょう》じ、彼《か》の不覚《ふがく》と相応《そうおう》して相《あ》い離《はな》れず。

云何《いかん》が三《みっ》と為《な》す。

一《ひとつ》には無明《むみょう》　業相《ごっそう》なり。不覚《ふがく》に依《よ》るを以《もっ》ての故《ゆえ》に心動《しんどう》ずるを説《と》きて名《な》づけて業《ごう》と為《な》す。覚《かく》すれば則《すなわ》ち動《どう》ぜず、動《どう》ずれば則《すなわ》ち苦《く》有《あ》り。果《か》は因《いん》を離《はな》れざるが故《ゆえ》に。

二《ふたつ》には能見相《のうけんそう》なり。動《どう》に依《よ》るを以《もっ》ての故《ゆえ》に能見《のうけん》あり、動《どう》ぜずんば則《すなわ》ち見無《けんな》し。

三《みつ》には境界相《きょうがいそう》なり。能見《のうけん》に依《よ》るを以《もっ》ての故《ゆえ》に境界妄《きょうがいみだ》りに現《げん》ず、見《けん》を離《はな》れぬれば則《すなわ》ち境界《きょうがい》無《な》し。

境界《きょうがい》の縁《えん》有《あ》るを以《もっ》ての故《ゆえ》に復《ま》た六種《ろくしゅ》の相《そう》を生《しょう》ず。

云何《いかん》が六《むつ》と為《な》す。

一《ひとつ》には智相《ちそう》なり。境界《きょうがい》に依《よ》りて心《しん》いい起《おこ》りて愛《あい》と不愛《ふあい》とを分別《ふんべつ》するが故《ゆえ》に。

二《ふたつ》には相続相《そうぞくそう》なり。智《ち》に依《よ》るが故《ゆえ》に其《そ》の苦《く》・楽《らく》の覚《かく》を生《しょう》ず。心《しん》いい念《ねん》を起《おこ》し相応《そうおう》して断《だん》ぜざるが故《ゆえ》に。

三《みつ》には執取相《しゅうしゅそう》なり。相続《そうぞく》に依《よ》りて境界《きょうがい》を縁念《えんねん》し、苦《く》・楽《らく》を住持《じゅうじ》して心《しん》に著《じゃく》を起《おこ》すが故《ゆえ》に。

四《よつ》には計名字相《けみょうじそう》なり。妄執《もうしゅう》に依《よ》りて分別《ふんべつ》する仮《け》の名言《みょうごん》の相《そう》の故《ゆえ》に。

五《いつつ》には起業相《きごっそう》なり。名字《みょうじ》に依《よ》りて名《みょう》を尋《たず》ね取著《しゅじゃく》して種種《しゅじゅ》の業《ごう》を造《つく》るが故《ゆえ》に。

六《むつ》には業繋苦相《ごっけくそう》なり。業《ごう》に依《よ》りて報《ほう》を受《う》けて自在《じざい》ならざるを以《もっ》ての故《ゆえ》に。

当《まさ》に知《し》るべし。無明《むみょう》は能《よ》く一切《いっさい》の染法《ぜんぽう》を生《しょう》ず。一切《いっさい》の染法《ぜんぽう》は皆《み》な是《こ》れ不覚《ふがく》の相《そう》なるを以《もっ》ての故《ゆえ》に。

三細

一つ目は「無明業相」です。ここでいう「不覚」とは無明のことでしょう。無明が心に関与することによって、心が動じます。自性清浄心が迷いの方向に一歩踏み出した段階です。業とは一般に、ある行為をするとそれが未来に影響力を及ぼしてある結果を招きますが、その行為及び行為が未来に何らかの果を招く力のことです。ところが『起信論』で言う業は、動ずる働きのことを言います。そして、風がやんで海が凪ぐように、覚ると迷いの分別によって動ずることがなくなります。心が迷いのうちに働いて何らかの行為を起こせば、最終的には苦の結果を招くことになります。なぜならば、苦という結果には必ず原因があるものなので、無明による分別の働きが原因となっているからです。なお、「心いい」の「いい」は主格を表すもので、「心が〜である」「心は〜である」という意味になります。

二つ目は「能見相」です。心が動き出すことによって、見るものという主体が出てきます。次にも説いていますが、見るものが現れるとその見られる対象も現れます。要するに主客が分裂するのです。当然、心が動じることがなければ主客分裂のうえでの分別、迷いの認識は起きません。

三つ目は「境界相」です。見るものが現れると、本来対象として存在するものではないけれども、その対象＝世界の影像が現れます。仏教一般では、対象が現れるから見るものが出てくると、逆の順番で言うことが多い気がいたしますが、『起信論』では見るものから見られるものの順番で説明しています。そして、見るものがなければ、当然対象もなくなります。

ここまでの三細は、まだ執着するには至らない、見たり聞いたりする現象世界が現れたところを説明しているようです。ところが、対象世界が現れると、六つに分類される分別の世界、自覚的な分別・執着の世界が出てきます。

六麁

その六つのうち一つ目は「智相」です。智は、仏教ではふつう、覚りの智慧などよい意味で用いられますが、ここでは愛と不愛を分別する迷いの働きを指します。見があって境界が生まれ、そこから分別する心が起こります。愛と不愛の分別は気に入ったものと気に入らないものとを選り好みをすることです。禅に、「至道無難《しどうぶなん》、唯嫌簡択《ゆいけんけんじゃく》」（至道に難なし、唯だ簡択を嫌う）という言葉があります。意味は、「究極の道は何も難しいことはない。唯だ選り好みを嫌うだけだ」ということです。しかし、対象を前にすると、これは良いな、あれは嫌だなといった分別が生まれてきます。

二つ目は「相続相」です。先ほどの智相の愛・不愛の分別の働きによって、今度は苦しみや楽しみが生じます。ここでいう覚心は感受のようなもので、本覚・始覚の覚とは異なり、日常の気づくような心や意識を指しているのでしょう。こうした苦しい・楽しいという心が生じて念を起こします。念という言葉は『起信論』ではしばしば出てきますが、感情的な反応を受けて知的に分別することです。そしてそれがずっと続いていくということです。

三つ目は「執取相」です。先ほどの念の相続によってさらに対象を分別していき、執着が生じます。「苦・楽を住持して」とは、苦しみを避け楽しみを選ぶあり方を続けていくことでしょう。ここで分別だけではなく新たに執着が起きてきます。

四つ目は「計名字相」です。これは対象を言語的にとらえる働きの段階です。机や椅子などの言葉を用いることにより、その対象に実体があると見ることです。唯識から説明すると、かつて言葉を用いて世界を分節化し執着してきた過去の熏習があるから、今も言葉を用いて対象を分別し執着することになるのだということでしょう。ここでは、分別から執着への発生論的な分析が書かれています。感情的に何か無意識的に働いていく、そのうえで言語的な把握もなされていくという順番です。この言葉で分別することの中には、言葉の対象を執着することも含まれていることになります。

五つ目は「起業相」です。これは言葉を用いることによってさらに対象に深く執着していくことです。本当は机なら机という常住な本体はありませんが、本体があると思い込んで、それにとらわれてますます執着していきます。そうして、貪りとか怒りとかさまざまな煩悩を起こして、業を造ります。ここの業は、『起信論』が業識において用いた起動の意の業とは違って、いわゆる悪業・善業の、行為をなせばその行為に応じて未来に結果を生じるという意味の業です。

六つ目は「業繋苦相」です。「業に依りて報を受けて」とあるので、この世の行為や過去世の行為によって次の来世のどこに生まれるかが決まるという、生死輪廻の観点から自由自在になりえず、輪廻の暗い海をさまようしかないのです。

真如の一なることを知らない無明から始まって、三細六麁の迷いの段階まで展開してきました。それは無明に基づく世界ですから、不覚の相ということになります。

## 覚りと迷いの同異――解釈分（9）

復《ま》た次《つぎ》に覚《かく》と不覚《ふがく》と二種《にしゅ》の相有《そうあ》り。

云何《いかん》が二《ふたつ》と為《な》す。

一《ひとつ》には同相《どうそう》、二《ふたつ》には異相《いそう》なり。

同相《どうそう》というは、譬《たと》えば種種《しゅじゅ》の瓦器《がき》皆《み》な同《おな》じく微塵《みじん》の性相《しょうそう》なるが如《ごと》し。是《かく》の如《ごと》く無漏《むろ》と無明《むみょう》との種種《しゅじゅ》の業幻《ごうげん》は皆《み》な同《おな》じく真如《しんにょ》の性相《しょうそう》なり。

是《こ》の故《ゆえ》に修多羅《しゅたら》の中《なか》に、此《こ》の義《ぎ》に依《よ》りて「一切衆生《いっさいしゅじょう》は本来常住《ほんらいじょうじゅう》にして涅槃《ねはん》に入《い》る」と説《と》く。菩提《ぼだい》の法《ほう》は修《しゅ》すべき相《そう》に非《あら》ず、作《な》すべき相《そう》に非《あら》ず、畢竟無得《ひっきょうむとく》なり。亦《ま》た色相《しきそう》の見《み》るべき無《な》し。而《しか》も色相《しきそう》を見《み》ること有《あ》るは唯《た》だ是《こ》れ随染業幻《ずいぜんごうげん》の所作《しょさ》なり。

是《こ》れ智色不空《ちしきふくう》の性《しょう》に非《あら》ず。智相《ちそう》の見《み》るべき無《な》きを以《もっ》ての故《ゆえ》に。

異相《いそう》と言《い》うは、種種《しゅじゅ》の瓦器《がき》各各不同《おのおのふどう》なるが如《ごと》し。是《かく》の如《ごと》き無漏《むろ》と無明《むみょう》とは随染幻《ずいぜんげん》の差別《しゃべつ》と性染《しょうぜん》幻《げん》の差別《しゃべつ》となるが故《ゆえ》に。


次に、覚と不覚が同じであると同時に違うということを述べていきます。一つ目は、覚と不覚が同じ平等無差別である面（同相）。二つ目は、覚と不覚が異なっている面（異相）です。ふつうは覚と不覚は異なるのが当然と考えますが、共通な平等な面もあってその両面を見なければいけないということです。

同相

同相は、覚と不覚が区別されない、同じ一つの本性であるということですが、それを喩えを用いて説明しています。「瓦器」とは瀬戸物のことです。茶碗やお皿はそれぞれ形も用途も違う別ものですが、土の粒子から成り立っている点、土の粒子が本性である点は変わりません。

それと同じように、本覚（無漏）の働きの中のさまざまな認識や無明・煩悩によって生まれるさまざまな分別は、どれもみな同じく真如を本性としています。ここで業幻と幻がついているのは、覚でも不覚でもその認識するものは常住の本体は持たない、無自性・空の存在だからです。

同相は、真如という観点から見た場合です。真如は、あらゆる現象の本性としての空性そのものです。『起信論』や如来蔵思想の場合は、この真如に智慧も含んでいます。

ある経典に真如・法性の立場によって次のように説いています。「あらゆる衆生は、本来自性清浄で、涅槃つまり空性の中にある」と。空性に着目すれば、何か修行して覚りの智慧が生まれるとか生みだすとかということもなく、得られるものは何もありません。不可得であれば、対象的につかまえることもできないし、生ずることも滅することもありません。そこに本来の自己、本来主体であるそれそのものを見出すことができるのです。たとえ迷いの中であっても、対象を実体的に執着しても、そのものは空性の中にあって、覚りの世界が空性であることは何も変わらず一つであるということでしょう。

また、空性だから認識する対象の本来現れるべきものはないけれども、そこに無明・煩悩が関わることでさまざまな形や姿が現れてくるのです、とも説いています。色とは狭くは視覚の対象を指しますが、広くは色・声・香・味・触の五境や眼・耳・鼻・舌・身の五根等、すべてをまとめて呼ぶ場合もあります。ここでは後者と見るのがよいでしょう。それらは、無明や煩悩の染法に随って真如・法性が迷いの働きをなした、実体のない姿・形であるということです。何か色法というものが常住の本体を持つものとして存在しているわけではなく、すべては自性清浄心に無明が介在して生まれた迷いの心が描き出したものにすぎないのです。

本覚である覚りの智慧に実体的な色法、物質的なものがあるわけではありません。なぜならば、覚りの智慧には対象的にとらえることができるものはないからです。不生不滅のただ中に立ったところでは、対象的にとらえるものは何もないけれども、無明が働きかけることで、対象的な世界が次第に現れてきて、それに執着します。しかし、どれほど執着しても、その本質は空性そのものなのです。これが同相であり、その一面を見なければなりません。

## 異相

続いて、覚と不覚が違うという異相についても同様に喩えを使って説明しています。瀬戸物にも茶碗や湯呑みなどいろいろな種類があるように、無漏、本覚の世界が無明に随ってさまざまな差別の姿を現しだしていく側面から見た「随染幻」による相違と、自性清浄心に無明が介在して根源的な迷いの心となって展開する側面から見た「性染幻」による相違の二つがあると述べています。どちらも実体を持たない世界ですので、幻という字がついています。覚と不覚の相違についての説明ですから、本覚から展開する世界と無明から展開する世界をいちおう区別するという点に注目すべきでしょう。

# 第五章　正しい教えを明かす（二）――正宗分（三）

## 五つの識――解釈分（10）

復《ま》た次《つぎ》に生滅《しょうめつ》の因縁《いんねん》というは、所謂衆生《いわゆるしゅじょう》は心《しん》に依《よ》りて意《い》と意識《いしき》と転《てん》ずるが故《ゆえ》に。

此《こ》の義《ぎ》は云何《いかん》ぞ。

阿梨耶識《ありやしき》に依《よ》るを以《もっ》て無明有《むみょうあ》りと説《と》く。

不覚《ふがく》にして起《おこ》り、能見《のうけん》と能現《のうげん》と能《よ》く境界《きょうがい》を取《と》り念《ねん》を起《おこ》して相続《そうぞく》す。故《ゆえ》に説《と》きて意《い》と為《な》す。

### 生滅の因縁

次に、その迷いの世界を、心識思想で説明していきます。先ほどの三細六麁とほぼ対応したかたちになっており、今度はそれを識にあてはめて説明していきます。

最初が生滅の因縁です。アビダルマの『倶舎論』では、六因・四縁・五果といって、因・縁・果それぞれに六つ・四つ・五つあると説きます。四つの縁とは、因縁《いんねん》・等無間縁《とうむけんねん》・所縁縁《しょえんねん》・増上縁《ぞうじょうえん》です。等無間縁とは、前の心が滅することによって次の刹那の心が生まれるので、前の心が滅することを縁とすることを言います。所縁縁は、対象があるから認識が生まれるというような縁で、『起信論』では見るものが現れて見られるものが現れると説明していましたが、そのような対象としての縁を指します。増上縁とは、関わるものすべてを縁ととらえるもので、積極的に関わる縁以外にも、あるものが生じることを妨げない消極的な縁まですべて含む縁です。因縁というのは、それらの縁に対して因そのものを指します。つまり直接的な原因です。それにさまざまな条件である縁が加わって果が生じます。これが仏教の縁起の考え方です。ただし、唯識では、種子生現行・現行熏種子・種子生種子という種子と現行のみに因を見ます。ある現象が他の現象に対して因となるとは考えません。

ここの因縁については、生滅の因と縁の二つと読むのがよいかと思います。生滅とありますので、迷いの心が展開する因と縁はどういうものかを説明しています。それは、衆生においては心によって意と意識が起きてくる（心・意・意識）、それが生滅の因縁であると言っています。

さらに説明を加えて、阿梨耶識が因であると言っています。この阿梨耶識の内容がはっきりしませんが、根源的な自性清浄心が無明の働きを受けて現象界の識になったものと考えられます。それを基盤にして無明が縁となり、心が展開していきます。

真如の一なることがわからない不覚、無明によって本覚の心が迷いの世界に動き出します。その結果、主観が生じて、さらに対象界も現れてきます。そして、念、つまり対象的な分別、執着を伴う迷いの認識を起こして、それが続いていきますが、それを意と言います。

ここの箇所には、心・意・意識の三つが出てきますが、唯識では心・意・識と表現する方がふつうです。その場合、心が第八阿頼耶識を意味し、意は第七末那識、識は六識を意味します。一方、『起信論』の心・意・意識は独特な表現であまり一般的ではありません。ただし、地論宗の源である菩提《ぼだい》流支《るし》の翻訳には、この三つの言葉が出てきます。『楞伽経《りょうがきょう》』にも心・意・意識が出てきて、これらは唯識と同じく、第八阿頼耶識・第七末那識・第六意識と前五識を意味します。ところが、『起信論』では他には見られない説明をします。たとえば、「意」を、業識・転識・現識そして智識・相続識という五つの識で語っていきます。この五つの識は、いわゆる唯識の八識とはだいぶ趣きが違います。


此《こ》の意《い》に復《ま》た五種《ごしゅ》の名有《みょうあ》り。

云何《いかん》が五《いつつ》と為《な》す。

一《ひとつ》には名《な》づけて業識《ごっしき》と為《な》す。謂《いわ》く無明《むみょう》の力不覚《りきふがく》にして心動《しんどう》ずるが故《ゆえ》に。

二《ふたつ》には名《な》づけて転識《てんじき》と為《な》す。動心《どうしん》に依《よ》りて能見《のうけん》の相《そう》あるが故《ゆえ》に。

三《みつ》には名《な》づけて現識《げんしき》と為《な》す。所謂能《いわゆるよ》く一切《いっさい》の境界《きょうがい》を現《げん》ずること猶《なお》し明鏡《みょうきょう》の色像《しきぞう》を現《げん》ずるが如《ごと》し。現識《げんしき》も亦《ま》た爾《しか》り、其《そ》の五塵《ごじん》に随《したが》いて対至《たいし》すれば即《すなわ》ち現《げん》じて前後有《ぜんごあ》ること無《な》し、一切《いっさい》の時《じ》に任運《にんうん》に而《しか》も起《おこ》りて常《つね》に前《まえ》に在《あ》るを以《もっ》ての故《ゆえ》に。

四《よつ》には名《な》づけて智識《ちしき》と為《な》す。謂《いわ》く染浄《ぜんじょう》の法《ほう》を分別《ふんべつ》するが故《ゆえ》に。
五《いつつ》には名《な》づけて相続識《そうぞくしき》と為《な》す。念相応《ねんそうおう》して断《だん》ぜざるを以《もっ》ての故《ゆえ》に、過去《かこ》無量世《むりょうせ》等《とう》の善《ぜん》・悪《あく》の業《ごう》を住持《じゅうじ》して失《しっ》せざらしむるが故《ゆえ》に、

### 五つの識

最初は「業識」です。業とはもともとは働きという意味で、ある行為が未来に及ぼす影響力をも意味しますが、業識の業は本来一心なる世界に無明が関わって不覚の心が動き出す、その動き（起動）の意味の語となっています。つまり業識は一心が主客分裂に向けて動き出す最初の識を言っています。

二つ目は「転識」です。心が迷いの世界へ向かって動き始めるとき、その結果何か見る主体が現れてくるという説明です。見るものが転ずる、つまり起きるということでしょう。

三つ目は「現識」で、主観が成立してあらゆる境界が現れてくる段階です。鏡の中にあらゆるものの姿が映っているのと同じく、現識の世界にはさまざまな現象世界が現れているのです。したがって、五感の対象である五塵（色・声・香・味・触）の世界は同じように続いていって、自分が何か意識を働かせなくてもおのずから心の中に世界が現れます。これが現識の段階になります。唯識では五塵が現れるのは第八阿頼耶識に基づく前五識の世界です。『起信論』では業識・転識・現識という言い方で、心の中に世界全体が現れると説明しています。

四つ目の「智識」は、それに対して分別する段階です。この智は覚りの智慧の智ではなく、分別す

る働きのことです。この智識は、自分の良いものと嫌なものとを分別することで、感情を伴う分別を起こしていくことと同じだと思います。

五つ目はそれが相続する段階で、「相続識」と言います。分別して執着する心、念が常に起きて断じることがないので相続の名があります。そういった分別や執着があるので、過去世の善悪の業が蓄えられていて、さらに業を造っては分別と執着の働きを重ねて「失せざらし」め、その業を相続させていきます。

> 復《ま》た能《よ》く現在《げんざい》・未来《みらい》の苦《く》・楽等《らくとう》の報《ほう》を成熟《じょうじゅく》して差違《さい》すること無《な》きが故《ゆえ》に。能《よ》く現在已経《げんざいいきょう》の事《じ》を忽然《こつねん》として念《ねん》じ、未来《みらい》の事《じ》を不覚《ふがく》に妄慮《もうりょ》せしむ。
> 是《こ》の故《ゆえ》に、三界《さんがい》は虚偽《こぎ》にして唯心《ゆいしん》の所作《しょさ》なり。心《しん》を離《はな》れぬれば則《すなわ》ち六塵《ろくじん》の境界《きょうがい》無《な》し。
> 此《こ》の義《ぎ》は云何《いかん》ぞ。
> 一切《いっさい》の法《ほう》は皆《み》な心《しん》より妄念《もうねん》を起《おこ》して生《しょう》ずるを以《もっ》て、一切《いっさい》の分別《ふんべつ》は即《すなわ》ち自心《じしん》を分別《ふんべつ》す。心《しん》いい心《しん》を見《み》ず、相《そう》の得《う》べき無《な》し。
> 当《まさ》に知《し》るべし。世間一切《せけんいっさい》の境界《きょうがい》は皆《み》な衆生《しゅじょう》の無明妄心《むみょうもうじん》に依《よ》りて住持《じゅうじ》することを得《う》。
> 是《こ》の故《ゆえ》に一切《いっさい》の法《ほう》は、鏡中《きょうちゅう》の像《ぞう》の体得《たいう》べき無《な》きが如《ごと》く、唯心《ゆいしん》の虚妄《こもう》なり。心《しん》いい生《しょう》ずれば則《すなわ》ち種種《しゅじゅ》の法生《ほうしょう》じ、心《しん》いい滅《めっ》すれば則《すなわ》ち種種《しゅじゅ》の法滅《ほうめっ》するを以《もっ》ての故《ゆえ》に。

相続識は、唯識説でいう第六意識の働きを描写しているのかと思います。分別・執着すれば悪業を造って苦果を招き、修行して迷いから離れようとすると楽果を招くように、過去世の善悪に対する現在あるいは未来の報いが心の中でも成立していくから、きちんと相続されていくので相続識なのでしょう。それから、何の脈絡もなく何か急に想い出したり、未来のことをああでもないこうでもないと考えたりする拠り所となってもいるので、相続識であるとも言っています。

そういうわけで、私たちが見たり聞いたりしている世界は、無明が熏習したことによって現れているわけです。したがって、その世界は実体があるものではなく、迷いの中の映像、心が映し出しているだけのものなのです。六塵とは先ほどの五塵（色・声・香・味・触）という五つの感官の対象に意識の対象の法を加えたものです。そういった見たり聞いたり考えたりする六識の対象も、心を離れると存在しないことになります。

これを説明すると、すべては心から起きるだけです。しかし、無明が介在します。一心から業識などが生じ、智識が分別していきますが、あくまでも一心を分別しているにすぎません。見があって対象が生じますが、どこまでも自心を見ている、自心が自心を分別しているだけなのです。

そのため、私たちが世界に対して、対象的に実体的に分別・執着していますが、それは無明、迷いの心によって支えられているものであることが知られます。

鏡の中にいろいろな像が映っていますが、そのものがあるわけではありません。それと同じように、私たちが見たり聞いたりしている世界も、ただ心のみであって、そのものとして実体を持つものではなく、虚妄なのです。したがって、分別の心が生まれることで種々なる対象世界も生まれ、その心が生まれなければ対象もなくなるわけです。真如・本覚自体は滅しませんが、無明の働きかけで迷いの現象世界が生じ、無明が滅すればその世界も滅します。

## 意識――解釈分（11）

**復《ま》た次《つぎ》に意識《いしき》と言《い》うは、即《すなわ》ち此《こ》れ相続識《そうぞくしき》なり。諸《もろもろ》の凡夫《ぼんぷ》取著《しゅじゃく》転《うた》た深《ふか》きに依《よ》りて、我《が》・我所《がしょ》を計《けい》し、種種《しゅじゅ》に妄《みだ》りに執《しゅう》し、事《じ》に随《したが》いて攀縁《はんえん》し、六塵《ろくじん》を分別《ふんべつ》す。名《な》づけて意識《いしき》と為《な》す、亦《ま》たは分離識《ぶんりしき》と名《な》づく、又《ま》た復《ま》た説《と》きて分別事識《ふんべつじしき》と名《な》づく。此《こ》の識《しき》見愛煩悩《けんあいぼんのう》に依《よ》りて増長《ぞうちょう》する義《ぎ》の故《ゆえ》に。**

次に、この意識は先ほどの相続識でもあります。最後の相続識がさらに働きを展開したものが意識ですが、相続識と変わるものではありません。意識ではさらに自覚的に執着していくようになります。特に分別するだけではなく、対象に執着して関わり振り回されていき、常住不変の自我や我所（自分のもの）への分別を起こして、無自性なるものを実体視して、見るもの聞くものを対象的に分別、執着します。また六塵の世界に対しても分別していきます。そういう妄執を意識と名づけるのですが、それは何によるのでしょうか。一つには、自我に執着する点があります。唯識では、自我があると執着・分別するものをマナス（末那識）と言います。そのマナスに基づく識で意識というと考えられます。

この意識は分離識とも名づけ、分別事識とも名づけます。どちらも世界を細かく分け、分別することからの呼び名でしょう。この識は、後天的に起こしてきた煩悩である見と、先天的に持っている愛の二つによってますます働きが増していきます。後天的な煩悩は断ちやすく、先天的な煩悩は断ちがたいものです。この見と愛は、唯識では分別起と倶生起と言います。

『起信論』は心・意・意識という、一般的にある程度用いられる用語を使って、極めて独特な説を立てました。『楞伽経』には、現識と分別事識の二識で世界を説明するところがあります。現識の中に六根・六境・六識からなる十八界が現れていると説明されており、それに対して第六意識にあたるものが分別・執着していきます。また真諦《しんだい》の『顕識論』にも同じような二識（顕識と意識）の説明があります。『摂大乗論《しょうだいじょうろん》』では、八識を説く一方で、十一識という独自の説を「所知相品」（三性説を説く章）の最初に出します。これは十八界そのものです。三性説では依他起性というのが世界そのもの（十一識＝十八界）で、それに対して第六意識が分別します。そのため意識は能遍計であるということを『摂大乗論』ははっきり明記しています。このように、世界と意識という構図はインドでも見られるもので、『起信論』も語の用い方は独特ではありますが、世界の構図はある種のインドの説に則っています。

『起信論』の五意説を子細に見ると、業識・転識・現識は現識に集約することができます。そこに世界が現れてきますが、その後の智識・相続識・意識のうち、意識と相続識は同じものですし、相続識は智識がさらに展開して相続されたものと考えると、意識にまとめることができます。そうすると、この五識説もいわゆる先ほどの二識説の構図とほぼ同じになるので、二識の構図を採用しながらさらに段階を分けて五意の各識を立てたものと言えます。

基本的には、心の中に世界が現れていて、それに対してさらに第六意識が分別します。そこに業を造って、業に縛られていくのです。すなわち分別事識である意識によってそのように業を造って苦しみの世界に陥っていくところが描かれていると考えられます。

こうした迷いの展開を、どこで自覚して超えていけばよいのでしょうか。私たちのふだんの粗い分別や執着は自覚できますし、離れることができます。しかし、自性清浄心に無明が関わって動き出す業識などの微細な執着は修行が進まないとできないものです。それではどの修行の段階でそういった心の奥深くが意識できるのかについて次に述べています。

無明《むみょう》熏習《くんじゅう》に依《よ》りて起《おこ》す所《ところ》の識《しき》というは、凡夫《ぼんぶ》の能《よ》く知《し》るに非《あら》ず、亦《ま》た二乗《にじょう》の智慧《ちえ》の覚《かく》する所《ところ》に非《あら》ず。謂《いわ》く菩薩《ぼさつ》に依《よ》るに、初《はじ》めの正信《しょうしん》より発心観察《ほっしんかんざつ》し若《も》し法身《ほっしん》を証《しょう》すれば少分《しょうぶん》知《し》ることを得《え》、乃《いま》し菩薩《ぼさつ》究竟地《くきょうじ》に至《いた》りても尽《ことごと》く知《し》ること能《あた》わず。唯《た》だ仏《ぶつ》のみ窮了《ぐりょう》す。

何《なに》を以《もっ》ての故《ゆえ》に。

是《こ》の心《しん》本《も》とより已来《このかた》自性清浄《じしょうしょうじょう》なれども、而《しか》も無明《むみょう》有《あ》り。無明《むみょう》の為《ため》に染《ぜん》せられて其《そ》の染心《ぜんしん》有《あ》り。

染心《ぜんしん》有《あ》りと雖《いえど》も而《しか》も常恒不変《じょうごうふへん》なり。是《こ》の故《ゆえ》に此《こ》の義《ぎ》は唯《た》だ仏《ぶつ》のみ能《よ》く知《し》りたもう。

無明は真如・本覚にいつ関わるのかはわからない、無始です。そして、無明が真如に働くことで、業識、転識、現識、智識、相続識、分別事識と展開しますが、それは凡夫にはわかりません。なぜなら、凡夫は迷っているので、自分が迷っていることもわからないからです。また声聞《しょうもん》・縁覚《えんがく》といった小乗仏教の修行者（二乗）は、自我に関する迷いを断っていき、最終的に阿羅漢《あらかん》になります。けれども法執、ものに対する執着は残っています。そのため、二乗はいくら覚りを開いても、この一心が迷いに展開して私たちの世界を形づくっていることはわかりません。自我の空まではわかるが、世界の空まではわからないわけです。

それでは大乗仏教の修行をしていく菩薩はどうでしょうか。大乗仏教の修行の階梯で有名なものに、五十二位があります。十信・十住・十行・十廻向・十地・等覚・妙覚です。最初の十信の修行で信を確立し菩提心を発して十住に登ります。そして菩薩の修行である六波羅蜜、布施・持戒・忍辱・精進・禅定・智慧のうち、禅定・智慧によって観察していきます。唯識では、基本的な修行が完成したときに、加行位《けぎょうい》といって、無分別智を起こす直前の位では、唯識観という観法を修行すると説明しますが、そのあたりも意識されていると思います。

その修行をしていき、十地の一番最初に入って、真如・法性を無分別智で覚っていったん覚りを開くと、迷いの世界がいかに展開したかについて、少しはわかるようになります。その後も十地の修行を深めていくと、「菩薩究竟地」である等覚にいたります。それでも迷いの根源、一心に無明が働いて起動する業識のあたりはわかりません。それはただ仏だけがわかるのだと述べています。

なぜ仏だけがわかるかというと、無明のために汚されて迷いの心が生じるけれども、心の本質は真如・法性で常住不変です。これは菩薩にも十全には理解しがたいものなので、修行を完成させた仏だけが初めてわかる世界であるわけです。

本覚の方から見ると、迷いの段階によって不覚・相似覚・随分覚・究竟覚と区別しました（七四～七九頁）。そこを迷いの方から見るとどう対応するか説明するのが、三細六麁や五意・意識なのです。さらに後では修行の段階が説かれてあり、それもこちらに対応したかたちになっていますので、この基本的な構造はおさえておきましょう。

## 六つの染心――解釈分（12）

所謂心性《いわゆるしんしょう》は常《つね》に念無《ねんな》きが故《ゆえ》に名《な》づけて不変《ふへん》と為《な》す。一法界《いちほっかい》に達《たっ》せざるを以《もっ》ての故《ゆえ》に心相応《しんそうおう》せず、忽然《こつねん》として念《ねん》の起《おこ》るを名《な》づけて無明《むみょう》と為《な》す。

染心《ぜんしん》というは六種《ろくしゅ》有《あ》り。云何《いかん》が六《むつ》と為《な》す。

一《ひとつ》には執相応染《しゅうそうおうぜん》。二乗《にじょう》の解脱《げだつ》と及《およ》び信相応地《しんそうおうじ》とに依《よ》りて遠離《おんり》するが故《ゆえ》に。

二《ふたつ》には不断相応染《ふだんそうおうぜん》。信相応地《しんそうおうじ》に依《よ》りて方便《ほうべん》を修学《しゅがく》して、漸漸《ぜんぜん》に能《よ》く捨《しゃ》して浄心地《じょうしんじ》を得《う》るに究《く》竟《きょう》じて離《り》するが故《ゆえ》に。

三《みつ》には分別智相応染《ふんべつちそうおうぜん》。具戒地《ぐかいじ》に依《よ》りて漸《ようや》く離《り》し、乃至無相方便地《ないしむそうほうべんじ》に究竟《くきょう》じて離《り》するが故《ゆえ》に。

四《よつ》には現色不相応染《げんしきふそうおうぜん》。色自在地《しきじざいじ》に依《よ》りて能《よ》く離《り》するが故《ゆえ》に。

五《いつつ》には能見心不相応染《のうけんしんふそうおうぜん》。心自在地《しんじざいじ》に依《よ》りて能《よ》く離《り》するが故《ゆえ》に。

六《むつ》には根本業不相応染《こんぽんごうふそうおうぜん》。菩薩尽地《ぼさつじんじ》に依《よ》りて如来地《にょらいじ》に入《い》ることを得《う》るときに能《よ》く離《り》するが故《ゆえ》に。

一法界《いちほっかい》を了《りょう》ぜざる義《ぎ》というは、信相応地《しんそうおうじ》より観察学断《かんざつがくだん》して浄心地《じょうしんじ》に入《い》るときに分《ぶ》に随《したが》いて離《り》することを得《う》。乃至如来地《ないしにょらいじ》に能《よ》く究竟《くきょう》じて離《り》するが故《ゆえ》に。

相応《そうおう》の義《ぎ》と言《い》うは、謂《いわ》く心《しん》と念法《ねんぽう》と異《こと》なることは、染《ぜん》・浄《じょう》の差別《しゃべつ》に依《よ》りて知相《ちそう》と縁相《えんそう》と同《おな》じきが故《ゆえ》に。

不相応《ふそうおう》の義《ぎ》というは、謂《いわ》く心《しん》に即《そく》する不覚《ふがく》にして常《つね》に別異《べつい》無《な》ければ知相《ちそう》と縁相《えんそう》とを同《どう》ぜざるが故《ゆえ》に。


前のところで、心は本来自性清浄であり、無明のために汚されて妄心が生じているけれども、その心の本質は常住不変であると述べていました。それを受けて、ここでも心の本性は、常に対象的な分別や執着を離れていると説明しています。そのため不変であるとも言えるのです。一法界は不変の心性ですが、無明によってその真如を真如と理解できないため、迷いの心が起こります。この不相応という言葉を、『起信論』では独特の意味合いで用いています。後の方で相応・不相応にそれぞれ三つずつ、分別智相応染・不断相応染・執相応染と、根本業不相応染・能見心不相応染・現色不相応染を立てています。この場合の相応は分別の世界の中で主観と客観などの二つの明確に分かれたものが関係することを言い、不相応は主観・客観分裂以前の、二つに分かれる前の無自覚的な迷いの世界を指して言います。ここでの不相応は心性と相応しないという意味にもとれますし、主客の明確な分裂が始まる以前のあり方とも取れます。

そういう中で、いつともなく対象的な分別・執着が生じます。「忽然」とは、始まりをとらえることができないということです。そこに無明があるわけですが、一法界に達しなくてやがて念を起こしていく、その元(縁)になるものを指して無明というのだと思います。

六染

無明によって、自性清浄心、真如・本覚の世界が染心に変わっていく様子を、五意と意識に対応して六つに整理して示しています。

まずは執着と相応する染の方から三つに分けます。相応ですからある種の分裂を前提とした自覚的な迷いの展開した世界です。その一つ目は「執相応染」です。これは、意識、三細六麁で言えば執取相・計名字相・起業相・業繫苦相、とりわけ執取相・計名字相にあたります。二乗(声聞・縁覚)といった小乗仏教の修行者は自我への執着である我執は超えていますが、ものに対する法執は残っています。だから解脱しても執相応染があるわけです。それから「信相応地」とは、大乗仏教の菩薩が信を修行する段階です。そこではまだ執相応染が消えないと言っています。信相応地は五十二位の十信の位ですから、それが完成した段階で法執は消えると、『起信論』では説明していることになります。

この執相応染の執は、さまざまな執着の中でも、自覚的な意識的な執着です。そういったものは「遠離」、すっかり離れることができると言えるかもしれません。

二つ目は「不断相応染」です。これは、相続識、相続相に対応しています。智識は一種の分別ですが、その分別が常に起きている、相続しているので不断と表現しています。これは先ほどの執よりは微細な執着になりますが、それでもある程度は自覚的な執着です。これも信相応地によるとありますので、十信の修行をして完成した段階以降にあてはまります。

すなわち、十信の後の十住・十行・十廻向とさまざまな修行をしていきます。大乗仏教でいうと、布施・持戒・忍辱・精進・禅定・智慧の六波羅蜜や三十七菩提分法などの修行を指すのでしょう。それによってだんだんと捨てていき、十地の最初の地（歓喜地、極喜地）を得ます。『起信論』はそこを浄心地と言っています。その十地の最初の段階に入ることによって、完全に離れることができます。唯識では、後天的に学習した我執・法執の種子は十地の最初で完全に滅すると説明しますが、それに対応しています。さまざまな煩悩を後天的な分別起と先天的な倶生起に分けますが、ここでは後天的な分別起である我執・法執を離れていくのです。

三つ目は「分別智相応染」です。これは智相、智識に対応します。対象的な分別・執着の一番基盤にあるものと言えます。唯識では倶生起の法執、生まれながらにして持っている執着にあたります。それを十地の第二地（具戒地）からだんだんと離れて、第七地（無相方便地）で完全に離れることができます。ここまでは意識的な分別や執着の心になりますが、粗い方から細かい方へと進んできたことがわかるでしょう。

ここからは三つの不相応染です。「現色不相応染」の現色は境界相にあたります。見たり聞いたりの対象が心の中に現れている世界の迷いの心です。これは第八地（色自在地）で離れることができますが、物質的な世界を自由自在に扱うことができるような境界という意味が、「色自在」に込められています。

次に「能見心不相応染」です。これは見るものが現れたところの迷いの心です。第九地（心自在地）で離れることができます。

最後は「根本業不相応染」です。この業も業識や業相と同じく起動するという意味でしょう。これは第十地（菩薩尽地）から仏に成って（如来地）離れることができます。仏に成って初めて、無明が真如に働きかけて動き出したその始まりを対治することができるわけです。

先ほども一法界が出てきましたが、「一法界を了ぜざる義」とは、煩悩の根源にある無明のことです。この無明についても、十信（信相応地）から順々に観察して修学して煩悩を断じ、十地の初地（浄心地）に入って無分別智を初めて起こします。そこである程度は無明を離れることができます。そしてさらに十地の修行をして仏に成ると、最終的に無明全体を離れることができるというのです。

六染は無明を背景にした煩悩の働きで、無明そのものを取りあげた説明と区別できるでしょう。

## 相応・不相応

相応とは、心と念法が異なることと言っていますが、この解釈に二説あります。一つは心王と心所、もう一つが主観と客観、見るものと見られるものです。これが対立しているのが相応であると述べています。そして迷いの世界である染と覚りの世界である浄とを区別して見ていく場合では、知るものである知相と縁ぜられる対象の縁相が同じであると述べています。つまり、知るものが迷いであれば知られるものも迷いであり、知るものが浄らかであれば知られるものも浄らかであるということです。そうとらえると、心と念法を主観と客観でとらえた方がわかりやすいかもしれません。いずれにしても、相応は二つのものが対立し分かれていてしかも関連しあっている状態を指します。

不相応の説明は、「心に即する不覚」とあるように、心そのものが分裂していない、対象的に心に関わるあり方にない状態です。心に即する迷で、まだ明瞭に二つに分かれたものがしかも対応したあり方にはないので、不相応と呼んでいます。この段階では、知るものの知相と知られるものの縁相とが分かれていない、分裂したあり方ではないので、ゆえに同じとも言えないと言っています。

又《ま》た染心《ぜんしん》の義《ぎ》というは、名《な》づけて煩悩礙《ぼんのうげ》と為《な》す。能《よ》く真如根本智《しんにょこんぽんち》を障《しょう》するが故《ゆえ》に。無明《むみょう》の義《ぎ》というは、名《な》づけて智礙《ちげ》と為《な》す。能《よ》く世間《せけん》の自然業智《じねんごうち》を障《しょう》するが故《ゆえ》に。

此《こ》の義《ぎ》云何《いかん》ぞ。
染心《ぜんしん》に依《よ》りて能見《のうけん》・能現《のうげん》あり、妄《みだ》りに境界《きょうがい》を取《と》りて平等《びょうどう》の性《しょう》に違《い》するを以《もっ》ての故《ゆえ》に。
一切《いっさい》の法《ほう》は常《つね》に静《じょう》にして起相有《きそうあ》ること無《な》きも、無明《むみょう》の不覚妄《ふがくみだ》りに法《ほう》と違《い》するを以《もっ》ての故《ゆえ》に。世間《せけん》一切《いっさい》の境界《きょうがい》に随順《ずいじゅん》することを得《え》て種種《しゅじゅ》に知《し》ること能《あた》わざるが故《ゆえ》に。

## 染心

六つの染心と無明の話をさらに説明していきます。染心はさまざまな煩悩が関わっている世界ですので、煩悩礙、煩悩という障りの世界であると言っています。こういうものがあると、基本的には無分別智（真如根本智）を起こすことがなかなかできません。

無明については智を妨げるものと言っています。その智は何かというと、実は自然業智のことです。これは、無分別智の後に実現する後得智、分析的な智慧です。菩薩の段階でも無分別智を起こすと後得智が起きると言われますが、この自然業智は仏の智慧です。

『起信論』では煩悩礙は無分別智に対する障り、無明は後得智に対する障りと言っています。無明があるかぎり真如を証することができず、現象世界をはっきり見ることができません。現象世界をはっきり見ることができない以上、自然業智の世界も実現しないのです。そういう関係で無明を自然業智を障すると言っているのではないかと思います。一般に煩悩礙、智礙に相当する言葉は、唯識では煩悩障、所知障です。玄奘以前の旧訳《くやく》では煩悩障、智障という言葉が用いられていました。その煩悩障は我執に関わる煩悩すべてを言います。所知障・智障は法執、ものに対する執着に関わる煩悩のすべてを言います。煩悩障は涅槃を妨げ、所知障は菩提を妨げます。しかしここでは涅槃と菩提を妨げるのではなく、無分別智と自然業智を妨げるものとしていますので、これは『起信論』独特の説と言えるでしょう。

真如・本覚に無明が働きかけて染心が生じますが、その染心によって見るものが生まれ、対象が現れてきます。その世界にさらに対象的に関わっていく活動は、真如・法性の平等性と異なることになります。

現象世界のあらゆるもののその本質は空性であり、不生不滅であり寂静です。そこに目をつければ起こるもの（起相）はないのです。無明・不覚が常に寂静・清浄である真理のあり方と矛盾するので、智礙が自然業智を障して、世間が縁起からなり無自性・空であるという本質を知ることができなくなります。そして、染心＝煩悩礙によって根本無分別智が障されます。染心によって根本無分別智が障される、そのさらに背景に、現象を現象のままに知る分析的な智慧、後得智が無明によって障されているという説明です。

本来、一切法は常に寂静で起相もないにもかかわらず、無明・不覚によってそのあり方と異なるから現象そのものを的確に知ることができないという考え方は、『唯識三十頌《ゆいしきさんじゅうじゅ》』にも見られます。その第二十一頌に「円成実性を知らないかぎり依他起性を知ることはできない」とあります。これは空性なる法性を自覚しないかぎり、現象世界を現象世界として的確に知ることができないという意味です。

ただ『起信論』の、無明が一番根本にあって、無分別智の後の自然業智も障することになるという説明は、唯識の説に比べて相似的ですが、どこかきちんと整理できていないところがあるように思えます。

## 迷いの麁細——解釈分（13）

復《ま》た次《つぎ》に生《しょう》・滅《めつ》の相《そう》を分別《ふんべつ》すというは二種《にしゅ》有《あ》り。

云何《いかん》が二《ふたつ》と為《な》す。

一《ひとつ》には麁《そ》なり。心《しん》と相応《そうおう》するが故《ゆえ》に。二《ふたつ》には細《さい》なり。心《しん》と相応《そうおう》せざるが故《ゆえ》に。

又《ま》た麁中《そちゅう》の麁《そ》は凡夫《ぼんぶ》の境界《きょうがい》なり。麁中《そちゅう》の細《さい》と及《およ》び細中《さいちゅう》の麁《そ》とは菩薩《ぼさつ》の境界《きょうがい》なり。細中《さいちゅう》の細《さい》は是《こ》れ仏《ぶつ》の境界《きょうがい》なり。

此《こ》の二種《にしゅ》の生《しょう》・滅《めつ》は無明《むみょう》熏習《くんじゅう》に依《よ》りて有《あ》り。

所謂因《いわゆるいん》に依《よ》り縁《えん》に依《よ》る。

因《いん》に依《よ》るというは不覚《ふがく》の義《ぎ》の故《ゆえ》に。縁《えん》に依《よ》るというは妄《みだ》りに境界《きょうがい》を作《つく》る義《ぎ》の故《ゆえ》に。

若《も》し因滅《いんめつ》すれば則《すなわ》ち縁滅《えんめつ》す。因滅《いんめつ》するが故《ゆえ》に不相応《ふそうおう》の心滅《しんめつ》す。縁滅《えんめつ》するが故《ゆえ》に相応《そうおう》の心滅《しんめつ》す。

## 生滅の姿

迷いの世界の姿、生滅の姿を分別すれば、二種類あります。一つは麁、粗いものです。麁は心と相応します。つまり、主客分裂した自覚化された世界のことです。二つ目の細は、心と相応しない、つまり主客未分の微細な迷いの世界です。

こうして見たときに、麁の中の麁は凡夫の知ることができる対象の世界、麁の中の細と細の中の麁は菩薩の知ることができる対象の世界、細の中の細は仏であって初めて知ることができる対象の世界となります。麁は無明・煩悩、細は自性清浄・真如本覚の働きと見てもよいかもしれません。

この二種の生滅は、細にせよ麁にせよ、無明の熏習によるものです。唯識では、私たちの見たり聞いたりという感覚・知覚の働きが作用すると、意識下の阿頼耶識にその印象が写し込まれると言いますが、そのことを熏習と呼びます。しかも熏習という言葉は、七転識と阿頼耶識の間でしか用いません。しかし、『起信論』では無明が真如に熏習する、逆に真如が無明に熏習するといったふうに、いろいろな場面で熏習という言葉を用います。『起信論』の熏習は、作用するというような広い意味合いで受け止める方がよいときもあります。そして、無明の作用で、麁・細すべてが因と縁によって生滅し、迷いの世界は展開していきます。

「因に依る」とは、無明が関わって真実を真実そのままに知りえないことです。「縁に依る」とは、現識や智識・相続識・意識なりで対象化されたものを執着してさらに迷いの世界に踏み込んでいくことです。

因は不覚の心、無明のことで、その因の無明が滅すれば、業識がなく、順々に転識も現識もなくなります。当然ながら智識、分別する働きも消えます。不相応の心は三細六麁の三細の方です。縁は現識にあたり、相応の心は智相、智識・分別智相応染の自覚できる粗い執着、迷いの世界です。

問《と》うて曰《いわ》く、若《も》し心滅《しんめつ》せば云何《いかん》ぞ相続《そうぞく》せん。若《も》し相続《そうぞく》せば云何《いかん》ぞ究竟滅《くきょうめつ》と説《と》かん。

答《こた》えて曰《いわ》く、言《い》う所《ところ》の滅《めつ》というは唯《た》だ心相《しんそう》の滅《めつ》なり、心体《しんたい》の滅《めつ》に非《あら》ず。風《かぜ》の水《みず》に依《よ》りて動相《どうそう》有《あ》り、若《も》し水滅《みずめっ》せば則《すなわ》ち風相断絶《ふうそうだんぜつ》して依止《えじ》する所無《ところな》からん、水滅《みずめっ》せざるを以《もっ》て風相相続《ふうそうそうぞく》す、唯《た》だ風滅《かぜめっ》するが故《ゆえ》に動相随《どうそうしたが》いて滅《めっ》す、是《こ》れ水《みず》の滅《めっ》するに非《あら》ざるが如《ごと》く、無明《むみょう》も亦《ま》た爾《しか》り、心体《しんたい》に依《よ》りて動《どう》ず。若《も》し心体滅《しんたいめっ》せば則《すなわ》ち衆生断絶《しゅじょうだんぜつ》して依止《えじ》する所無《ところな》からん。体滅《たいめっ》せざるを以《もっ》て心《しん》いい相続《そうぞく》することを得《う》。唯《た》だ癡滅《ちめっ》するが故《ゆえ》に心相随《しんそうしたが》いて滅《めっ》す。心智《しんち》の滅《めっ》するに非《あら》ず。

## 質疑応答

次の質疑応答は、修行して心がなくなってしまうと修行もできませんし、仏となって衆生を救済することもできなくなってしまうという恐れがあります。そういう場合に、どのように相続していくのかという質問です。また逆に何か続いていくものがあるとすれば、どうして相応心も不相応心も全部滅するようなことが言えるのでしょうか、とも聞いています。

それに対して、滅するのは迷いの姿のみ消えるだけであって、心の本体、働きをなす実質はなくならないと答えています。唯識では、第八識の世界が無始より無終に相続して、仏になるとそれは智慧（大円鏡智）に変わって、存続していくことになります。『起信論』では、真如・本覚という働きを持っている智慧の心がずっと続いていくと説明します。覚りを完成して仏に成った後も、その真如・本覚の働きそのものとして続いていくわけです。

そのことを譬喩で説明します。水があってその上を風が吹くと波立ちます。水があるから波立つという相が現れるのです。もしも水がなくなってしまったら、風も拠り所がなくなって、波立つことがなくなります。けれども水はなくならないので、風があれば波立つことも続きます。そうした中で、ただ風だけがなくなると波立つこともなくなりますが、水自体は滅することはありません。

無明と心、衆生（人々）の関係も同じです。心があるので、それに関わって無明の働きがいろいろと起きてきます。心そのものがなくなってしまったならば、衆生もその拠り所がなくなってしまいます。しかし、衆生の体、個体のいのちというものは決してなくならず、心も相続することができます。仏教では生死輪廻を前提とした、個体のいのちの永遠の相続を説きます。唯識などから見れば、自己の根本は第八阿頼耶識であって、その識がずっと相続していくことになります。阿頼耶識は刹那ごとに生じては滅し生じては滅しを繰り返しつつ、無始より無終に一刹那の間隙もなく相続していく（心相続）のです。

その基盤の上で、癡・無明が修行によって滅することがあります。そうすると、心相、六染心などの迷いの心も滅しますが、心智、理智不二の真如・本覚といった心の本性は滅せずにずっと続いていくのです。ですから、根本に真如・本覚があるという世界観になっています。その真如・本覚は実体的・固体的なものではなく、智の働きとしてあるのだと思います。

## 四種の働きかけ——解釈分(14)

復《ま》た次《つぎ》に四種《ししゅ》の法《ほう》の熏習《くんじゅう》の義《ぎ》有《あ》るが故《ゆえ》に、染法《ぜんぽう》・浄法《じょうほう》起《おこ》りて断絶《だんぜつ》せず。

云何《いかん》が四《よつ》と為《な》す。

一《ひとつ》には浄法《じょうほう》。名《な》づけて真如《しんにょ》と為《な》す。二《ふたつ》には一切《いっさい》の染因《ぜんいん》。名《な》づけて無明《むみょう》と為《な》す。三《みつ》には妄心《もうじん》。名《な》づけて業識《ごっしき》と為《な》す。四《よつ》には妄境界《もうきょうがい》。所謂《いわゆる》六塵《ろくじん》なり。

熏習《くんじゅう》の義《ぎ》というは、世間《せけん》の衣服《えふく》は実《じつ》には香《こう》無《な》けれども、若《も》し人香《ひとこう》を以《もっ》て熏習《くんじゅう》するが故《ゆえ》に則《すなわ》ち香《こう》気有《げあ》るが如《ごと》く、此《こ》れも亦《ま》た是《かく》の如《ごと》し、
真如《しんにょ》の浄法《じょうほう》は実《じつ》には染《ぜん》無《な》けれども、但《た》だ無明《むみょう》を以《もっ》て熏習《くんじゅう》するが故《ゆえ》に則《すなわ》ち染相《ぜんそう》有《あ》り。

無明《むみょう》染法《ぜんぽう》は実《じつ》に浄業《じょうごう》無《な》けれども、但《た》だ真如《しんにょ》を以《もっ》て熏習《くんじゅう》するが故《ゆえ》に則《すなわ》ち浄用《じょうゆう》有《あ》り。

続いて、迷いの世界の生起の仕組みを、熏習の観点から説明していきます。要するに、無明が真如に熏習して迷いの世界が出てくる面と、真如が無明に熏習して修行が進み覚りの世界が実現していく面、その双方のせめぎ合いの交錯するところに人の境界があると見ているわけです。

それに四種の法があるとします。一つ目は真如で、真如が無明に熏習する考え方。二つ目は無明で、無明が真如に熏習していく考え方。三つ目は業識とありますが、これはその他の転識、現識、智識、相続識、意識を代表したもので、三細六麁や相応心・不相応心など日常の迷いの心の働きです。四つ目は六塵で、意識が対象的にとらえて執着したものを指します。これら業識などの迷いの心や六塵などの執着の対象は、ますます無明や執着する働きを熏習してさらに迷いや執着心を強める働きがあります。

熏習について喩えを用いて説明します。ふつう衣には何の香りもありませんが、お香を焚いてその上に衣をかけておくと、衣に香りが焚き込められていき、香気を放つようになります。それと同じように、真如・本覚の世界には無明・煩悩というものは本来ありませんが、無明によって熏習されるときは、本来ないところへ迷いの相が現れます。逆に、無明だけではなくて相応染心・不相応染心、あるいは五意と意識の世界である染法にも、自ら浄め他を浄めるような浄化の働きはありません。しかしそれらに真如が熏習する場合は、無明染法が浄められていく働き、浄用があります。

『成唯識論』では、熏習は胡麻や油を採る穀物に、非常に香りのよい花を合わせておいて、しばらくしてからその穀物を搾ると香油が生まれるという喩えを用いて説明します。本来、一定期間同じ経験が相続していくと、それが何か作用していくことが考えられていたと思いますが、唯識の場合は見たり聞いたりの七転識の活動が、刹那刹那、阿頼耶識にその印象を植え付けることを熏習と言います。その他の無明や真如の間では熏習の語は用いません。非常に厳密に熏習ということが規定されています。しかし、『起信論』では、もっとゆるやかに用いられていて、無明と真如の間での熏習が述べられています。

## 根本の迷いの働きかけ——解釈分（15）

> 云何《いかん》が熏習《くんじゅう》し染法《ぜんぽう》を起《おこ》して断《だん》ぜざるや。
> 所謂《いわゆる》真如《しんにょ》の法《ほう》に依《よ》るを以《もっ》ての故《ゆえ》に無明《むみょう》有《あ》り。
> 無明《むみょう》染法《ぜんぽう》の因《いん》有《あ》るを以《もっ》ての故《ゆえ》に即《すなわ》ち真如《しんにょ》に熏習《くんじゅう》す。熏習《くんじゅう》を以《もっ》ての故《ゆえ》に則《すなわ》ち妄心《もうじん》有《あ》り。
> 妄心《もうじん》有《あ》るを以《もっ》て即《すなわ》ち無明《むみょう》に熏習《くんじゅう》す。真如《しんにょ》の法《ほう》を了《りょう》せざるが故《ゆえ》に不覚《ふがく》の念起《ねんおこ》りて妄境界《もうきょうがい》を現《げん》ず。
> 妄境界染法《もうきょうがいぜんぽう》の縁《えん》有《あ》るを以《もっ》ての故《ゆえ》に即《すなわ》ち妄心《もうじん》に熏習《くんじゅう》して、其《そ》れをして念著《ねんじゃく》し種種《しゅじゅ》の業《ごう》を造《つく》りて一《いっ》切《さい》の身《しん》・心等《しんとう》の苦《く》を受《う》けしむ。

熏習の具体的な説明は染法熏習の方から始まります。無明が熏習することによって生死輪廻が続いていきますが、そのことをまとめて説いているところです。染法熏習がどのように起きてどのように続いていくのか、という質問に対して、最初に真如があるから無明があると言っています。仏教全般から見ると、真如だけが単独にあるという考え方は肯定できないところがあります。真如は諸法の法性です。諸法を離れて法性はありません。また法性を離れて諸法もありません。『般若心経』の「色《しき》即《そく》是《ぜ》空《くう》、空《くう》即《そく》是《ぜ》色《しき》」の通りです。空や法性だけがあるわけないのですが、迷いの起きてくる前の純粋な仏のいのち、本来の自己のあたりを『起信論』では真如という言葉で語っています。

真如という迷いの分別を離れた世界、一味・無相・平等の世界が最初にあって動き出すと言っていますが、それは迷いの心が動き出すのです。真如の世界は一味・無相・平等であると同時に、智として働いているところも見逃してはいけないと思います。真如というといのちの本質があるので、無明が取りついてしまうのです。しかもそれはいつからどこから来るのか、起源も時間もわかりません。

無明はあらゆる染法の因となるもの、迷いのさまざまなレベルの一番根源的なものです。十二縁起でも「無明があるが故に行がある、行があるが故に識がある……」というように、生死輪廻の根本に無明を立てます。しかし、無明がどういうものかは、私たちにはわかりません。夢の中にいる人が、これが夢だと気づかないように、無明の中にいるとこれが無明だと自覚できないのです。けれども、無明があって、それがさまざまな煩悩や誤った見解、執着を起こすのです。

このあらゆる染法の因となる無明があるから、真如に働きかけること（熏習）が起きてきます。本来は理智不二の仏のいのちというような世界がありますが、無明の熏習のために、それが迷いの心に変わってしまって対象的な分別を起こし、執着して苦しむことになっていくのです。

その妄心が起きると、その迷いの心が無明そのものへ働きかけていきます。これは『起信論』独特の見方だと言えます。無明が迷いの心を起こし、今度は迷いの心がさらに無明の働きを強めていくという事態が起きていると考えるのです。そして結局、分別を離れた純粋ないのちそのもの、真如そのものを自覚することができなくなってしまいます。そこで、不覚の念が起きてきます。ここでは念すなわち明確な対象的認識を指していますので、それまでは自覚できない微細な迷いの心、業識や転識などを言っていたのでしょう。「妄境界を現ず」とは、現識が成立してくることを言ったものと考えられます。あるいは現識の上の分別事識が対象を実体視しますが、その実体視された対象を指しているのかもしれません。

「妄境界染法の縁」とは対象的に実体視されたもので縁となるもの、迷いの所縁縁のことです。それが今度は分別する心に働きかけます。それらの対象となるものが、智識・相続識・意識あたりの妄心の働きに対して、対象を分別して実体視し執着すること（念著）をさらに深めていきます。そして、我執・法執を起こして、生死輪廻の中で生まれ変わり苦しみを受けるわけです。そこを「種々の業を造りて一切の身・心等の苦を受けしむ」という表現で説明しています。

**此《こ》の妄境界熏習《もうきょうがいくんじゅう》の義《ぎ》に則《すなわ》ち二種《にしゅ》有《あ》り。**
**云何《いかん》が二《ふたつ》と為《な》す。**

一《ひとつ》には増長念熏習《ぞうちょうねんくんじゅう》、二《ふたつ》には増長取熏習《ぞうちょうしゅくんじゅう》なり。

妄心熏習《もうじんくんじゅう》の義《ぎ》に二種《にしゅ》有《あ》り。

云何《いかん》が二《ふたつ》と為《な》す。

一《ひとつ》には業識根本熏習《ごっしきこんぽんくんじゅう》。能《よ》く阿羅漢《あらかん》・辟支仏《びゃくしぶつ》・一切《いっさい》の菩薩《ぼさつ》をして生滅《しょうめつ》の苦《く》を受《う》けしむるが故《ゆえ》に。

二《ふたつ》には増長分別事識熏習《ぞうちょうふんべつじしきくんじゅう》。能《よ》く凡夫《ぼんぶ》に業繋《ごっけ》の苦《く》を受《う》けしむるが故《ゆえ》に。

無明熏習《むみょうくんじゅう》の義《ぎ》に二種《にしゅ》有《あ》り。

云何《いかん》が二《ふたつ》と為《な》す。

一《ひとつ》には根本熏習《こんぽんくんじゅう》。能《よ》く業識《ごっしき》を成就《じょうじゅ》する義《ぎ》を以《もっ》ての故《ゆえ》に。二《ふたつ》には所起見愛熏習《しょきけんないくんじゅう》。能《よ》く分別事識《ふんべつじしき》を成就《じょうじゅ》する義《ぎ》を以《もっ》ての故《ゆえ》に。


無明から妄心へ、妄心から妄境界という方向で迷いが深まっていく過程が語られました。今度は逆に、粗い心の働きから微細な方へと遡るかたちで説明がなされます。妄境界の熏習に二種類あると言います。一つが「増長念熏習」、もう一つが「増長取熏習」です。一つめは念とありますように、対象的に分別することを強めていく働きです。二つ目は取とありますように、執着を強めていく働きです。法蔵の注釈では、増長念熏習は法執、つまりものに対する執着で、増長取熏習は我執を意味すると説明しています。

次に妄心が無明を強める働きです。これにも二種類あり、一つが「業識根本熏習」、もう一つが

「増長分別事識熏習」です。分別事識は意識の世界であり、一方、業識根本熏習は業識だけではなく、転識・現識も含む微細な迷いの心の活動を指すと考えられます。

これを強めることによって、阿羅漢と辟支仏、菩薩が苦しみを受け、凡夫も業に繋縛された苦しみ、つまり生死輪廻から免れない苦しみを受けます。その中、阿羅漢と辟支仏、菩薩の苦しみとは何でしょうか。

『勝鬘経《しょうまんぎょう》』に分段生死《ぶんだんしょうじ》と変易生死《へんにゃくしょうじ》という言葉が出てきます。分段生死とは、地獄・餓鬼・畜生といった場所に、その世界にふさわしい姿を取って決められた寿命を経て死んでは生まれ変わることを言います。変易生死は、修行をかなり行った菩薩が、自らの意志で生死輪廻を続けていく生き方です。自分の寿命を延ばしたり身体を変えて、仏に成るまで修行を続けていきます。

唯識では菩薩の階梯のうち、十地の中の第八地以降で変易生死がありうると言っています。阿羅漢や辟支仏は我執を断って涅槃に入るので変易生死はないはずですが、その後、大乗に転向する可能性があるので菩薩と一緒にあげられています。菩薩の変易生死は、自分の意志であえて生死輪廻の世界にとどまり、衆生を救済しながら修行を続けていくわけですから、苦しみはないように思えます。しかし、無明や煩悩がすべて断ち切れているわけではありませんので、微細な苦しみはつきまとうということでしょう。

続いて無明が真如に熏習するのにも二つあります。一つは「根本熏習」、もう一つは「所起見愛熏習」です。根本熏習は業識を成就するとありますので、迷いの心がはじまるところ、起動するところを指しています。所起見愛熏習は、業識が成立すると、そこから転識・現識が起きて現象世界が成立していきます。そして意識が対象的に分別し実体視していきます。さらに分別事識が働いて愛着も生じます。この分別し執着するところを指して所起見愛熏習と言っています。

## 真理の働きかけ――解釈分（16）

云何《いかん》が熏習《くんじゅう》して浄法《じょうほう》を起《おこ》して断《だん》ぜざる。所謂《いわゆる》真如《しんにょ》の法《ほう》有《あ》るを以《もっ》ての故《ゆえ》に能《よ》く無明《むみょう》に熏習《くんじゅう》す。熏習《くんじゅう》の因縁力《いんねんりき》を以《もっ》ての故《ゆえ》に則《すなわ》ち妄心《もうじん》をして生死《しょうじ》の苦《く》を厭《いと》い涅槃《ねはん》を楽求《ぎょうぐ》せしむ。此《こ》の妄心《もうじん》に厭求《えんぐ》の因縁《いんねん》有《あ》るを以《もっ》ての故《ゆえ》に即《すなわ》ち真如《しんにょ》に熏習《くんじゅう》す。自《みずか》ら己《おの》が性《しょう》を信《しん》じ心妄《しんみだ》りに動《どう》じて前境界無《ぜんきょうがいな》しと知《し》りて遠離《おんり》の法《ほう》を修《しゅ》す。実《じつ》の如《ごと》く前《まえ》の境界無《きょうがいな》しと知《し》るを以《もっ》ての故《ゆえ》に、種種《しゅじゅ》の方便《ほうべん》をもて随順《ずいじゅん》の行《ぎょう》を起《おこ》して不取《ふしゅ》・不念《ふねん》なり。乃至《ないし》久遠熏習力《くおんくんじゅうりき》の故《ゆえ》に無明《むみょう》則《すなわ》ち滅《めっ》す。無明《むみょう》滅《めっ》するを以《もっ》ての故《ゆえ》に、心《しん》いい起《おこ》ること有《あ》ること無《な》し。起《おこ》ること無《な》きを以《もっ》ての故《ゆえ》に境界《きょうがい》随《したが》いて滅《めっ》す。因《いん》縁倶《ねんとも》に滅《めっ》するを以《もっ》ての故《ゆえ》に心相《しんそう》皆《み》な尽《つ》くるを、涅槃《ねはん》を得《え》て自然《じねん》の業《ごう》を成《じょう》ずと名《な》づく。

今度は真如が迷いの心にどのように作用するのかという浄法熏習の説明です。「一切衆生悉有仏性」

というように、常に惜しい・ほしい・憎い・かわいいと思っている私たち凡夫の心にも、実は真如・本覚が作用しています。その真如・本覚の働きと無明の働きがどのあたりで釣り合いが保たれているのか、交錯しているのかによって、存在する世界が決まります。たとえば地獄は染法熏習が非常に深いところ、人間は真如熏習と染法熏習が詰抗しているところ、浄法熏習が非常にまさっているのが菩薩、完全に浄法熏習のみが仏というようなことです。

真如・本覚は、諸法の法性にして覚りの智慧そのものであるものとして想定されています。それが私たちに作用しているわけですが、その働きを持つ真如が無明に熏習します。しかも、因と縁の力によるとあります。真如が自分の内から自分に働くのが因です。また、真如はあらゆる存在の根底でもある平等・一如で無相の法性、空性です。あらゆる現象の本性ですので、他者の本性でもあります。その他者の本性でもある真如が他者を通じて、とりわけ仏・菩薩の活動を通じて、私に関与してくることもありえます。これが縁です。

このように自分の内から、及び他者を通じて外から、真如は無明・煩悩に働きかけます。そういう働きかけの力があるので、業識から分別事識までを含む迷いの心全体である妄心に、涅槃を願うようにさせるのです。私たちは実際の生活では、楽しみもあってあまり苦しみと感じないかもしれませんが、仏の眼から見れば、本当の意味での自己を知らずさまよっているのは苦しみなのです。涅槃というのは、安らぎの世界、自己の根源的な問題が解決された世界です。なお、涅槃に入ることは同時に覚りの智慧を実現することでもあるわけで、そのことも忘れてはいけません。

私たちは迷って苦しんでいますが、その迷う心にも生死輪廻の苦しみを厭い本来の自己の自覚を願う原因があるので、それが真如・本覚に作用していくのです。ここでいう因と縁は広く原因の意味で取ってよいかと思います。

それを具体的に説明すると、最初は自分の本質・本性が真如・本覚であると信じること、まず自分は迷っているけれども、その本質・本性は仏のいのちそのものであると、仏典の教えを聞いて信じることです。次に、私たちがあると思いなして執着している常住の自我、あるいは外界の事物は心が描き出した影像にすぎないと理解します。これもまだ信解の段階、五十二位で言うと十信が成満して十住・十行・十廻向へと続く段階でしょう。この十住・十行・十廻向は、唯識で言うと資糧位《しりょうい》の一部にあたります。経典を学習する修行が始まった段階、信がさらに深まっていく段階です。

そうすると、執着しているものに実体はないと理解するので、それから離れ世界の本質・本性を自覚する智慧を実現する修行を行います。これを修すると、修行の中でありのままに現前の世界はないと了解します。これは、十地の最初に無分別智を起こして後得智を実現した段階でしょう。しかし、いったん覚りを開いても、無始以来の我執・法執を起こしてきた名残が、阿頼耶識などの意識下に残存しているので、それを浄化していく修行をしていかなければいけません。そこで十地の修行をしていきます。そうして以前の「前の境界無し」と知る智慧の理解が深まって、それにふさわしい行をしていきますが、それが随順行です。こうして我執・法執を離れていくわけです。

執着を離れ、対象的に分別することも離れていき、長い修行を経ていきます。四十一位の階梯でいうと、十住・十行・十廻向・十地・仏と四十一位を経ていくわけで、唯識では、十住から十廻向までに一大阿僧祇劫、十地に二大阿僧祇劫かかると説きます。その無分別智を開いて二倍かかる時間のところを「久遠熏習力」と言っているのでしょう。

そして、最終的に煩悩の根源であった無明が滅ぼされて、業識などの迷いの心も起こることがなくなります。そして迷いの心が起きなくなると、執着していた心も滅してその対象も滅します。迷いの心（因）とその対象（縁）がともに滅するので、迷いの心のあり方が、分別事識だけではなく業識まですべて尽きるのです。そうすると、涅槃を得て迷いを完全に離れた世界、理智不二の真如としての本覚の世界が現れ、おのずから衆生を救済する働き（自然業）が生じます。ですから、この涅槃はたんなる平等無相の世界のみというわけではなく、主体となってあらゆる他者を救済していく働きをおのずからなす、個として働く世界でもあります。


妄心熏習《もうじんくんじゅう》の義《ぎ》に二種《にしゅ》有《あ》り。

云何《いかん》が二《ふたつ》と為《な》す。

一《ひとつ》には分別事識熏習《ふんべつじしきくんじゅう》。諸《もろもろ》の凡夫《ぼんぶ》・二乗《にじょう》の人等《にんとう》に依《よ》るに生《しょう》・死《じ》の苦《く》を厭《いと》い、力《りき》の所能《しょのう》に随《したが》いて漸《ようや》く無上道《むじょうどう》に趣向《しゅこう》するを以《もっ》ての故《ゆえ》に。

二《ふたつ》には意熏習《いくんじゅう》。謂《いわ》く諸《もろもろ》の菩薩発心勇猛《ぼさつほっしんゆみょう》にして速《すみやか》に涅槃《ねはん》に趣《おもむ》くが故《ゆえ》に。

続いて「妄心熏習」が出てきます。先ほどの妄心と紛らわしいのですが、真如の働きかけで迷い苦しむ中にも苦しみの世界を厭い本来の自己を得る地平に立ちたいという心が起きていきます。それが真如に働きかけて熏習していきます。そして、ますます仏道修行が進んでいくことが考えられますが、そのことを「妄心熏習」と言っています。ここはあくまでも浄法熏習の中での妄心熏習なのです。

それについても二種類あります。一つが「分別事識熏習」です。これは意識レベルでの粗い心の活動における働きです。凡夫や小乗仏教の修行者らが、生死輪廻の苦しみを厭い、その人その人の力量に応じて、だんだんと長い時間をかけて、覚りの世界に向かっていくからです。道は覚り（ボーディ）を漢訳した言葉で、無上道は無上正等覚、阿耨多羅《あのくたら》三藐三《さんみゃくさん》菩提《ぼだい》のことです。ただしこの熏習の場合は、心の意識下にまで徹した繊細な心の活動の中で仏道を願う働きはまだ成就していません。

二つ目は「意熏習」です。これは五意と意識のことです。意識は分別事識、五意はそれ以前のすべての心の働きでした。その段階で生死を厭い、涅槃を目指すような働きが動き出して、真如に熏習します。これによって、菩薩が無上菩提を実現したいという心を起こし、果敢に修行に邁進して時間をかけず成仏を果たすことができるのです。意識の深いレベルで仏道を目指す心が働くと、その人の心の転換はより速く行われるということでしょう。

昔から、特に禅宗で「勇猛の衆生は成仏一念にあり」と言われます。唯識では、修行に三大阿僧祇劫かかるとしています。一大阿僧祇劫は、一説には八百里立方の岩を、天の時間で三年に一度（人間界での三千年とか三万年とかに一度か）柔らかい衣でなでて、その岩が摩滅する時間と言われます。非常に長い時間がかかることになりますが、禅宗では「懈怠の衆生は涅槃三祇に亘る、勇猛の衆生は成仏一念にあり」と、怠けがちな衆生は涅槃を実現するのに三大阿僧祇劫かかるけれども、勇猛果敢であれば一念で成仏すると説明します。

さらに浄土真宗の他力の教えになりますと、勇猛さは関係なく、もうすでに救われていることを自覚するところに重点が移ります。親鸞は、順に修行の階位を登るのではなく横超《おうちょう》といって今・ここでそのまま救われると説きます。しかし、そうだとすると、修行していこうという気持ちが起きなくなるのではないかという懸念が生じます。ですから、道元は「本来本法性《ほんらいほんぽっしょう》天然自性身《てんねんじしょうしん》」と、すでに仏ならば修行する必要がないのではないかと疑問に思って、比叡山を下り中国にまで行きました。そして参禅の中で、仏であるからこそおのずから修行せざるをえないことに気づいたのです。その修行と覚りが同じであることを修証一等《しゅうしょういっとう》と言います。

## 本体と働きの熏習――解釈分（17）

真如熏習《しんにょくんじゅう》の義《ぎ》に二種《にしゅ》有《あ》り。
云何《いかん》が二《ふたつ》と為《な》す。
一《ひとつ》には自体相熏習《じたいそうくんじゅう》、二《ふたつ》には用熏習《ゆうくんじゅう》なり。

自体相熏習《じたいそうくんじゅう》というは、無始《むし》の世《せ》より来《このかた》無漏《むろ》の法《ほう》を具《ぐ》す。備《つぶさ》に不思議《ふしぎ》の業《ごう》有《あ》りて境界《きょうがい》の性《しょう》と作《な》る。此《こ》の二義《にぎ》に依《よ》りて恒常《ごうじょう》に熏習《くんじゅう》す。熏習力《くんじゅうりき》有《あ》るを以《もっ》ての故《ゆえ》に、能《よ》く衆生《しゅじょう》をして生死《しょうじ》の苦《く》を厭《いと》い涅槃《ねはん》を楽求《ぎょうぐ》し、自《みずか》ら己身《こしん》に真如《しんにょ》の法《ほう》有《あ》りと信《しん》じて発心修行《ほっしんしゅぎょう》せしむ。

問《と》うて曰《いわ》く、若《も》し是《かく》の如《ごと》きの義《ぎ》ならば、一切衆生《いっさいしゅじょう》に悉《ことごと》く真如《しんにょ》有《あ》りて等《ひと》しく皆《み》な熏習《くんじゅう》せん。云何《いかん》ぞ有信《うしん》・無信《むしん》無量《むりょう》前後《ぜんご》の差別《しゃべつ》ある。皆《み》な応《まさ》に一時《いちじ》に自《みずか》ら真如《しんにょ》の法《ほう》有《あ》りと知《し》りて勤修方便《ごんしゅほうべん》して等《ひと》しく涅槃《ねはん》に入《い》るべし。

答《こた》えて曰《いわ》く、真如《しんにょ》は本《も》と一《いち》なれども而《しか》も無量無辺《むりょうむへん》の無明《むみょう》有《あ》りて、本《も》とより已来《このかた》自性差別《じしょうしゃべつ》にして厚薄同《こうはくおな》じからざるが故《ゆえ》に、過恒河沙等《かごうがしゃとう》の上煩悩《じょうぼんのう》無明《むみょう》に依《よ》りて起《おこ》りて差別《しゃべつ》あり。我見愛染《がけんあいぜん》の煩悩《ぼんのう》無明《むみょう》に依《よ》りて起《おこ》りて差別《しゃべつ》あり。是《かく》の如《ごと》く一切《いっさい》の煩悩《ぼんのう》の無明《むみょう》に依《よ》りて起《き》する所《ところ》の前後《ぜんご》無量《むりょう》の差別《しゃべつ》あり。唯《た》だ如来《にょらい》のみ能《よ》く知《し》りたもうが故《ゆえ》に。

又《ま》た諸仏《しょぶつ》の法《ほう》は因《いん》有《あ》り縁《えん》有《あ》り。因《いん》・縁具足《ねんぐそく》して乃《すなわ》ち成弁《じょうべん》することを得《う》。木中《もくちゅう》の火性《かしょう》は是《こ》れ火《ひ》の正因《しょういん》なれども、若《も》し人《ひと》の知《し》ること無《な》く方便《ほうべん》を仮《か》らずして能《よ》く自《みずか》ら木《き》を焼《や》くこと是《こ》の処《ことわり》有《あ》ること無《な》きが如《ごと》く、衆生《しゅじょう》も亦《ま》た爾《しか》り、正因熏習《しょういんくんじゅう》の力《りき》有《あ》りと雖《いえど》も、若《も》し諸仏《しょぶつ》・菩薩《ぼさつ》・善知識等《ぜんちしきとう》に遇《あ》いて之《これ》を以《もっ》て縁《えん》と為《な》さずして、能《よ》く自《みずか》ら煩悩《ぼんのう》を断《だん》じ涅槃《ねはん》に入《い》るは則《すなわ》ち是《こ》の処《ことわり》無《な》し。若《も》し外縁《げえん》の力《りき》有《あ》りと雖《いえど》も、而《しか》も内《うち》の浄法《じょうほう》未《いま》だ熏習《くんじゅう》の力《りき》有《あ》らざるは、亦《ま》た究竟《くきょう》じて生死《しょうじ》の苦《く》を厭《いと》い涅槃《ねはん》を楽求《ぎょうぐ》すること能《あた》わず。

若《も》し因《いん》・縁具足《ねんぐそく》するは、所謂《いわゆる》自《みずか》ら熏習《くんじゅう》の力《りき》有《あ》り。又《ま》た諸仏《しょぶつ》・菩薩等《ぼさつとう》の為《ため》に慈悲願護《じひがんご》せらるが故《ゆえ》に。能《よ》く厭苦《えんく》の心《こころ》を起《おこ》し涅槃有《ねはんあ》ることを信《しん》じ善根《ぜんごん》を修習《しゅじゅう》す。善根《ぜんごん》を修《しゅ》すること成熟《じょうじゅく》するを以《もっ》ての故《ゆえ》に、則《すなわ》ち諸仏《しょぶつ》・菩薩《ぼさつ》の示《じ》・教《きょう》・利《り》・喜《き》に値《あ》い乃《すなわ》ち能《よ》く進《すす》みて涅槃《ねはん》の道《みち》に趣向《しゅこう》す。

次に真如熏習を別の観点から説明します。それは、「自体相熏習」と「用熏習」です。体相は一つで体ととらえるとして、自己の内から自分に働きかけてくるのが自体相熏習です。迷っているけれども、迷っているその心の本質・本性は仏のいのちであって、常に自己に働きかけている世界のことを言っています。用熏習は、それ（真如）が他の人や事物を通じて常に自己に働きかけている世界を言っています。内からと外からの両面の働きを、体相用の語を用いて二種類立てて説明しています。

自体相熏習

自体相熏習ですが、人は無明に覆われたその起源もわからないほど以前より、無漏の覚りの智慧の世界を具えていました。無漏とは煩悩の漏泄が一切ない、無明・煩悩に汚されていない覚りの世界のことです。むしろ具えているというより、それが本性であって、それぞれの無明・煩悩のあり方、不覚のあり方に応じた対象となります。

かつ他者としての不思議な働きによって具体的にさまざまな縁がもたらされることによって常にこの私に作用していきます。こうして真如の内からの働きと外からの働きの力があるので、修行して生死輪廻の苦を厭い、涅槃を願い求めることになって、自らの中に真如があると信じて、十信から十住の初発心住に入り、菩提心を起こして修行していきます。

続いての質問は、どういう人にも真如があって等しく内から働きかけているのに、どうして信を起こす者と、仏教にまったく関心を持たない人がいたり、信があっても速く進む者がいれば声聞・縁覚でとどまる者がいたりと、いろいろな違いがでてくるのか、というものです。また、みな真如を具えていてそれが働きかけているのならば、みな同じように自分には真如法があると知って、修行して涅槃に入るはずではないですか、とも尋ねています。

それに対して、真如は差別がなく同じであるのだけれども、無明・煩悩にはいろいろなあり方があって、その人その人のあり方や、無明が覆っている程度も違うからと答えています。ガンジス河の砂の数を超えるほど膨大な数の、法執である所知障が無明によって起こり、さらに自我があるという見解、自我への執着も無明によって起こり、そこにさまざまな違いが生じるのです。

このように、あらゆる煩悩が無明によって起きるので、その人その人によって無明・煩悩のあり方が異なってくるのです。真如は同一ですが、それぞれの人の煩悩の厚薄といった縁によって差別が出てくるということです。こういった各人の煩悩のあり方の違いは仏だけが知っていることなのです。また同じ真如がみなに同じように作用しているけれども、実際は異なっている理由として、二つ目の理由が挙げられます。

諸仏の法には因と縁があって、その両方が具われば成仏できるということです。『起信論』は「一切衆生悉有仏性」の一乗の立場ですから、みなに成仏の因の存在を認めています。そのため縁の必要性が重視されます。因に縁が加わって果が成就することを、木と火で喩えています。

木の中に燃える性質、火の因があるけれども、誰かが木を燃やすための何らかの手立てを講じなければ、木の中にいくら燃える要素としての因があっても、木それ自体が燃えることはありえません。それと同様に衆生も、真如に熏習する力があるけれども、諸仏に出逢い教えを聞くことや、菩薩の導きを得ること、また善き友、自分を高い境地に導いてくれる高徳の人などに出会って、それを縁としなければ、いくら仏性があっても発心等を実現することはないのです。因の力だけで煩悩を断じて涅槃に入るようなことはありえないのです。

また、たまたまよい縁に遇ったとしても、その人の無明が厚いか薄いかの違いのせいで浄法が熏習する力が弱ければ、なかなか輪廻を厭い涅槃を願う心を起こすことができない場合も出てきます。

仏道修行には、真如そのものが自らに働きかけて仏道へと促していく因と、他者としての諸仏菩薩などが慈悲の心をもって個人個人を仏になるように願い護る縁がそろうことが必要です。こういう因と縁とがあいまって仏性の働きである真如熏習が効果をあげるのです。

そうした仏道を成就した者や修行を成就した者などの祈り、願いといった働きかけによって、生死輪廻の苦しみを離れ、本当の自己を明らかにしよう、根本的な安心を得ようと思い、苦しみが滅した涅槃の世界を信じるのです。小乗仏教では涅槃は生死輪廻を離れた働きのない世界、現象を離れた実在の世界、絶対の世界です。しかし、大乗仏教では、無住処涅槃といって、生死輪廻の世界にあえて入っていって活動するそのただ中に涅槃を見出します。常住の本体を持たない空のあり方をはっきりと洞察することで、どのような世界にも自由自在に入り、苦しむ人々を救うのが無住処涅槃です。

こういった涅槃を信じて、さまざまな修行をしていき、成就していくと、それによって、諸仏と菩薩の導きが鮮明に、強く深く働いてくることが自覚できるのです。また「利喜」を諸仏菩薩の働きと読んで、教えを示し修行のあり方を教えて喜ばせる、という理解もよいかもしれません。法蔵の『起信論義記』では、「示」は教義の内容、「教」を修行の方法の教えと分けて解釈しています。

そういう諸仏菩薩の導きによってさらに進んでいくことができ、涅槃の道に向かい仏になるのです。ここまでが、自体相熏習、真如そのものの働きをもって、衆生に内から働きかける世界を描いたものです。

用熏習《ゆうくんじゅう》というは、即《すなわ》ち是《こ》れ衆生《しゅじょう》の外縁《げえん》の力《りき》なり。是《かく》の如《ごと》きの外縁《げえん》に無量《むりょう》の義《ぎ》有《あ》り。略《りゃく》して説《と》くに二種《にしゅ》あり。

云何《いかん》が二《ふたつ》と為《な》す。

一《ひとつ》には差別縁《しゃべつえん》、二《ふたつ》には平等縁《びょうどうえん》なり。

差別縁《しゃべつえん》というは、此《こ》の人《にん》は諸仏《しょぶつ》・菩薩等《ぼさつとう》に依《よ》りて、初発意《しょほっち》に始《はじ》めて道《みち》を求《もと》むる時《とき》より乃至仏《ないしぶつ》を得《う》るまで、中《なか》に於《おい》て若《も》しは見若《みも》しは念《ねん》ず。或《あるい》は眷族《けんぞく》・父母《ぶも》・諸親《しょしん》と為《な》り、或《あるい》は給使《きゅうじ》と為《な》り、或《あるい》は知《ち》友《う》と為《な》り、或《あるい》は寃家《おんけ》と為《な》り、或《あるい》は四摂《ししょう》を起《おこ》す。乃至一切《ないしいっさい》の所作《しょさ》、無量《むりょう》の行縁《ぎょうえん》あり。大悲《だいひ》を起《お》こす熏習《くんじゅう》の力《りき》を以《もっ》て、能《よ》く衆生《しゅじょう》をして善根《ぜんごん》を増長《ぞうちょう》し、若《も》しは見若《みも》しは聞《き》き利益《りやく》を得《え》しむるが故《ゆえ》に。

此《こ》の縁《えん》に二種《にしゅ》有《あ》り。

云何《いかん》が二《ふたつ》と為《な》す。

一《ひとつ》には近縁《ごんえん》。速《すみやか》に度《ど》することを得《う》るが故《ゆえ》に。二《ふたつ》には遠縁《おんえん》。久遠《くおん》に度《ど》することを得《う》るが故《ゆえ》に。

是《こ》の近《ごん》・遠《おん》の二縁《にえん》を分別《ふんべつ》するに復《ま》た二種《にしゅ》有《あ》り。

云何《いかん》が二《ふたつ》と為《な》す。

一《ひとつ》には増長行縁《ぞうちょうぎょうえん》、二《ふたつ》には受道縁《じゅどうえん》なり。

平等縁《びょうどうえん》というは、一切《いっさい》の諸仏《しょぶつ》・菩薩《ぼさつ》皆《み》な一切衆生《いっさいしゅじょう》を度脱《どだつ》せんと願《ねが》う。自然《じねん》に熏習《くんじゅう》して常恒《じょうごう》に捨《す》てず。同体《どうたい》の智力《ちりき》を以《もっ》ての故《ゆえ》に見《けん》・聞《もん》すべきに随《したが》いて作業《さごう》を現《げん》ず。所謂衆生《いわゆるしゅじょう》は三昧《ざんまい》に依《よ》りて乃《すなわ》ち平等《びょうどう》に諸仏《しょぶつ》を見《み》ることを得《う》るが故《ゆえ》に。

## 用熏習——差別縁・平等縁

次は用熏習です。真如そのものはありとあらゆるものにゆきわたっている普遍的な空性ですが、それが他の個を通じて自分自身に働きかけます。それを用熏習と呼んでいます。そのため、「衆生の外縁の力なり」と初めに述べています。衆生一人一人に対する外側から働きかける縁の力で、外の他者を通じての働きかけです。このような働きかけには、内容や仕方、形式などさまざまですが、まとめて説くと二種類になります。

その二種類とは、「差別縁」と「平等縁」です。差別縁はその人その人に異なった仕方で関わる働き、平等縁はあらゆる人々に共通に平等に働くものです。

差別縁とは「此の人は諸仏・菩薩等に依りて」と、突然「此の人」が出てきますが、修行者を指すと考えられます。凡夫かもしれませんが、大乗仏教に入って修行をしようと思った人でしょう。その人が、諸仏菩薩の先ほどのような働きかけの中において、菩提心、仏の覚りである無上正等覚を実現しようとする心を初めて起こして大乗仏教の道を歩んで仏となり、一切衆生の苦しみを休まず救済する存在になりたいと覚悟を決めます。菩提を求める人をサンスクリット語でボーディサットヴァと言い、菩提薩埵、略して菩薩と漢訳されます。観世音《かんぜおん》菩薩や弥勒《みろく》菩薩など位の高い菩薩も多くいますが、大乗仏教に志した人はみな菩薩であって、そういう凡夫の菩薩のような人をここでは言っています。

そして仏になるまで、だんだんと修行をしていきます。十住・十行・十廻向・十地・等覚・妙覚の段階を、仏を見ようとし修行の成就を祈って修行を深めていくと、諸仏菩薩が、あるいは親戚や両親、家族兄弟の者となって現れ、あるいは部下やお手伝いさん、友達となって、または自分に対して攻撃したり意見が合わないような仇敵となって現れます。そして、衆生を導いていくことで、衆生は善根を助長して利益を得ていくことができます。

修行者がそういった縁を得ていく中で、「四摂」を起こします。四摂（四摂法）は基本的な大乗の菩薩の修行で、布施《ふせ》・愛語《あいご》・利行《りぎょう》・同事《どうじ》の四つを指します。「布施」は、六波羅蜜の布施と同じで、お金や物以外にも教えや畏れのない心を施すことです。「愛語」は優しい言葉遣いです。仏教は行為を身・語・意の三業《さんごう》、身体の行為・言葉の行為・心の行為の三方面からとらえます。特に言葉の行為には細かく注意を払っており、道元の『正法眼蔵《しょうぼうげんぞう》』にも「四摂法」の巻があり、「愛語廻天の力有り」とあります。これは「優しい言葉遣いには天をひっくり返すような力がある」と解釈されています。私の師匠である秋月龍珉先生は、「中国の皇帝である天子は一度言った言葉はもう取り消せないのだけれども、それをも覆す力があることだ」と解釈されていました。良寛にもこの『正法眼蔵』の「愛語」の巻を写した書が残っており、また言葉を慎むことに気をつけていました。「利行」は利他行のことで、人のため世のために役立つことをしていくことです。「同事」は、相手に応じた姿で現われて、相手に合わせつつ導いていくことです。いずれも、その行為によって親愛の心を起こさしめ仏道に導いていくのです。そういう四摂を起こします。

この四摂以外にもあらゆる修行をなしていく縁によって、修行者が他者に対して大悲を起こし、それが心に熏習していきます。諸仏菩薩が身近な人になって導き大乗の修行をさせていくと、その人が慈悲の心を起こすようになります。そして、それが心に熏習してさらに修行を進めていくことを言っています。要するに衆生にさらに修行を深めさせ、進めさせて、その経験の中で仏道の上の利益を手に入れさせるのです。その人その人に応じた適切なあり方で大乗の修行を実践させていくことが、差別縁なのです。

この差別縁には二種類のあり方があります。一つは「近縁」です。それは速やかに菩提・涅槃を完成させる縁です。もう一つは「遠縁」です。こちらは時間をかけてゆっくり導く縁です。この時間の早い遅いは、当人の無明・煩悩の厚薄などの違いも関係していると思います。真如そのものは平等に人々に働きかけていますが、はるか過去世からの因縁によって無明・煩悩の厚薄が生じて、それに種々の縁がどのように関わるかで、覚りへの早い遅いが出てくるということです。

この速やかに人々を仏の世界に導く縁と、時間をかけて導く縁とは、さらに二種類に類別することができます。一つは「修行を増長する縁（増長行縁）」です。覚りを開いた世界は煩悩の漏れのない無漏、覚りを開く前の修行の世界は煩悩の漏れがある有漏と言います。そこでの善は有漏善と言います。しかし悟りを開くには無漏の智慧を開発しなければなりません。有漏善だけでは、覚りの智慧の要因に働きかけないかぎり、覚りの智慧は生まれません。その、十住・十行・十廻向までの修行を増長させる縁となるものが増長行縁なのです。十地の最初の初歓喜地で無分別智を発して真如を証し、後得智が現れます。そこで初めて覚りの智慧が開かれ、十地の修行をして仏になれます。

二つ目の「受道縁」の「道」は菩提の意味で、菩提を受ける縁、つまり十地の一番最初の無分別智を実現する縁です。無漏の智慧を実現させるために働く縁です。

次は「平等縁」の説明です。あらゆる諸仏菩薩はすべての衆生を無明・煩悩から解放して涅槃を実現させたいと願います。この人は救うけれども、この人は救わないといった差別のないところに、平等の意味があります。そして、他者として常に働きかけています。自分も他者も本性は一つです。空性であり真如です。そのことを覚っている力によって、他者も自分もまったく変わらないいのちであると明確に深く洞察しているので、衆生が見聞したいとか、諸仏菩薩の助けを得たいとか思うときに、おのずからその働きをなすのです。そのため、衆生は三昧に入って、だれもがそのような姿・形ではとらえきれない仏の働きを体得するのです。

用熏習の話ですので、本来は外からの働きかけのことのはずですが、ここでは三昧に入って諸仏と同じ真如を自分の中に証していくことを述べています。自分自身の真如が他者を通じて働きかけてきて、その他者の本性と自分の本性が同じ平等なる仏身を三昧の中で体得していく、その相手に対して無限定の平等な本性である仏のいのちを平等縁と説明しています。

> 此《こ》の体《たい》・用熏習《ゆうくんじゅう》を分別《ふんべつ》するに復《ま》た二種《にしゅ》有《あ》り。
> 云何《いかん》が二《ふたつ》と為《な》す。
> 一《ひとつ》には未相応《みそうおう》。謂《いわ》く凡夫《ぼんぶ》・二乗《にじょう》・初発意《しょほっち》の菩薩等《ぼさつとう》は、意《い》と意識《いしき》との熏習《くんじゅう》を以《もっ》て信力《しんりき》に依《よ》るが故《ゆえ》に而《しか》も能《よ》く修行《しゅぎょう》す。未《いま》だ無分別心《むふんべつしん》と体《たい》と相応《そうおう》することを得《え》ざるが故《ゆえ》に。未《いま》だ自在業《じざいごう》の修行《しゅぎょう》と用《ゆう》と相応《そうおう》することを得《え》ざるが故《ゆえ》に。
> 二《ふたつ》には已相応《いそうおう》。謂《いわ》く法身《ほっしん》の菩薩《ぼさつ》は、無分別心《むふんべつしん》を得《え》て諸仏《しょぶつ》の自体《じたい》と相応《そうおう》し、自在《じざい》の業《ごう》を得《え》て諸仏《しょぶつ》の智用《ちゆう》と相応《そうおう》す。唯《た》だ法力《ほうりき》に依《よ》りて自然《じねん》に修行《しゅぎょう》して真如《しんにょ》に熏習《くんじゅう》して無明《むみょう》を滅《めっ》するが故《ゆえ》に。
> 復《ま》た次《つぎ》に染法《ぜんぽう》は無始《むし》より已来《このかた》熏習《くんじゅう》して断《だん》ぜず。乃至《ないし》仏《ぶつ》を得《え》て後《のち》則《すなわ》ち断《だん》ずること有《あ》り。浄法熏《じょうほうくん》習《じゅう》は則《すなわ》ち断《だん》ずること有《あ》ること無《な》く未来《みらい》を尽《つ》くす。
> 此《こ》の義云何《ぎいかん》ぞ。真如《しんにょ》の法《ほう》は常《つね》に熏習《くんじゅう》するを以《もっ》ての故《ゆえ》に妄心《もうじん》則《すなわ》ち滅《めっ》すれば法身顕現《ほっしんけんげん》して用熏習《ゆうくんじゅう》を起《おこ》す。故《ゆえ》に断有《だんあ》ること無《な》し。

## 未相応・已相応

内からの働きかけである自体相熏習と他者を通じて外から働きかける用熏習を類別すると、二つあります。一つが「未相応」。これは凡夫と二乗と、大乗仏教の修行者でもまだ初心初発意の菩薩が対象です。意の中の業識・転識・現識などの迷いの心が働く中で仏道を修行していくと、その修行が無明・煩悩に熏習していきます。信の力（信解業）によって仏典の説くところをよく了解して修行していくのですが、いまだ無分別智を開くことができません。それは無分別心と体が相応しないから、つまり心の本体が無分別の智慧、その智慧に証される真如と相応しないからなのです。また、自由自在に意識しなくても苦しんでいる人のために働くような心の働きがいまだ実現していないからです。体相と用の両方から、仏の智慧の働きの世界、つまり真如を証し自在に働く世界にいまだ相応していないことを言っています。これは、階位で言うと十地に入る前の段階にあたります。

二つ目は「已相応」です。これはもう已に相応した段階という意味で、無分別智によって真如を証した法身の菩薩、階位で言うと十地の初地に登った段階以後になります。この菩薩たちは諸仏の智慧の本体とその働きに相応して、熏習する真如の力によって自然に修行を進めていきます。そして、その修行をしている無漏の善根が、真如自身に熏習していき、ますます真如の働きを強めていって、無明・煩悩を滅して仏道を完成させます。ここでは諸仏の智の用、智の働きに相応しているので、「已相応」と呼んでいるわけです。簡単に言えば、未相応と已相応は、無分別智を開く前の修行と後の修行の中における、体相熏習・用熏習を区別したものです。

尽未来

次に染法、無明・煩悩に基づく心の働きの説明です。始まりをとらえられない以前より無明・煩悩は真如に熏習し続けてきました。大乗仏教の道を修行していく中で、この煩悩・無明もだんだんと薄められ断ぜられます。そのため修行が進んで覚りの智慧に変わっていくと、無明・煩悩はもうなくなってしまいます。

大乗仏教では、仏に成ってから未来永劫、他者の救済のために働いてやみません。場合によっては、はるか過去に仏に成っていてそれ以来休むことなく救済活動をしていますが、その活動の一環として仏の姿・形を取って現れることもあります。たとえば歴史上の釈尊はその一つであって、本当の釈尊は久遠の昔に成仏を果たした仏で、ずっと衆生救済の働きをしていると言います。浄土教で言えば、阿弥陀仏は十劫の昔に成仏して西方に極楽浄土を建立し十方世界の衆生を教化されていると説きます。そのような意味合いが、次の文章の「浄法熏習は則ち断ずること有ること無く未来を尽くす」に表れています。私たちのいのちの根源である真如も、無始以来輪廻を繰り返す私たちに働きかけていて途絶えることはありません。しかも、それが未来永劫続くのです。

それは真如は常に内から仏に成るように働き続け、さらに無明・煩悩がなくなれば、無分別智によって真如を証して仏智として他者の無明・煩悩に働きかけていくからです。「法身顕現」とは、十地の最初に真如を証することで、仏身論の用語で言えば、法身を証することになります。そして仏になれば仏身全体が完成するのです。仏に成ると無明がなくなるので、真如は今度はいまだ苦しんでいる他者に向けて働きかけていきます。そうして、自己から他者への働きかけが続いて未来永劫断ずることがないのです。ここまでが真如の体相熏習・用熏習の説明です。

## 迷いの世界の三種の要素——解釈分（18）

復《ま》た次《つぎ》に真如《しんにょ》の自体相《じたいそう》というは、一切《いっさい》の凡夫《ぼんぶ》・声聞《しょうもん》・縁覚《えんがく》・菩薩《ぼさつ》・諸仏《しょぶつ》に増減《ぞうげん》有《あ》ること無《な》し。前際《ぜんさい》に生《しょう》ずるに非《あら》ず後際《ごさい》に滅《めっ》するにも非《あら》ず、畢竟《ひっきょう》じて常恒《じょうごう》なり。本《も》とより已来《このかた》自性《じしょう》いい一切《いっさい》の功徳《くどく》を満足《まんぞく》す。所謂《いわゆる》自体《じたい》に大智慧光明《だいちえこうみょう》の義《ぎ》有《あ》るが故《ゆえ》に。偏照法界《へんじょうほっかい》の義《ぎ》の故《ゆえ》に。真実識知《しんじつしきち》の義《ぎ》の故《ゆえ》に。自性清浄心《じしょうしょうじょうしん》の義《ぎ》の故《ゆえ》に。常《じょう》・楽《らく》・我《が》・浄《じょう》の義《ぎ》の故《ゆえ》に。清涼不変自在《しょうりょうふへんじざい》の義《ぎ》の故《ゆえ》に。是《かく》の如《ごと》きの恒沙《ごうしゃ》を過《す》ぎたる不離《ふり》・不断《ふだん》・不異《ふい》・不思議《ふしぎ》の仏法《ぶっぽう》を具足《ぐそく》し、乃至満足《ないしまんぞく》して少《か》くる所有《ところあ》ること無《な》き義《ぎ》の故《ゆえ》に、名《な》づけて如来蔵《にょらいぞう》と為《な》し、亦《ま》た如来法身《にょらいほっしん》と名《な》づく。

続いて、生滅門の三大の説明に入ります。前に「立義分」のところ（四四頁）で、衆生の心には迷っているけれども体相用の三つの偉大な側面があると説明していました。迷っていても覚っていても変わらない体の側面、本性として具わっているさまざまな功徳という相の側面、覚りの智慧を起こす前後の修行でもたらされる善の因果である用の側面の三つでした。

### 体大

最初に体大を説明します。凡夫から仏まで、自身と他者との間において、その本性・本質は変わることはありません。唯識では、第七末那識は自我に執着するエゴイズムの根源ですが、これが智慧に変わると、自他平等性すなわち真如・空性を知ることになります。それは、対象的にとらえて生まれたとか滅するとか言えない空性の世界です。そのため、生滅を離れているので常恒なのです。決して実体的な常住不変な本体があるわけではなく、空性にして働いているものです。

### 相大

その真如の本性に修行するまでもなく本来あらゆる功徳（相）を具えています。その功徳を次のように説明しています。

衆生心の本体である真如には、大智慧光明の意味合いがあります。空性としての究極の普遍の本性であると同時に、智慧でもあるのです。これは理智不二の立場に立った解釈です。唯識では、真如・法性に智慧を含みません。あくまでも智慧は修行して実現するものであって、もとより覚を持ってい

ると は考えません。しかし『起信論』は如来蔵系の論書ですから、本覚というようなことを言います。

また、遍く法界を照らす功徳を持っています。「真実識知」は、無分別智に対する後得智で、一つ一つ的確に分別していく智慧で、それも本より具えています。「自性清浄心」は空性と同義ととらえて問題ないでしょう。真如の本性は空性でもあるのです。また、不生不滅の常と、苦楽を超えた世界としての楽、自己の実性である我、清浄さの浄の四つの意味合いがあります。さらに、煩悩に熱く悩まされず不変で自由自在の智慧の働きがあって、ガンジス河の砂の数よりも多い、真如と離れることも断ずることも異なることもない、凡夫の分別を超えている仏の功徳を具えていて、一つも欠けるところがありません。そこを如来蔵と名づけるのです。前の「立義分」のところ（四四頁）で、「二には相大。謂く如来蔵は無量の性功徳を具足するが故に」とありました。相大に対して如来蔵であると説明して、その理由として性功徳を具えると述べていましたが、その性功徳の内容が、ここの大智慧光明や自性清浄心などです。

如来蔵という言葉は、『如来蔵経』という経典があって、そこで初めて使われたと考えられています。蔵は、サンスクリット語ではガルバと言い、母胎もしくは胎児を意味します。そのため、如来蔵は、如来の胎内にいる、あるいは如来の胎児を宿していると解釈されます。しかし、蔵と漢訳されたことで、『起信論』ではさまざまな功徳を蔵しているという意味合いで、如来蔵をとらえています。

如来の法身とも名づけると言っていますが、その「法身」は、サンスクリット語でダルマカーヤと言います。ダルマにはさまざまな意味があって、真如とか法性などだけでなく、功徳の意味もあります。また、カーヤは身体という意味ですが、集まりの意味もあります。ダルマを功徳ととらえると、その集まりの意味で取る方がよいでしょう。功徳の集まりの意味でダルマカーヤという言葉が使われることも実際にあります。部派のアビダルマでは、ダルマカーヤは諸々の功徳の集まりを実現した人、仏を指します。

問《と》うて曰《いわ》く、上《かみ》に真如《しんにょ》は其《そ》の体平等《たいびょうどう》にして一切《いっさい》の相《そう》を離《はな》れたりと説《と》きつ。云何《いかん》ぞ復《ま》た体《たい》に是《かく》の如《ごと》きの種種《しゅじゅ》の功徳有《くどくあ》りと説《と》くや。

答《こた》えて曰《いわ》く、実《じつ》に此《こ》の諸《もろもろ》の功徳《くどく》の義有《ぎあ》りと雖《いえど》も、而《しか》も差別《しゃべつ》の相無《そうな》し。等同一味《とうどういちみ》にして唯《た》だ一真如《いちしんにょ》なり。

此《こ》の義云何《ぎいかん》ぞ。

分別無《ふんべつな》く分別《ふんべつ》の相《そう》を離《はな》るるを以《もっ》て、是《こ》の故《ゆえ》に無二《むに》なり。

復《ま》た何《いず》れの義《ぎ》を以《もっ》て差別《しゃべつ》を説《と》くことを得《う》る。

業識生滅《ごっしきしょうめつ》の相《そう》に依《よ》りて示《しめ》すを以《もっ》てなり。

此《こ》れ云何《いかん》が示《しめ》すや。

一切《いっさい》の法《ほう》は、本来唯心《ほんらいゆいしん》にして実《じつ》に念無《ねんな》し、而《しか》も妄心有《もうじんあ》り、覚《さと》らず念《ねん》を起《おこ》して諸《もろもろ》の境界《きょうがい》を見《み》るを以《もっ》ての故《ゆえ》に無明《むみょう》と説《と》く。心性《しんしょう》は起《おこ》らざるは即《すなわ》ち是《こ》れ大智慧光明《だいちえこうみょう》の義《ぎ》の故《ゆえ》に。

若《も》し心《しん》いい見《けん》を起《おこ》さば則《すなわ》ち不見《ふけん》の相有《そうあ》り。心性《しんしょう》いい見《けん》を離《はな》れぬるは即《すなわ》ち是《こ》れ偏照法界《へんじょうほっかい》の義《ぎ》の故《ゆえ》に。

若《も》し心《しん》いい動《どう》有《あ》るは真《しん》の識《しき》知《ち》に非《あら》ず、自性《じしょう》有《あ》ること無《な》し。常《じょう》に非《あら》ず楽《らく》に非《あら》ず我《が》に非《あら》ず浄《じょう》に非《あら》ず、熱悩衰変《ねつのうすいへん》して則《すなわ》ち自在《じざい》ならず。乃至《ないし》具《つぶ》さに過恒沙等《かごうしゃとう》の妄染《もうぜん》の義《ぎ》有《あ》り。

此《こ》の義《ぎ》に対《たい》するが故《ゆえ》に、心性《しんしょう》動《どう》ずること無《な》ければ則《すなわ》ち過恒沙等《かごうしゃとう》の諸《もろもろ》の浄功徳《じょうくどく》の相《そう》の義《ぎ》示現《じげん》すること有《あ》り。若《も》し心《しん》いい起《おこ》ること有《あ》りて更《さら》に前法《ぜんほう》の念《ねん》ずべきを見《み》るは則《すなわ》ち少《か》くる所《ところ》有《あ》り。

是《かく》の如《ごと》きの浄法《じょうほう》の無量《むりょう》の功徳《くどく》は即《すなわ》ち是《こ》れ一心《いっしん》にして更《さら》に念《ねん》ずる所《ところな》無し。

是《こ》の故《ゆえ》に満足《まんぞく》するを名《な》づけて法身如来《ほっしんにょらい》の蔵《ぞう》と為《な》す。

### 質疑応答

ずっと前のところで、真如は衆生心の本体として平等でさまざまな限定を離れていると説いていました。この体は実体的なものではなく空性のことです。「平等にして一切の相を離れ」ることは、「心体は念を離れたり」（六七頁）や「離念の相は、虚空界に等しく偏せざる所無く法界一相なり。即ち是れ如来の平等法身なり」（同）など、真如門のところでも、生滅門の本覚のところでも出てきました。このように心の本体（真如）について具体的な個々の相はなく、平等一味で分別を離れたものと説いてきたわけですが、どうして個々のさまざまな功徳があると説くのですか、という質問です。

それに対する答えが、真如には実際には今、述べたようなさまざまな功徳の内容があるけれども、真如そのものには差別の相はなく、空性そのものであるから等しく一味であって、唯一の真如だけである、と答えています。つまり、真如そのものには差別はないけれども、真如そのものにはさまざまな意味合いの功徳があると言うのです。

この答えでは納得できないと思われますので、さらに説明が続きます。真如は分別する働きもなく（無分別）、分別されるもの（分別の相）もない、あらゆる分別を離れた世界です。そうすると、二元対立を超えた差別のない平等一相であるわけです。

それでは、どういう理由でさまざまな功徳があると説くことができるのでしょうか、という質問がなされます。それに対しては、迷いの心は一番最初の段階である業識から転識、現識、相続識へと展開していきます。この非常に微細な迷いの心から粗い迷いの心の働きが分別し生滅してやまないから、それに対応してさまざまな功徳が言われてくると説明しています。さまざまな迷いの世界があるから、それに対応してさまざまな真如の世界、その功徳が言えることになるのです。

そのことを、さらに詳しく説明していきます。本来は、心だけであって対象的に分別し実体視する働きの念はありません。心の本来のあり方は対象的に分別し執着するあり方を離れているのです。しかし、迷いの心がそこから起きてきます。それは、無明が介在して心が不覚の状態になり対象的な分別を起こすからで、自分の心の本性を忘れてしまうからです。それに対して、心の本性そのもの、覚の世界にとどまっていれば、無明とは反対の世界ですので、何もかも見通す智慧の光明の世界にいることになります。

業識から転識・現識になって対象的に限定的に見るようになると、限定されたところ以外は見ないことになってしまいます。ところが、覚としての心が覚のままにあって見を離れると、一定のものしか見ないということにはならなくなるので、「徧照法界」、世界全体をそのままに照らし出すことになります。

そのため、もし心に迷いが生じて分別するときは、真の認識ではないのです。私たちはふだんさまざまな学問を学び的確に判断して事実を把握していると思っています。しかし、それは対象として追いかけているだけであって、たとえば自己そのもの全体などは知ることはできないのです。したがって真実の識知ではありません。幻のような迷いの心の働きですので、そのものとしての存在もなく、常住とも楽とも常住の自我とも浄らかとも言えません。煩悩に苦しんで、自己を保っていることができず、変化し滅亡していくので、自分の自由自在にはなりません。その迷いの世界のあり方をいろいろと分析すれば、ガンジス河の砂の数を超えるほどのたくさんの迷いのあり方があるのです。

そういうたくさんの迷いのあり方があるので、それぞれを覚りの世界に照らして、一つ一つそうではないというあり方が言えるわけです。そのため、本来は平等無差別で限定を離れた世界なのですが、そこにさまざまな功徳の内容を示すことができるわけです。しかし、心が無明・煩悩に影響されて、いろいろと分別を起こし対象的に見るようになると、欠けるところが出てきて、そういう功徳を指摘することができなくなります。

そういうわけで、本覚や真如といった浄法に具わる無量の功徳は、分別を離れた世界ですから、一心そのものであって、対象的に把握されるべきものはありません。

そのため、あらゆる功徳をすべて具足していることを、「法身如来の蔵」と呼ぶのです。ここで如来蔵という言葉が出てきます。如来蔵には先でも触れましたようにいくつか解釈がありますが、別の言葉で言うと仏性です。仏性はサンスクリット語でブッダダーツと言います。ダーツは界と漢訳されますが、領域等のほかに因の意味がありますので、ブッダダーツは「仏となるべき因」という意味になります。ですから、如来蔵は如来の因となるべきものを持っているというのが本来の意味です。しかし、ここでは法身・如来に具わるさまざまな功徳を蔵しているという意味で使われています。『起信論』では、如来となるべき因は本覚、その本覚の中にあるさまざまな功徳を蔵しているのが如来蔵といった違いがあるように思われます。

以上が体相用の相の説明です。本来は真如・法性は平等一味の無差別の世界ですが、迷いの多様なあり方に応じて、覚りの世界も多様に表現されるという内容でした。

復《ま》た次《つぎ》に真如《しんにょ》の用《ゆう》というは、所謂諸仏如来本《いわゆるしょぶつにょらいも》と因地《いんじ》に在《まし》まして大慈悲《だいじひ》を発《ほっ》し、諸波羅蜜《しょはらみつ》を修《しゅ》し衆《しゅ》生《じょう》を摂化《しょうけ》す。大誓願《だいせいがん》を立《た》て尽《ことごと》く等衆生界《とうしゅじょうかい》を度脱《どだつ》せんと欲《ほっ》す。亦《ま》た劫数《ごうしゅ》を限《かぎ》らず未来《みらい》を尽《つ》くす。一切衆生《いっさいしゅじょう》を取《と》りて己身《こしん》の如《ごと》くなるを以《もっ》ての故《ゆえ》に、而《しか》も亦《ま》た衆生《しゅじょう》の相《そう》を取《と》らず。

此《こ》れ何《いず》れの義《ぎ》を以《もっ》てぞ。

謂《いわ》く実《じつ》の如《ごと》く一切衆生《いっさいしゅじょう》と及《およ》び己身《こしん》と真如平等《しんにょびょうどう》にして別異無《べついな》きことを知《し》るが故《ゆえ》なり。

是《かく》の如《ごと》き大方便智《だいほうべんち》有《あ》るを以《もっ》て、無明《むみょう》を除滅《じょめつ》して本法身《ほんぽっしん》を見《あら》わし、自然《じねん》に而《しか》も不思議《ふしぎ》の業《ごう》・種種《しゅじゅ》の用有《ゆうあ》り。即《すなわ》ち真如《しんにょ》と等《ひと》しく一切処《いっさいしょ》に徧《へん》ず。又《ま》た亦《ま》た用相《ゆうそう》の得《う》べき有《あ》ること無《な》し。

何《なに》を以《もっ》ての故《ゆえ》に。

謂《いわ》く諸仏如来《しょぶつにょらい》は唯《た》だ是《こ》れ法身《ほっしん》なり。智相《ちそう》の身《しん》なり。第一義諦《だいいちぎたい》にして世諦《せたい》の境界《きょうがい》有《あ》ること無《な》し、施作《せさ》を離《はな》れたり。但《た》だ衆生《しゅじょう》の見《けん》・聞《もん》に随《したが》いて益《やく》を得《う》るが故《ゆえ》に説《と》きて用《ゆう》と為《な》す。

## 用大

真如の用、働きについて説明すると、仏に成った諸仏如来は仏に成る前の修行時代（因地）に、衆生を救いたいという大慈悲心を発しました。大乗仏教では過去に仏になったものも、未来に仏になるものも存在するという、三世十方多仏説を説きます。その各々の仏が修行時代に慈悲心を起こします。たとえば阿弥陀仏も過去世に世自在王仏という仏に出会って、その仏が自由自在に人々を救済している姿に感動して、自分もそういう人々を救済できる存在になりたいという心、菩提心を発しました。大乗仏教では、この菩提心を発してから修行が始まることになります。

そして、六波羅蜜や十波羅蜜などのさまざまな利他のための行を修して仏に成るように歩みます。特に、『華厳経』の「十地品」では、十地の修行として十波羅蜜が説かれます。それは、布施・持戒・忍辱・精進・禅定・智慧の六波羅蜜に方便・願・力・智の四波羅蜜を加えたものです。続いて大誓願を立てるわけですが、この時機の大誓願が先ほどの修行に入る本に立てる誓願に戻るのか、またさらに深い誓願を立てるのかははっきりしません。しかし、修行が深まっていく中で、そのつど誓願を確認していくこともあると思います。十波羅蜜のうち願波羅蜜というのが第八地にありますので、それも念頭にあるかもしれません。

そして、ありとあらゆる衆生をすべて等しく苦しみから救い出し、仏に成らしめようと願います。ここには無差別・無条件の救済が語られています。また時間を限ることもなく、未来永劫衆生を救済していくのです。

要するに、衆生の苦しみを救いとる修行をし、修行を完成してからは永遠に救済し続けていくことが、真如の用であるということです。ある人が菩提心を起こして仏に成る修行をする間は、その人自身に対して真如が、衆生を救済できるような力を身につけるよう働き続けます。これは自体相熏習です。仏に成れば、ますますその働きが発揮されて永遠に続いていきます。これが真如の用であって、ある個を通じて他者を救済していく慈悲の心と同じなのです。私の禅の先生である秋月龍珉先生は、常に「初めに大悲ありき」とおっしゃっていました。これは「初めにロゴスありき」という聖書の表現を借りたものですが、私たちのいのちの一番根本が、サンスクリット語でマハーカルナー、大悲であると述べたものです。『起信論』のこの部分とも一致しています。

その救済の働きにおいては、他者を自分自身であるかのように受け止めます。そのため、他者を他者として実体視せずとらわれることがありません。よく布施について三輪清浄ということが言われます。布施をする行為と布施をする相手と布施するものの三つにとらわれてはいけないという戒めのことです。衆生を救済する際にも、あの人のためとか思ってはいけません。働いたということにとらわれないことを、禅では「跡を払う」と言って重視し、鈴木大拙も盛んにこのことを言っています。

次は他者に関わりながら、他者を実体視しないことについての理由に対する質問です。あらゆる他者と自己とは真如そのものの世界では一つであって差違はありません。あらゆるものに実体がないというあり方、空性が一切の現象を貫いていますので、自己と他者の区別がないのです。そのことをはっきり自覚しているわけです。唯識では、修行して初めて覚りを開いたときに、無分別智を起こして真如を証します。それは、意識が妙観察智という智慧に変わり、自他を差別する根源の意識である第七末那識が自他平等性を覚る平等性智に変わります。この平等性智を開いて、さらに深めていき、仏に成っていくのです。

こういったはっきりとした認識を踏まえながら、偉大なる修行の中で磨いていく智慧（大方便智）があるので、無明を滅して念を離れたそれそのものの世界（本法身）が実現します。その法身が完全に円かに実現したときには、おのずから、凡夫ではかりしれないあらゆる衆生を救済していくような働きを発揮していきます。これが「不思議の業」ですが、随染本覚を説くところ（八七頁）でも迷いの中にあって本覚が自らに働きかけていて、無明・煩悩を離れるときに不思議業が現れるとありました。智慧が智慧として無明の覆いを離れたとき、本来の大悲の働きが円かに実現してくるのです。その不思議な働きは凡夫には十分に理解できません。また仏の衆生救済の働きは、ありとあらゆるところに展開し、ありとあらゆる人々に働いていきますが、これがその働きですよ、と取り出せるものはありません。

それはなぜかというと、諸仏如来のいる覚りそのものの世界は、分別を離れた世界だからです。第一義諦は、世俗の真理である世俗諦に対するものです。だからそこには凡夫の分別でわかるような世界ではなく、限定されることもありません。その現に働いている主体そのものは、対象的にはとらえることはできないのです。

けれども、その働きがあるので、仏の力によって衆生は仏の姿などを見聞できて、そこで利益を得るので、用というわけです。たとえば、法身・報身・応身の三身説があります。このうち応身は、化身、変化身とも言いますが、衆生が仏の姿を見聞できるように、仏の側が衆生の心にその姿を描き出したものです。このような仏の力によって、衆生でも仏の働きを見聞できるのです。

相に関しては、本来は個々の限定から離れているけれども、迷いの世界と対比してその相を言うことができると説明していました。用も、それ自身は覚りの世界、第一義諦のためとらえることはできませんが、その働きを受けて実際に衆生が利益を得られるものと説明しています。

## 仏の身体――解釈分（19）

此《こ》の用《ゆう》に二種《にしゅ》有《あ》り。
云何《いかん》が二《ふたつ》と為《な》す。

一《ひとつ》には分別事識《ふんべつじしき》に依《よ》る。凡夫《ぼんぶ》・二乗《にじょう》の心《しん》の見《み》る所《ところ》の者《もの》を名《な》づけて応身《おうじん》と為《な》す。転識《てんじき》の現《げん》ずるを知《し》らざるを以《もっ》ての故《ゆえ》に、外《そと》より来《き》たると見《み》て色《しき》の分斉《ぶんざい》を取《と》りて尽《ことごと》く知《し》ること能《あた》わざるが故《ゆえ》に。二《ふたつ》には業識《ごっしき》に依《よ》る。謂《いわ》く諸《もろもろ》の菩薩《ぼさつ》の、初発意《しょほっち》より乃至《ないし》菩薩究竟地《ぼさつくきょうじ》の心《しん》の所見《しょけん》をば名《な》づけて報身《ほうじん》と為《な》す。身《しん》に無量《むりょう》の色有《しきあ》り。色《しき》に無量《むりょう》の相有《そうあ》り。相《そう》に無量《むりょう》の好有《こうあ》り。所住《しょじゅう》の依果《えか》にも亦《ま》た無《む》量《りょう》種種《しゅじゅ》の荘厳有《しょうごんあ》り。示現《じげん》する所《ところ》に随《したが》いて即《すなわ》ち辺有《へんあ》ること無《な》し。窮尽《ぐうじん》すべからず。分斉《ぶんざい》の相《そう》を離《はな》る。其《そ》の所応《しょおう》に随《したが》いて常《つね》に能《よ》く住持《じゅうじ》して毀《き》せず失《しっ》せず。是《かく》の如《ごと》きの功徳《くどく》は、皆《み》な諸《もろもろ》の波羅蜜等《はらみつとう》の無漏《むろ》の行熏《ぎょうくん》と、及《およ》び不思議熏《ふしぎくん》の成就《じょうじゅ》する所《ところ》に因《よ》りて、無量《むりょう》の楽相《らくそう》を具足《ぐそく》するが故《ゆえ》に説《と》きて報身《ほうじん》と為《な》す。又《ま》た凡夫《ぼんぶ》の所見《しょけん》と為《な》る者《もの》は是《こ》れ其《そ》の麁色《そじき》なり。六道《ろくどう》に随《したが》いて各《おのおの》見《み》ること同《おな》じからず。種種《しゅじゅ》の異《い》類《るい》に受楽《じゅらく》の相《そう》に非《あら》ざるが故《ゆえ》に説《と》きて応身《おうじん》と為《な》す。

## 報身と応身

この真如の用に二種類あると言います。第一は「応身」、第二は「報身」です。真如が衆生に働きかける熏習には自体相熏習と用熏習の二つがありました。自体相熏習も用の一つと考えられますが、本覚が自らを実現すると、その後、不思議業相の働きをします。そのときに相手に対して応身や報身となって働きます。これも真如の用です。同時に自分に対しては、他者が応身や報身として現れてきます。つまり真如の用には真如が自己に働きかけてくる働きと、他者として自分に働きかけてくる二面があります。ここでは、他者として現れてくる用について述べています。

一つ目は、分別事識によるものです。分別事識は、意識と同じで、粗い心の働きです。凡夫と二乗といったいまだ大乗の菩提心を起こしていない者に関わるものです。そういった者の心に現れる仏身を応身と呼んでいます。『起信論』では応身と言っていますが、一般には化身とも言います。訳者によっては、応身が報身の意味を持つ場合もあり、注意が必要です。ここでは粗い心に対するものですから、化身と同じ意味合いと思われます。

これは転識（一〇七頁参照）が現じた、つまり自分の心の中に現れた影像です。けれども、二乗や凡夫はそれがわからないので、外から来たものと見て、自分の外に仏がいるととらえます。感覚でとらえられるような仏と把握して、その本体や根拠が何か理解できないでいるわけです。応身は、本当は自分の心の根底の真如・本覚が他者においてその智慧を成就して、その智慧が自分の心に影像を描き出した仏身で、これも真如の用の一つです。

二つ目は業識（一〇七頁参照）によるものです。業識も迷いの心の一つですが、最も繊細な心です。大乗を修行していこうと覚悟を決めて菩提心を起こした菩薩は、非常に深い微細な心の中で仏を感知できるようになります。それを報身と名づけます。報身とは、修行の結果報われた身で、修行してその智慧が成就した、その智慧そのものに仏を見る場合に報身と言います。

その報身はどういうものかというと、仏の姿・形に無数の種類があると言っています。それに非常に妙なる姿・形があります。仏の勝れた姿・形の特徴として三十二相八十種好と言われるように、好はただの姿・形ではない、妙なる特徴です。また修行して仏に成れば国土を浄めて浄仏国土に住みますが、その仏国土は無数のものでさまざまに飾られていて、すばらしい世界を完成しています。『無量寿経』などでは極楽浄土の様子として、清らかで軽やかな音がしたり、きれいな水が流れ池があったりと具体的な浄土の姿が描かれています。このような妙なる世界に住んでいる仏の姿を見るのです。

そういった姿・形を見るけれども、そこには限界がありません。広大無辺なのです。究め尽くすことができないもので、凡夫が見るようなかたちで理解できるものでもありません。そして、衆生救済の働きの目的のために、一定期間常に存在し続けて、壊れることもなくなることもありません。

これらの功徳は、覚り（無漏）を踏まえた諸の修行による熏習と、他者としての仏が自己へ働きかける熏習とによって成就したものです。仏は宗教的な意味での苦しみをすべて離れているので、無量の楽を具えています。それは修行の結果、報われたものですから、報身とするのです。

真如の用が仏身として描かれる点は、『起信論』の非常に興味深いところです。あらゆる仏が実は自己の心源、真如の働きであるということになります。それがお互いに縁となって働き、各自の因を育てているのです。内側から働きかけられ、他者を通じて働きかけられているわけで、無限の縁起の結節点に個々の自己があるというような世界観にまで展開していくことでしょう。

応身の方は、凡夫に見られるもので、それは粗い感覚の対象で妙なるものではありません。そのため、「六道」（地獄・餓鬼・畜生・修羅・人間・天上）のそれぞれの境界に随って、それぞれ見るものが違うと、さまざまな異なった種類が生じるのです。私たちは仏像や仏画のイメージで仏を見ていますが、天の神や修羅はまったく違うイメージで見ているかもしれません。また仏でも、その人に応じて不動明王のような忿怒《ふんぬ》の姿を現すこともあります。このように見るものに応じてさまざまな姿・形になるのです。ですから、穏やかな功徳（受楽の相）を具えた仏として現れるとは限りません。相手に応じて現れるので、「説きて応身と為す」わけです。

復《ま》た次《つぎ》に初発意《しょほっち》の菩薩等《ぼさつとう》の所見《しょけん》は、深《ふか》く真如《しんにょ》の法《ほう》を信《しん》ずるを以《もっ》ての故《ゆえ》に少分《しょうぶん》に而《しか》も見《み》、彼《か》の色《しき》相荘厳等《そうしょうごんとう》の事《じ》は来無《らいな》く去無《こな》く分斉《ぶんざい》を離《はな》れ、唯《た》だ心《しん》に依《よ》りて現《げん》じて真如《しんにょ》を離《はな》れずと知《し》る。然《しか》るに此《こ》の菩薩《ぼさつ》は猶《なお》し自《みずか》ら分別《ふんべつ》して未《いま》だ法身《ほっしん》の位《くらい》に入《い》らざるを以《もっ》ての故《ゆえ》に。若《も》し浄心《じょうしん》を得《う》れば所見微妙《しょけんみみょう》にして其《そ》の用転《ゆううた》た勝《まさ》るなり。乃至菩薩地尽《ないしぼさつじじん》に之《これ》を見《み》ること究竟《くきょう》す。若《も》し業識《ごっしき》を離《はな》れぬれば則《すなわ》ち見相無《けんそうな》し。諸仏《しょぶつ》の法身《ほっしん》は彼此《ひし》の色相迭《しきそうたがい》に相《あ》い見《み》ること有《あ》ること無《な》きを以《もっ》ての故《ゆえ》に。

次に報身についてですが、無分別の覚りの智慧をまだ開いていない初発意の菩薩は、仏を直接見ることはできません。しかし、凡夫や二乗と違って真如の存在を知り信じていますので、その報身を部分的に、限定されたかたちで見ることはできます。その報身の姿・形や荘厳は無量であると述べていましたが、それらは生じることや分別を離れた、不生不滅の真如そのものの世界です。それを微細な業識がとらえたときに、なんらかの姿・形として色相として現れますが、それは真如そのものなのです。深い微細な心の働きで真如そのものをとらえるのですが、まだ分別が働くので、なんらかの姿・形としてとらえてしまうのです。

禅宗ではよく坐禅しているさなかに、仏や観音が現れたりして、それに取りつくと大変なことになる、それは魔境であると言って、そういうものにとらわれないで坐り抜けというようなことを言います。これは、無分別智を初めて実現して真如を証する段階の法身位の菩薩とは違って、分別が働いてしまうからなのです。

もし無分別智を実現して真如を証することが実現した場合は、その見る姿・形はすばらしい妙なるものであって、その報身が自分を導く働きもより勝れたものになっていきます。そして、菩薩の修行がすべて終わり十地の究極（菩薩地尽）まで進んだならば、迷いの心を離れて仏身をそのままとらえ証することができるようになります。仏身は施作つまりは分別を離れていてとらえられるものではありません。応身・報身はあくまでも迷いの中にあるときに私たちに現れるものなのです。

そのため、修行が完成して迷いの心がなくなったときは、現れる相もなくなります。法身は、自己や他者の何らかの色相をお互いに認め合うことがないからです。智慧そのものであるから、そこに対象的に認識されるような色心はないということでしょう。

自分が仏に成ったときは、応身・報身というかたちの他者を認めず、それぞれが法身そのものとして不思議業を働きます。主体そのものですから、分別して限定的にとらえることはできませんし、対象として仏を見ることはなくなるのです。このように『起信論』では、法身・報身・応身の三身説を用いて、報身も迷いの心の中に現れた影像として説いています。しかし、唯識の法身・報身・化身の三身説では、報身は四つの智慧です。大円鏡智・平等性智・妙観察智・成所作智の四つが智慧として働いているのが、報身です。唯識の報身は受用身とも言われ、それに自受用身と他受用身を分けて説いたりしますが、その他受用身は、覚りの智慧を開いた者にしか現れません。『起信論』と唯識ではこういった違いがあります。

問《と》うて曰《いわ》く、若《も》し諸仏《しょぶつ》の法身《ほっしん》は色相《しきそう》を離《はな》るというは、云何《いかん》ぞ能《よ》く色相《しきそう》を現《げん》ずるや。

答《こた》えて曰《いわ》く、即《すなわ》ち此《こ》の法身《ほっしん》は是《こ》れ色《しき》の体《たい》なるが故《ゆえ》に能《よ》く色《しき》を現《げん》ず。所謂《いわゆる》本《も》とより已来《このかたしき》色・心不二《しんふに》なり。色性即智《しきしょうそくち》なるを以《もっ》ての故《ゆえ》に色体無形《しきたいむぎょう》を説《と》きて智身《ちしん》と名《な》づく。智性即色《ちしょうそくしき》なるを以《もっ》ての故《ゆえ》に説《と》きて法身《ほっしん》いい一切処《いっさいしょ》に徧《へん》ずと名《な》づく。所現《しょげん》の色《しき》に分斉《ぶんざい》有《あ》ること無《な》く、心《しん》に随《したが》いて能《よ》く十方世界《じっぽうせかい》無量《むりょう》の菩薩《ぼさつ》・無量《むりょう》の報身《ほうじん》・無量《むりょう》の荘厳《しょうごん》各各差別《おのおのしゃべつ》して皆《み》な分斉《ぶんざい》無《な》く而《しか》も相《あ》い妨《さまた》げざることを示《しめ》す。此《こ》れは心識分別《しんしきふんべつ》の能《よ》く知《し》るに非《あら》ず、真如自在《しんにょじざい》の用《ゆう》の義《ぎ》なるを以《もっ》ての故《ゆえ》に。

### 質疑応答

続いて、本来諸仏は法身で色相を離れているのに、どうして色となって現れるのかという質問になります。それに対して、法身は智慧そのものであって、さまざまな働きをすることができるから、色を描き出すことができるのだと答えています。

本来、色と心は別々の分けられるものではありません。唯識の仏身論では、報身は妙なる色身を持っています。阿頼耶識が大円鏡智に変わっても、その中に維持されている身体と浄土はあります。そのため、色心もあるはずですが、それは大円鏡智そのものの世界ですから、無にして有であり、智慧にしてさまざまなかたちで働いていくわけです。

仏身は自由自在に色となって活動していますが、凡夫がとらえられるような限定されたものではありません。けれども、苦しんでいる衆生を救済したいという心に随って、他者に対して菩薩の姿や報身の仏の姿を仏国土とともに現し出すのです。報身も無分別智を証して修行している衆生の境界に応じて姿を現しますので、応身・報身それぞれの働きの違いがありますが、ともに智慧の働きであって実在するものがあるわけではありません。そうして、自由自在に他者を導く働きをなしています。

これは凡夫の理解できるところではないから、私たちが推察しても困難なものです。真如は自由自在にそうやって働いているのです。

『起信論』では独特の仏身論を説いて、自己と他者とは真如は一つだけれども、同時に自・他は別であって、それぞれ個々の主体としてその根底の真如がお互いに育て合っている世界を説いています。そのことを私たちに自覚できないわけは、前に述べていたとおり、私たちの無明・煩悩が厚いせいなのです。

## 迷いの世界から真理の世界へ――解釈分（20）

復《ま》た次《つぎ》に生滅門《しょうめつもん》より即《すなわ》ち真如門《しんにょもん》に入《い》ることを顕示《けんじ》す。所謂《いわゆる》五陰《ごおん》を推求《すいぐ》するに色《しき》と心《しん》となり。六塵《ろくじん》の境界《きょうがい》は畢竟《ひっきょう》じて無念《むねん》なり。心《しん》に形相《ぎょうそう》無《な》く十方《じっぽう》に之《これ》を求《もと》むるに終《つい》に不可得《ふかとく》なるを以《もっ》てなり。人《ひと》の迷《まよ》うが故《ゆえ》に東《ひがし》を謂《おも》うて西《にし》と為《な》せども、方《ほう》は実《じつ》に転《てん》ぜざるが如《ごと》く、衆生《しゅじょう》も亦《ま》た爾《しか》り、無《む》明《みょう》の迷《めい》の故《ゆえ》に心《こころ》を謂《おも》うて念《ねん》と為《な》せども、心《こころ》は実《じつ》に動《どう》ぜず。若《も》し能《よ》く観察《かんざつ》して心《しん》は無念《むねん》なりと知《し》れば、即《すなわ》ち随順《ずいじゅん》して真如門《しんにょもん》に入《い》ることを得《う》るが故《ゆえ》に。

私たちのふだんの日常の心である衆生心には、本質・本性の面である真如門と現象面である生滅門の二側面がありました。『起信論』では仏道修行を生滅門から真如門に入るというかたちで、分別している迷いの世界から心がそのままとしてあって働いている世界に入るところでとらえています。そのため、ここでは生滅門から真如門に入ること、迷いの世界から覚りの世界に入ることの説明がなされます。生滅門から真如門に入ることが、「顕示正義」の最後に置かれていることは、ここが一番のポイントだということでしょう。

「五陰（五蘊）」とは色《しき》・受《じゅ》・想《そう》・行《ぎょう》・識《しき》です。この言葉は『般若心経』にも「色即是空《しきそくぜくう》、空即是色《くうそくぜしき》、受想行識《じゅそうぎょうしき》、亦復如是《やくぶにょぜ》……」と出てきます。最初の「色」は物質的な存在、自己でいえば身体ということになります。「受」は感受する心で、苦しいとか楽しいなどの感情です。「想」は取像といって像を取る働き、認知の働きです。「行」は単純に言うと意志にあたります。「識」は推理や判断などの知性です。仏教では心を一つのものとは見ません。いろいろな心があって、それがいろいろな因縁によって仮に和合して相続していくと考えます。そういった五陰はあるけれども、常住・不変の主宰者のような自己の存在（アートマン）は存在しないというのが、五陰無我の思想です。

小乗では無我だけを説いて五陰の方はあまり詳しく説明していません。説一切有部では三世実有のダルマといって五陰が過去にも未来にも存在し続けると考えます。大乗では、そういう五陰の物質的なものも精神的なものも空であり、自性を持たないと説きます。「一切法空」であって、我執と法執の両方を滅し、涅槃と菩提を実現することを目指します。そのため、「五陰を推求する」とは、自己という存在と世界とを尋ねることにもなります。自己だけでなく世界も物質的なものと精神的なものとから成り立つと見れば、世界も五陰から成り立つと言えるからです。

そうすると、受想行識は心の世界ですから、世界は物質的なものである色と精神的なものの心にまとめることができます。色法については、六塵で説明しています。六塵とは色《しき》・声《しょう》・香《こう》・味《み》・触《そく》・法《ほう》で、感覚・知覚器官である眼・耳・鼻・舌・身・意に対する六つの感覚対象です。ここでは五感に意識の対象である法も加えて、六塵という対象世界に現れたものは、心が描き出したものですから対象的にとらえられるものではないので、念ではない（無念）と言っています。

心には色も形もないので、どこに心を求めても、結局とらえられるものではありません。菩提達磨《ぼだいだるま》の弟子で禅宗の二祖・慧可《えか》が、心が不安なので「どうか安らぎをもたらしてください」と達磨に頼みました。達磨が「それでは、心はどこにあるのか、出してみよ」と問うと、慧可は「求めてもとらえることはできませんでした（求むるに遂に不可得）」と答えました。すると達磨は「汝、安心し了《おわ》れり」と言ったという問答が残っています。心はとらえようとする側にありますので、それを対象的にとらえることはできません。心だけでなくすべてが対象的にはとらえられないと深く了解して、対象的な分別から離れていくのですが、それは主体が主体のままにその世界に随順していくことで、最終的には本来の真如そのものに到達することになるのです。

それを方角に迷う喩えで説明しています。人が迷って東の方角を誤って西と思っても、東であることは変わりません。それと同じく、衆生も無明・煩悩が真如そのものに働くことによって生死輪廻《しょうじりんね》の世界に入っていきます。そのためにさまざまに分別したりして、そこに心があると思うようになりますが、本当の心は実はそうではありません。心は実体もなく空性にして不生不滅です。物質的なものは心が描き出しただけで対象的に存在する実体はなく、心そのものも対象的にとらえられるものではありません。そういった空・無自性・寂静という本来のあり方にあるので、空の教えに基づきながら観察して、心は本来対象的にとらえられないもの、とらえようとするのは迷いの働きであると知るならば、本来の心そのものの働きに随っていって真如門に入り、覚りを実現することができるのです。

ここでも念という対象的な分別を離れていくことが説かれています。

# 第六章　誤りを正し、覚りの道へ進む――正宗分（四）

## 誤った考えを正す――解釈分（21）

対治邪執《たいじじゃしゅう》というは、一切《いっさい》の邪執《じゃしゅう》は皆《み》な我見《がけん》に依《よ》る。若《も》し我《が》を離《はな》れぬれば則《すなわ》ち邪執無《じゃしゅうな》し。
是《こ》の我見《がけん》に二種有《にしゅあ》り。
云何《いかん》が二《ふたつ》と為《な》す。
一《ひとつ》には人我見《にんがけん》、二《ふたつ》には法我見《ほうがけん》なり。

続いて「対治邪執」に入ります。邪執というのは我見であると説明しています。我見には我執である人我見と法執である法我見の二つがあります。対治すべき誤った執着、間違った執着とは、すべて実体視によるものです。唯識は、中国・日本では法相宗《ほっそうしゅう》と言って、五位百法という、世界の構成要素を百に分けた分類を説きます。そこには、八つの心王（眼識・耳識・鼻識・舌識・身識・意識・末那識・阿頼耶識）と、それと一緒になって働く個々の心としての心所有法（心王に所有される法、心王と一緒になって働く個々の心、略して心所）が分析されます。大きなグループ分けに遍行・別境・善・煩悩・随煩悩・不定があり、煩悩・随煩悩の心について詳しく分析されています。煩悩は貪《とん》（むさぼり）・瞋《しん》（いかり）・癡《ち》（愚かさ）・慢《まん》（慢心）・疑《ぎ》（仏教教理への疑い）・悪見《あくけん》（悪しき見解）で、特に貪・瞋・癡を三毒と言います。最後の悪見を開くと、さらに五つあります。薩伽耶見《さつがやけん》・辺執見《へんじっけん》［辺見］（極端を執する）、邪見《じゃけん》（ありとあらゆる誤った見解）、見取（自分の見解に執着する）、戒禁取《かいごんしゅ》（仏教以外の戒律で解脱できると執着する）です。このうち最初の薩伽耶見が、我見にあたります。唯識でもこの我見には我執と法執の両方を含んでいます。我執という主体に対する執着の前提として、ものに実体があるという法執があります。その法執をふまえ、主体的な作用あるものとしての自己という存在を認め、我執が出てくるという関係です。というわけで、常住の実体があるという見解やそれに対する執着がなければ邪執はないのです。

## 常住と見る二つの見解——解釈分（22）

**人我見《にんがけん》というは、諸《もろもろ》の凡夫《ぼんぶ》に依《よ》りて説《と》くに五種《ごしゅ》有《あ》り。**

云何《いかん》が五《いつつ》と為《な》す。

一《ひとつ》には修多羅《しゅたら》に「如来《にょらい》の法身《ほっしん》は畢竟《ひっきょう》寂寞《じゃくまく》なること猶《なお》し虚空《こくう》の如《ごと》し」と説《と》くを聞《き》きて著《じゃく》を破《は》さんが為《ため》と知《し》らざるを以《もっ》ての故《ゆえ》に、即《すなわ》ち虚空《こくう》は是《こ》れ如来《にょらい》の性《しょう》なりと謂《おも》えり。

云何《いかん》が対治《たいじ》せん。

虚空《こくう》の相《そう》は是《こ》れ其《そ》の妄法《もうぼう》なり、体《たい》いい無《む》にして不実《ふじつ》なりと明《あ》かす。色《しき》に対《たい》するを以《もっ》ての故《ゆえ》に有《あ》り。是《こ》れ可見《かけん》の相《そう》にして心《しん》をして生滅《しょうめつ》せしむ。一切《いっさい》の色法《しきほう》は本来《ほんらい》是《こ》れ心《しん》なるを以《もっ》て実《じつ》に外色《げしき》無《な》し。若《も》し色《しき》無《な》ければ則《すなわ》ち虚空《こくう》の相《そう》も無《な》し。所謂《いわゆる》一切《いっさい》の境界《きょうがい》は唯心《ゆいしん》にして妄《みだ》りに起《おこ》るが故《ゆえ》に有《あ》り。若《も》し心《しん》いい妄動《もうどう》を離《はな》れぬれば則《すなわ》ち一切《いっさい》の境界滅《きょうがいめつ》す。唯《た》だ一《いっ》の真心《しんじん》にして偏《へん》せざる所無《ところな》し。此《こ》れを如来広大性智究竟《にょらいこうだいしょうちくきょう》の義《ぎ》と謂《い》う。虚空《こくう》の相《そう》の如《ごと》くに非《あら》ざるが故《ゆえ》に。

二《ふたつ》には修多羅《しゅたら》に「世間《せけん》の諸法《しょほう》は畢竟体空《ひっきょうたいくう》なり、乃至涅槃《ないしねはん》・真如《しんにょ》の法《ほう》も亦《ま》た畢竟空《ひっきょうくう》なり、本《も》とより来《このかた》自《おのずか》ら空《くう》にして一切《いっさい》の相《そう》を離《はな》れたり」と説《と》くを聞《き》きて、著《じゃく》を破《は》さんが為《ため》と知《し》らざるを以《もっ》ての故《ゆえ》に、即《すなわ》ち真如《しんにょ》・涅槃《ねはん》の性《しょう》は唯《た》だ是《こ》れ其《そ》れ空《くう》なりと謂《おも》えり。

云何《いかん》が対治《たいじ》せん。

真如法身《しんにょほっしん》は自体不空《じたいふくう》にして無量《むりょう》の性功徳《しょうくどく》を具足《ぐそく》すと明《あ》かすが故《ゆえ》に。

三《みっつ》には修多羅《しゅたら》に「如来《にょらい》の蔵《ぞう》は増減《ぞうげん》有《あ》ること無《な》し、体《たい》に一切功徳《いっさいくどく》の法《ほう》を備《そな》う」と説《と》くを聞《き》きて、解《げ》せざるを以《もっ》ての故《ゆえ》に、即《すなわ》ち如来《にょらい》の蔵《ぞう》に色《しき》・心《しん》の法《ほう》の自相差別《じそうしゃべつ》有《あ》りと謂《おも》えり。

云何《いかん》が対治《たいじ》せん。

唯《た》だ真如《しんにょ》の義《ぎ》に依《よ》りて説《と》くを以《もっ》ての故《ゆえ》に。生滅《しょうめつ》の染《ぜん》の義《ぎ》に因《よ》りて示現《じげん》するを差別《しゃべつ》と説《と》くが故《ゆえ》に。

四《よつ》には修多羅《しゅたら》に「一切《いっさい》の世間《せけん》の生死《しょうじ》の染法《ぜんぽう》は皆《みな》如来蔵《にょらいぞう》に依《よ》りて有《あ》り、一切《いっさい》の諸法《しょほう》は真如《しんにょ》を離《はな》れず」と説《と》くを聞《き》きて、解《げ》せざるを以《もっ》ての故《ゆえ》に如来蔵《にょらいぞう》の自体《じたい》に具《つぶ》さに一切世間《いっさいせけん》の生死等《しょうじとう》の法《ほう》有《あ》りと謂《おも》えり。

云何《いかん》が対治《たいじ》せん。

如来蔵《にょらいぞう》は本《も》とより已来《このかた》唯《た》だ過恒沙等《かごうしゃとう》の諸《もろもろ》の浄功徳《じょうくどく》の不離《ふり》・不断《ふだん》・不異《ふい》の真如《しんにょ》の義《ぎ》有《あ》るを以《もっ》ての故《ゆえ》に。過恒沙等《かごうしゃとう》の煩悩《ぼんのう》の染法《ぜんぽう》は唯《た》だ是《こ》れ妄有《もうう》にして性《しょう》自《おのずか》ら本無《ほんむ》なり、無始《むし》の世《せ》より来《このかた》未《いま》だ曾《かつ》て如来蔵《にょらいぞう》と相応《そうおう》せざるを以《もっ》ての故《ゆえ》に。若《も》し如来蔵《にょらいぞう》の体《たい》に妄法《もうぼう》有《あ》りて証会《しょうえ》せしめて永《なが》く妄《もう》を息《や》めば則《すなわ》ち是《こ》の処《ことわり》有《あ》ること無《な》し。

五《いつつ》には修多羅《しゅたら》に「如来蔵《にょらいぞう》に依《よ》るが故《ゆえ》に生死《しょうじ》有《あ》り、如来蔵《にょらいぞう》に依《よ》るが故《ゆえ》に涅槃《ねはん》を得《う》」と説《と》くを聞《き》きて、解《げ》せざるを以《もっ》ての故《ゆえ》に、衆生《しゅじょう》に始有《はじめあ》りと謂《おも》えり。始《はじめ》を見《み》るを以《もっ》ての故《ゆえ》に復《ま》た如来所得《にょらいしょとく》の涅槃《ねはん》も其《そ》の終尽《しゅうじん》有《あ》りて還《かえっ》て衆生《しゅじょう》と作《な》ると謂《おも》えり。

云何《いかん》が対治《たいじ》せん。

如来蔵《にょらいぞう》は前際無《ぜんさいな》きを以《もっ》ての故《ゆえ》に、無明《むみょう》の相《そう》も亦《ま》た始有《はじめあ》ること無《な》し。若《も》し「三界《さんがい》の外《そと》に更《さら》に衆生《しゅじょう》有《あ》りて始《はじ》めて起《おこ》る」と説《と》かば、即《すなわ》ち是《こ》れ外道経《げどうきょう》の説《せつ》なり。又《ま》た如来蔵《にょらいぞう》は後際有《ごさいあ》ること無《な》ければ、諸仏所得《しょぶつしょとく》の涅槃《ねはん》も之《これ》と相応《そうおう》して則《すなわ》ち後際無《ごさいな》きが故《ゆえ》に。

法我見《ほうがけん》というは、二乗《にじょう》の鈍根《どんこん》に依《よ》るが故《ゆえ》に。

如来《にょらい》但《た》だ為《ため》に人無我《にんむが》を説《と》きたもう。説究竟《せつくきょう》せざるを以《もっ》て五陰生滅《ごおんしょうめつ》の法有《ほうあ》りと見《み》て、生死《しょうじ》を怖畏《ふい》して妄《みだ》りに涅槃《ねはん》を取《と》る。

云何《いかん》が対治《たいじ》せん。

五陰《ごおん》の法《ほう》は自性不生《じしょうふしょう》なるを以《もっ》て則《すなわ》ち滅有《めつあ》ること無《な》し。本来涅槃《ほんらいねはん》なるが故《ゆえ》に。

人我見は凡夫が対象です。つまり『起信論』では、凡夫の執着の内容が人我見なのです。それに対して、法我見は後で触れますように、二乗の鈍根の執着に相当します。ですから通常の人我・法我の用法とはまったく異なっています。

①法身を虚空ととらえる誤り

人我見を五つに分類しています。一番目が、経典（修多羅）に「法身が虚空と同じようである」と説いているのを聞いて誤解する人我見です。法身は仏をその本性そのものにおいてとらえたもので、空性であり真如そのものです。法身は空性そのものですから、姿・形を持たない世界です。そこで、究極的には寂静で分別を離れています。私たちが対象的にとらえる手段から離れているので、「寂寞」と言っています。経典では、それは私たちがふだん見聞きしている空間、虚空と同じようなものだと言っています。しかし、如来は言語・分別を離れているものなのであり、それを凡夫が何かに見なして執着することをやめさせるために虚空と同じだと経典では説いているのに、凡夫はそれを聞いて、物理的な虚空のようなものを心に思い浮かべて、それを如来だと思ってしまう、虚空が如来の本性と思ってしまうのです。

これをどう対治するかというと、虚空という心に思い浮かべたものは意識の中で分別された影像に過ぎない妄法であって、実際に虚空というものがあるわけではない。何か姿・形があるものがあるので、それに対してそういうものがない空間が想定されているだけである。そもそも空間の前提となっている姿・形あるもの自体、影像が心の中にそのつど現れては消えていくもので、実体として存在しないものなのだ。だから、ものがなければ、それを入れる空間も実体としてあるわけではない、と理解して治します。

それをさらに説明しています。対象世界は、無明・煩悩の影響で迷いの認識にあり、その中で心が起きて種々の世界を描いているだけである。心が対象的に何かをとらえていくこと、対象的に実体視することを離れるときは、対象的に把握しているものはなくなり、いのちのおのずからの展開の中にそのものが息づいている世界、平等一如の無分別で、ありとあらゆるものをそのままに知る世界が展開していくと説明しています。これは、本来仏に具わっていた広大な智慧そのものの世界でもあるということです。そのため、イメージの中で描かれた空間というようなものが仏であるという理解は間違っていることになります。

### ②涅槃・真如は何もないと否定的にとらえる誤り

二番目は、経典に「世間の諸法、物質から精神的なものまで含む現象世界のすべての存在は、常住なる本体を持たない、空である。さらには世間を超えた出世間の、覚りの世界の涅槃や真如もまた空であって、実際はおのずから空であるからあらゆるとらえられるものはない」と説いているのを聞いて、対象的に執着する心を離れさせるために空と言っているにもかかわらず、真如・涅槃の本性はなにもないとまったくネガティブに判断してしまう誤りです。

それに対して、どのように対治するかと言うと、真如法身の本性は空ではあるけれども、たんなる空ではないという意味では不空であり、本《もと》より具わっている無量の功徳を具足していることを明かして治します。この功徳は、体相用の三大でいうと、相にあたります。相大については前に（四六頁）、あくまで空性だけれども、その中にも善い性質、功徳が具わっていることが説明されていました。

### ③如来蔵に自相・差別があると思う誤り

三番目は、経典に「如来蔵は不生不滅で増減することはないけれども、そこにあらゆる功徳を具えている」と説いているのを聞いて、真如の世界でもある如来蔵には色法と心法の自相と差別があると思う誤りです。自相とはそれそのもののことです。たとえば、倚子なら倚子、机ならば机のことで、差別はその違い、四角いとか丸いとかの違いです。言い換えれば、主語を限定する述語を伴う判断です。松は青いと限定すると、青くない色から区別されますが、その違いが差別の世界です。ですから、色と心の自相と差別とがあるとは、色法であれ心法であれ、それぞれ固有の異なる多彩なもの、現象的なものが真如の中にも存在していると思ってしまうことです。しかし、前に真如の功徳は、凡夫の見方や見解に対応して光明の義や清浄の義が出てくると説明していました。真如そのものは一つですので、別に異なるものがいろいろとあるわけではありません。

その誤った考えをどうやって対治するかというと、一切の功徳の法を具えるといっても、あくまでも空性、平等一味の本性に基づいているのであって、何か個別のものが存在しているわけではない。仮に真如にさまざまな功徳があると違いを説く場合は、それは生滅門で説かれる不覚つまり迷いの分別に対応して示すために、そういった違いを説くからなのだと明かして治します。つまり、私たちの迷いのさまざまな認識に対して現じたところを別々に説いているから、いろいろなものがあるように説かれるだけで、本来はそのような固有の区別、常住なるさまざまなものがそこにあるわけではないという意味です。

④如来蔵に現象そのものが具わっていると思う誤り

四番目に、経典に「生死輪廻しそこに展開する無明・煩悩の迷いの世界は、みな如来蔵によってあるので、一切の諸法は真如を離れない」と説くのを聞いて、如来蔵そのものの中に生死輪廻の要因とか、現象そのものが具わっていると思ってしまう誤りです。如来蔵と真如がここでは一つのものとして考えられています。如来蔵に生死輪廻の世界のあらゆるものがあってそこから顕現してくるわけではなくて、無明が如来蔵に働きかけることによって生死輪廻が展開していくことを「依りて有」ると言っていると考えられます。

それをどのように対治するかというと、如来蔵には、本来ガンジス河の砂の数を超えるほど無量の浄らかな功徳しかなく、真如に離れず分けられず異ならないと明かすことによって治します。要するに如来蔵は清浄な世界でしかありませんし、如来蔵の中に無明を内在していることはないということです。

これら無数の煩悩の迷いの世界は虚妄なる存在にすぎないのであって、本質的に存在するものではありません。始まりもわからないほど以前より、迷いの世界である無明・煩悩が清浄なる覚りの智慧である真如そのものと一つになることは、いまだかつてないのです。

修行が進んで最終的に覚りを開いて永遠に無明・煩悩を断つと、如来蔵の体に迷いの世界があるという見解が間違いであると気づきます。

⑤如来蔵から生死・涅槃が生まれると思う誤り

五番目は、経典に「如来蔵によって生死や涅槃がある」と説くのを聞いて、如来蔵という基盤があって、あるときそこから衆生が生まれて終わると思う誤りです。如来蔵の中に衆生の始まりを見るので、その終わりもあると思い、如来の到達した涅槃も衆生が修行して得た結果であるけれども、それもいつかはやんで、如来蔵だけの世界にいったん戻って、また時間が経つと衆生が生まれることを繰り返すと思う人がいるのです。

それをどうやって対治するかというと、そもそも如来蔵には過去いつから始まったととらえることができないので、無明の始まりもないと明かして治します。おそらく時間を直線上に考えて過去に遡るかたちでつかもうとしても、時間はとらえることはできないという考えも背後にあるのだと思います。もともと『起信論』では「忽然念起」と始めがとらえられないかたちで、念という対象的な分別が起きてくると説きます。念起には無明が介在しますので、その無明の始まりもわからない、だから衆生の始まりもわからないという流れです。

もし「欲界・色界・無色界の三界の外に、初めて衆生が存在し始めた」と説くならば、そういうのは外道の教説であると言っています。三界は迷いの世界、私たちが生死輪廻する世界です。そういった生死輪廻を超えた別のところに何か始まりがあると考えるのは、仏教の正しい見方ではありませんよ、ということです。

また如来蔵には終わり（後際）もありません。したがって、涅槃が如来蔵そのものであり、修行して真如そのものである涅槃を実現するならば、如来蔵に終わりがないので、涅槃にも終わりがなくなるわけです。大乗仏教では生死輪廻を前提として、その始めや終わりは言いません。私たちが修行して仏になったら未来永劫、人々を救済していくのです。だから、三世にわたって十方のあらゆるところに諸仏がいることになるのです。

法我見

次は法我見です。これは声聞乗・縁覚乗といった仏教を少し学び始めた人が持つ間違った見解です。小乗仏教ではアートマンの空しか説きません。特に説一切有部は「三世実有《さんぜじつう》、法体恒有《ほったいごうう》」と見ていました。一般に我執を断つと生死輪廻が止んで涅槃を実現しますが、ものに対する執着がまだ残っているのが、小乗の世界です。大乗では諸法空ということも見つめ自覚して、法執も断じていきます。法執を断じると智慧が生まれます。智慧としての自己を実現していくと、生死を離れた涅槃に入るだけではなく、生死のただ中で活動して、しかも生死にとらわれない世界が実現してきます。その生死にも涅槃にも住さず、生死のただ中で活動しそこに涅槃を見出すのが、無住処涅槃《むじゅうしょねはん》です。これは法も空であることを覚ることで到達できる世界です。

そのため、人無我だけの教えは究極の教えではありません。しかし、小乗仏教の人は現象として変化する色・受・想・行・識の五陰の本体があると見て、それを恐れて間違って生死を離れたところに涅槃を見るようになります。生死を恐れそれから逃れることだけを求めるようになると、生死輪廻の世界にとらわれず自由自在に入りこむことができないわけです。生死を相対的な世界、涅槃を絶対的な世界と見ると、この場合はまだ相対に対する絶対で、その絶対はまだ相対的なものです。相対のただ中に絶対を見るときに、本当の絶対を見ることになります。しかし、小乗仏教の人々は、自分の過去世の行為＝業による苦しみから、この生死輪廻から逃れることだけを考えているので、自分の苦しみさえ逃れられればよいのだという段階にとどまっていると言えます。

それをどのように対治するかというと、五陰の法の自性は不生、空・無自性であるから、生まれたとも言えませんし、生まれなければ滅することもないと明かして治します。諸法の空性は真如ですから、その諸法のただ中に涅槃を見出していって、大乗の道に入っていくのです。

## 執着を離れる究極の方法――解釈分（23）

復《ま》た次《つぎ》に、究竟《くきょう》じて妄執《もうしゅう》を離《はな》れぬれば、当《まさ》に知《し》るべし、染法《ぜんぽう》・浄法《じょうほう》皆《み》な悉《ことごと》く相待《そうたい》して自相《じそう》の説《と》くべき有《あ》ること無《な》し。是《こ》の故《ゆえ》に一切《いっさい》の法《ほう》は本《も》とより已来《このかた》、色《しき》に非《あら》ず心《しん》に非《あら》ず智《ち》に非《あら》ず識《しき》に非《あら》ず有《う》に非《あら》ず無《む》に非《あら》ず、畢竟《ひっきょう》じて不可説《ふかせつ》の相《そう》なり。而《しか》れども言説《ごんぜつ》有《あ》るは、当《まさ》に知《し》るべし、如来《にょらい》の善巧方便《ぜんぎょうほうべん》をもて仮《かり》に言説《ごんぜつ》を以《もっ》て衆生《しゅじょう》を引導《いんどう》したもう。其《そ》の旨趣《ししゅ》は皆《み》な念《ねん》を離《はな》れて真如《しんにょ》に帰《き》せんが為《ため》なり。一切《いっさい》の法《ほう》を念《ねん》ずれば心《しん》をして生滅《しょうめつ》して実智《じっち》に入《い》らざらしむるを以《もっ》ての故《ゆえ》に。

究極的に誤った執着を離れる方法についての説明です。染法とは無明・煩悩がまとわりついた心識のさまざまな働きを法としてとらえたものです。無明・煩悩も唯識では心所有法というダルマです。『起信論』ではそこまで詳しくは分類していませんが、迷いの中に生きているさ中に成立しているさまざまなあり方を染法と言っています。浄法は智慧や真如・涅槃などのことです。智慧は唯識では、大円鏡智・平等性智・妙観察智・成所作智の四つを言います。『起信論』では浄法として、本覚や、智慧の洞察が体証する対象でもある真如、その性質としての空性、そして涅槃のことを言っています。本覚の場合は、理智不二、つまり真如と智慧は不可分です。智慧そのものがそのまま真如であり、真如がそのまま智慧であるような、凡夫にはわからない世界が浄法なのです。

言語・分別で区分けしてとらえるから染法と浄法という相対的な区別が出てきますが、染法自体が常住の本体を持つものとして存在しているわけではありません。また浄法も同じく常住の本体は持っていません。それそのものをそのままに体証すると、言語による区別も対象的にとらえられたものもなく、固定的に説かれるべきものもなくなるということです。

したがって浄法といっても、本来物質的なものとも言えないし、心とも言えません。『起信論』では衆生心である一心の中に世界が展開してくるわけですが、分別して区分けしていく見方を離れると、心そのものは心とも言えなくなるわけです。主体的に働いている自己は固定した自己としてとらえることはできません。ただ働きのみなのです。また、悟りの智慧でもなければ、迷いの活動である分別する識でもありません。さらに有でもないし無でもないのです。要するに対象的に分別してとらえるという立場を離れたところに、それそのものの真実があるわけで、「柳は緑、花は紅」や「清風明月」というような境地を指しているのでしょう。

けれども今まで『起信論』では心に真如門・生滅門があって体相用があると言葉で説明してきまし

た。本来説けないものが真理であるのに、どうして言葉によっていろいろと説くのかという疑問が生じます。それに対して、仏が衆生を導くために、本来説けないところをあえて説いて、仮に言葉によって導いているのだ、と説明しています。ですから、言葉は否定されますよと述べたり、不可説だと説いていること自体が、仮に導くためなのです。

その目指すところは、人々に対して念を離れて、真如に帰させるためなのです。この念は前と同じく、対象的に分別する心の働きです。真如は空性と同じで、空性は現象世界とは別に存在しているわけではありません。諸法の本性である法性は、いろいろな法を離れて存在するわけではないように、空性も真如も独自に存在しているわけではありません。それらはみなただちに現象そのものなのです。「真如に帰す」とは、何か虚空のような世界に入り込むということではなくて、雀はちゅんちゅん、烏はカーカー、柳は緑、花は紅という世界がそのままに現前することだと思います。

教理の説明として聞くと、何か現象を離れた世界に入るように思うかもしれません。唯識でも、まずは無分別智によって真如を証すると言います。この世界は、無分別の世界であり、空性そのものを体得するかのようですが、ただちに後得智の世界に展開して、的確に公正に真正に分別していく智慧も働いていきます。絶対の世界のみに入って終わるのではなく、そのまま現実世界のただ中で主客一如のようなかたちで見聞きする世界、西田幾多郎の言う「純粋経験の世界」に入っていくのです。

どのようなものであれ、対象的に分別していくと、心の迷いの活動をどんどんと展開させていって、本覚そのものの展開やその悟りそのものの世界（実智）に入ることができないようになってしまいます。要するに、究極的に妄執を離れるということは、人我見・法我見の対治のための教えにとどまってもいけないし、空に固執してもいけないのです。あらゆる立場を超えて、空そのものに徹すること、そのものの世界をそのままに生きることにならないといけないのです。

## 覚りの道へ進む——解釈分（24）

分別発趣道相《ふんべつほっしゅどうそう》というは、謂《いわ》く一切諸仏《いっさいしょぶつ》の所証《しょしょう》の道《どう》、一切菩薩《いっさいぼさつ》の発心修行《ほっしんしゅぎょう》し趣向《しゅこう》する義《ぎ》なるが故《ゆえ》に。

略《りゃく》して発心《ほっしん》を説《と》くに三種《さんしゅ》有《あ》り。

云何《いかん》が三《みつ》と為《な》す。

一《ひとつ》には信成就発心《しんじょうじゅほっしん》、二《ふたつ》には解行発心《げぎょうほっしん》、三《みつ》には証発心《しょうほっしん》なり。


この前までが「対治邪執」で、ここから「解釈分」の第三節にあたる「分別発趣道相」の説明に入ります。一切の諸仏が覚ったところの道＝智慧（菩提）の世界そのものに対して、一切の菩薩が、それを実現したいという心を発し修行して向かっていくので、分別発趣道相というのだと説明しています。道とは前にも申しましたが、菩提のこと、覚りの智慧のことです。

その全体をまとめると三つに区分できます。「信成就発心」「解行発心」「証発心」です。ここでいう発心とは、ほぼ位と同じ意味でしょう。修行のどの段階でも菩提を実現したいという心を発しながら修行していくという意味で、発心と言っているのだと思います。五十二位の道程と対比すると、法蔵の注釈では、信成就発心は十住、解行発心は十行・十廻向、証発心は十地にあてられています。

## 信心の成就したときの発心——解釈分（25）

信成就発心《しんじょうじゅほっしん》というは、何等《なんら》の人《ひと》に依《よ》り、何等《なんら》の行《ぎょう》を修《しゅ》し、信成就《しんじょうじゅ》することを得《え》て能《よ》く発心《ほっしん》するに堪《た》ゆるや。

所謂《いわゆる》不定聚《ふじょうしゅ》の衆生《しゅじょう》に依《よ》るに、熏習《くんじゅう》する善根力《ぜんごんりき》有《あ》るが故《ゆえ》に、業果報《ごうかほう》を信《しん》じて能《よ》く十善《じゅうぜん》を起《おこ》し、生死《しょうじ》の苦《く》を厭《いと》い、無上菩提《むじょうぼだい》を欲求《ほっぐ》し、諸仏《しょぶつ》に値《あ》うことを得《え》て親承供養《しんじょうくよう》して信心《しんじん》を修行《しゅぎょう》す。一万劫《いちまんごう》を経《へ》て信心成就《しんじんじょうじゅ》するが故《ゆえ》に。諸仏《しょぶつ》・菩薩《ぼさつ》教《おし》えて発心《ほっしん》せしめ、或《あるい》は大悲《だいひ》を以《もっ》ての故《ゆえ》に能《よ》く自《みずか》ら発心《ほっしん》し、或《あるい》は正法《しょうぼう》の滅《めっ》せんと欲《ほっ》するに因《よ》りて、護法《ごほう》の因縁《いんねん》を以《もっ》ての故《ゆえ》に能《よ》く自《みずか》ら発心《ほっしん》す。

是《かく》の如《ごと》く信心成就《しんじんじょうじゅ》して発心《ほっしん》を得《う》る者《もの》、正定聚《しょうじょうしゅ》に入《い》りて畢竟《ひっきょう》じて退《たい》せざるを、如来種《にょらいしゅ》の中《なか》に住《じゅう》して正因相応《しょういんそうおう》すと名《な》づく。

若《も》し衆生《しゅじょう》有《あ》りて善根微少《ぜんごんみしょう》にして久遠《くおん》より已来《このかた》煩悩深厚《ぼんのうじんこう》なれば、仏《ぶつ》に値《あ》いて亦《ま》た供養《くよう》することを得《う》と雖《いえど》も、然《しか》も人《にん》・天《てん》の種子《しゅうじ》を起《おこ》し、或《あるい》は二乗《にじょう》の種子《しゅうじ》を起《おこ》す。設《たと》い大乗《だいじょう》を求《もと》むる者《もの》有《あ》れども、根《こん》則《すなわ》ち不定《ふじょう》にして若《も》しは進《すす》み若《も》しは退《しりぞ》く。或《あるい》は諸仏《しょぶつ》を供養《くよう》すること有《あ》り、未《いま》だ一万劫《いちまんごう》を経《へ》ざるに、中《なか》に於《おい》て縁《えん》に遇《お》うて亦《ま》た発心《ほっしん》すること有《あ》り。所謂仏《いわゆるぶつ》の色相《しきそう》を見《み》て其《そ》の心《しん》を発《ほっ》し、或《あるい》は衆僧《しゅそう》を供養《くよう》するに因《よ》りて其《そ》の心《しん》を発《ほっ》し、或《あるい》は二乗《にじょう》の人《にん》の教令《きょうれい》に因《よ》りて発心《ほっしん》し、或《あるい》は他《た》を学《まな》んで発心《ほっしん》す。是《かく》の如《ごと》き等《とう》の発心《ほっしん》は悉《ことごと》く皆《み》な不定《ふじょう》なり。悪《あく》の因縁《いんねん》に遇《あ》えば或《あるい》は便《すなわ》ち退失《たいしつ》して二乗地《にじょうち》に堕《だ》す。

### 不定聚

信成就発心はどういう人が、どのような行を修して、信が成就することを得て発心することになるのか、という質問が初めに出されています。

どういう人かという質問に対しては、不定聚とあります。仏教では、一般に衆生は正定聚・邪定聚・不定聚の三種類のグループに分けられます。正定聚とは、将来必ず仏に成ることが約束された人々のグループです。言い換えれば、修行して不退の位に入った人です。どの段階で不退に入るかということには、いくつかの説があり、十地の初めに無分別智を起こした段階という見解や、信が成就して初発心した段階という見解などがあります。『起信論』では信心が成就したら不退であるという立場に立っています。

けれども、いまだ信が定まっていない人が信成就するわけですから、まだ信が定まっていないけれども大乗の道を進む可能性が十分にある人たち、二乗の人や凡夫といった不定聚の人々が信成就発心を発することになります。邪定聚は、仏道を修行していく可能性のない人です。もちろん大乗仏教は「一切衆生悉有仏性」を説きますから、邪定聚はいないはずです。けれどもあまりにも煩悩が深すぎたり、さまざまな因縁によって仏道と縁を持てないような人もいると見て、邪定聚を立てています。

そういう不定聚の者たちには、真如・本覚が内から熏習することがあります。また浄法熏習には内からと外からと二つの熏習があると説いていましたが、他者を通じて身近な人や仏として現れて導いてくれる熏習もあります。そのほかにも過去世に修行した功徳や現世の善根などの力もあって、業の果報という、善業には必ず楽の結果があり、悪の行為には必ず苦の結果があるという善因楽果・悪因苦果という行為の世界の法則を信じて、努めて十善戒を修行します。

十善戒とは、出家・在家を問わない菩薩の基礎的な戒律で、不殺生（殺さない）・不偸盗（盗まない）・不邪婬（邪な男女関係を持たない）・不妄語（嘘をつかない）・不悪口（粗暴な言葉遣いをしない）・不両舌（仲違いさせるようなことを言わない）・不綺語（おべっかを言わない）・無貪（貪らない）・無瞋（怒らない）・正見（邪見を離れる）のことを言います。仏教では身語意という身体・言葉・心の三つの枠で人間の行為を見ていきますが、十善の中、最初の三つが身体の行為、中間の四つが言葉の行為、後の三つが心の行為にあたります。

その十善戒を保って、生死の苦しみを厭い、このうえない正しい覚りである無上菩提を実現したいと願って、実際にもしくは瞑想の中で諸仏に出逢い、お仕えして身の回りの世話をしながら教えを受けていき、信心を修行していきます。しかし、いまだ菩提心が定まっていない場合は、不定聚のグループに入るわけです。

それを一万劫もの時間をかけて修行すれば信心が成就します。そうすると、諸仏や菩薩が教えて発心させてくれます。つまり、大乗の教えを受けて、自利利他円満の存在としての仏、他者のために働いてやまない自己となることを究極の目標として、その道を行く覚悟を決めるわけです。

あるいは十善法などの修行の中で大悲の心の意義を自覚して、人々を救済することを非常に重要な課題と思って決心したりします。あるいは正しい仏教の教えが滅しようとする末法の世では、経論があるだけで、修行する人も覚った人もいなくなります。それではいけないということで、仏法を久しく住せしめようという令法久住《りょうぼうくじゅう》の気持ちを発したりします。これらに信成就発心があります。

こうして信心が成就して発心した者は正定聚に入るのですが、その人々はもはや退転することがなく、如来の家系の中に生まれます。つまり、必ず如来となるべき者になるということです。「正因」とは覚りを実現するその根本の原因のことで、『起信論』では本覚そのものになります。唯識では、阿頼耶識の中に蓄えられている覚りの智慧の種子、無漏種子です。その正因と相応するということは、覚りの智慧を必ず実現する、そのことが約束されるという意味です。『起信論』の立場をふまえれば、すでに真如・本覚の中に生かされているわけなので、その真如・本覚が具体的に力を発揮して働き出す、そういった境界に達することも意味するのでしょう。

過去世における善根や熏習といった基礎的な素地があって、そのうえに一万劫の修行をすると信成就し発心できるわけですが、続いてそのさまざなあり方を説明しています。

もし衆生がいて、その人が過去世にさほど仏道修行をしてきていない「善根微少」で、しかも無明・煩悩が非常に厚く心を覆っているならば、仏にお会いし供養することが仮にできたとしても、大乗の道を進んで仏に成って人々を救済する自己になる覚悟を起こすことがなかなかできません。そういう人は、少しましな神々の世界やもう一回人間に生まれればいいやという程度の思いしか起こさないのです。また二乗の種子、声聞・縁覚のように生死輪廻の苦しみから解放されて涅槃に入ればそれで満足するだけの者の種子を起こすのみなのです。自利だけで、他者に関わっていくことがないわけです。そのため、たとえそういった人が大乗を求めたとしても、根本的な能力が定まっていないので、少し修行しても嫌になってやめてしまい退転する場合があるということです。

また、たまたま諸仏と出会うことができて、お仕えしたりすると、その供養の因縁によって一万劫を経ないうちに、縁に逢って発心する者がいます。縁に逢って発心するとは、たとえば仏の目に見える姿を見て、自分も仏に成りたいと思って心を発することです。

あるいは修行僧たちに何かご馳走したりして供養することで、自分もそのようになりたいと思って心を発すこともあります。また、声聞・縁覚が仏道に入るように指導し、それを受けて発心することがあります。また、仏道に限らず外道も含めた宗教者になりたいと思って発心することがあります。

これらの場合はすべて不定なのです。つまり大乗の悟りを実現することは約束されていません。いまだ信成就発心に至らないのです。それはなぜかというと、なにか悪い条件に出会ったときは大乗の道から転げ落ちて声聞・縁覚に墜ちてしまうからです。そういうわけで、過去世に修行してきた素地があっても、現在の育った環境などいろいろなものが関わってくるので、最大公約数として一万劫にわたる真剣な修行をして初めて信成就発心があるのだと言っているわけです。

復《ま》た次《つぎ》に、信成就発心《しんじょうじゅほっしん》というは何等《なんら》の心《しん》を発《ほっ》すや。

略《りゃく》して説《と》くに三種《さんしゅ》あり。

云何《いかん》が三《みっ》と為《な》す。

一《ひとつ》には直心《じきしん》。正《ただ》しく真如《しんにょ》の法《ほう》を念《ねん》ずるが故《ゆえ》に。二《ふたつ》には深心《じんしん》。楽《ねが》って一切《いっさい》の諸《もろもろ》の善行《ぜんぎょう》を集《あつ》むるが故《ゆえ》に。三《みっ》には大悲心《だいひしん》。一切衆生《いっさいしゅじょう》の苦《く》を抜《ぬ》かんと欲《ほっ》するが故《ゆえ》に。

問《と》うて曰《いわ》く、上《かみ》に法界《ほっかい》は一相《いっそう》なり、仏体《ぶったい》は無二《むに》なりと説《と》きつ。何《なに》が故《ゆえ》ぞ唯《ただ》真如《しんにょ》のみを念《ねん》ぜずして復《ま》た諸善《しょぜん》の行《ぎょう》を求学《ぐがく》することを仮《か》るや。

答《こた》えて曰《いわ》く、譬《たと》えば大摩尼宝《だいまにほう》は体性明浄《たいしょうみょうじょう》なれども而《しか》も鉱穢《こうえ》の垢《く》有《あ》り、若《も》し人《ひと》宝性《ほうしょう》を念《ねん》ずと雖《いえど》も、方便《ほうべん》を以《もっ》て種種《しゅじゅ》に磨治《まじ》せざれば、終《つい》に浄《きよ》きことを得《う》ること無《な》きが如《ごと》く、是《かく》の如《ごと》く衆生《しゅじょう》の真《しん》如《にょ》の法《ほう》も体性空浄《たいしょうくうじょう》なれども、而《しか》も無量《むりょう》の煩悩《ぼんのう》の垢染《くぜん》有《あ》り。若《も》し人《ひと》真如《しんにょ》を念《ねん》ずと雖《いえど》も方便《ほうべん》を以《もっ》て種種《しゅじゅ》に熏修《くんじゅ》せざれば亦《ま》た浄《じょう》なることを得《う》ること無《な》し。垢《く》無量無辺《むりょうむへん》にして一切《いっさい》の法《ほう》に偏《へん》ぜるを以《もっ》ての故《ゆえ》に、一切《いっさい》の善行《ぜんぎょう》を修《しゅ》して以《もっ》て対治《たいじ》を為《な》す。

若《も》し人《ひと》一切《いっさい》の善法《ぜんぽう》を修行《しゅぎょう》すれば自然《じねん》に真如《しんにょ》の法《ほう》に帰順《きじゅん》するが故《ゆえ》に。

三心

次に、この信成就発心において何の心を発するのかという質問です。本当は阿耨多羅三藐三菩提《あのくたらさんみゃくさんぼだい》、このうえなく正しい完全なる覚りを実現したいという心を発するはずですが、それに伴って、そこで発する心を三つに分けて説明しています。

一つには「直心」です。衆生心のその根本・根源である真如を証することを念じることです。二つ目の「深心」とは、善行を集めるため、真剣に修行したいという気持ちを発すことです。三つ目の「大悲心」とは、「一切衆生の苦を抜」くことを願うことです。抜苦与楽《ばっくよらく》という言葉があり、抜苦が悲、与楽が慈にあたると言われます。一切衆生が苦しんでいることが、自分の苦しみにもなっているので、あらゆる衆生の苦しみを抜こうという、自利利他の精神です。

続いて質問です。法界は一相、平等無差別の真如法に貫かれていて、仏体もその本性は無二であると念ずることになります。そのように、その根源である真如を念ずればすべて片づくはずなのに、どうしてさまざまな修行をしていかなければいけないのか、という質問です。先ほども、一切の諸々の善行を集めるとあったわけで、真如を念ずればそれだけで、覚りを開いてうまく回っていくのではないのか。真如は対象的に関わっていくことを否定した世界で、一切の念を究竟して離れるのに、ことさらにさまざまな修行していく必要性はあるのか、ということでもあります。

それについて喩えを用いて回答しています。大きな美しい宝石があって、その体性は浄く明らかであるけれども、原石には種々の鉱穢の垢があって、それに覆われています。そのため、人が宝石に違いないと思い込んでいても、何か手段を借りて磨き上げないうちは、原石は浄くなることはありません。

それと同様に、衆生の本性としての真如の法も体性は空性で本来性浄であるのですが、無明・煩悩がまとわりついているので、自分の本性が真如であると思うだけで何も修行をしなければ、浄らかになることはできません。その真如・本覚を実現することはできないことになります。

そのため、自分の本質・本性は真如・本覚であるという教えを理解しても、そう思っているだけでは何の解決にもならないわけです。『起信論』は本覚を説きますが、修行は必要であって、始覚があって初めて本覚が実現される立場を取ります。実際上、無量の煩悩が次から次へと現れてくるために、あらゆる善行を修めて、それを対治していくわけです。

もしも善法を修行すると、自然と真如の法に帰順していきます。この善法は、対象的に分別し執着することを離れる修行のことなのですが、それは唯識の加行位《けぎょうい》の唯識観と対応するところがあります。

## 四つの修行（四方便）——解釈分（26）

略《りゃく》して方便《ほうべん》を説《と》くに四種《ししゅ》有《あ》り。

云何《いかん》が四《よつ》と為《な》す。

一《ひとつ》には行根本方便《ぎょうこんぽんほうべん》。謂《いわ》く一切《いっさい》の法《ほう》は自性無生《じしょうむしょう》なりと観《かん》ずべし。妄見《もうけん》を離《はな》れて生死《しょうじ》に住《じゅう》せず。一切《いっさい》の法《ほう》は因縁和合《いんねんわごう》して業果失《ごうかしっ》せずと観《かん》じ、大悲《だいひ》を起《おこ》し、諸《もろもろ》の福徳《ふくとく》を修《しゅ》し、衆生《しゅじょう》を摂化《しょうけ》して、涅槃《ねはん》に住《じゅう》せず。法性《ほっしょう》の無住《むじゅう》に随順《ずいじゅん》するを以《もっ》ての故《ゆえ》に。

二《ふたつ》には能止《のうし》の方便《ほうべん》。謂《いわ》く慚愧《ざんき》・悔過《けか》して能《よ》く一切《いっさい》の悪法《あくほう》を止《とど》めて増長《ぞうちょう》せしめず。法性《ほっしょう》の諸過《しょか》を離《はな》るるに随順《ずいじゅん》するを以《もっ》ての故《ゆえ》に。

三《みつ》には発起善根増長方便《ほっきぜんごんぞうちょうほうべん》。謂《いわ》く勤《つと》めて三宝《さんぼう》を供養《くよう》し礼拝《らいはい》し、諸仏《しょぶつ》を讃歎《さんたん》し随喜《ずいき》し勧請《かんじょう》す。三宝《さんぼう》を愛敬《あいぎょう》する淳厚《じゅんこう》の心《しん》を以《もっ》ての故《ゆえ》に、信《しん》いい増長《ぞうちょう》することを得《え》て乃《すなわ》ち能《よ》く無上《むじょう》の道《どう》を志求《しぐ》す。又《ま》た仏《ぶつ》・法《ほう》・僧《そう》の力《りき》に護《ご》せらるるに因《よ》るが故《ゆえ》に、能《よ》く業障《ごっしょう》を消《け》して善根退《ぜんごんたい》せず。法性《ほっしょう》の癡障《ちしょう》を離《はな》るるに随順《ずいじゅん》するを以《もっ》ての故《ゆえ》に。

四《よつ》には大願平等方便《だいがんびょうどうほうべん》。所謂《いわゆる》願《がん》を発《ほっ》し未来《みらい》を尽《つ》くし一切衆生《いっさいしゅじょう》を化度《けど》するに余《あま》り有《あ》ること無《な》からしめて皆《みな》無余涅槃《むよねはん》を究竟《くきょう》せしむ。法性《ほっしょう》の断絶無《だんぜつな》きに随順《ずいじゅん》するを以《もっ》ての故《ゆえ》に。法性《ほっしょう》は広大《こうだい》にして一切《いっさい》の衆生《しゅじょう》に徧《へん》じて、平等無二《びょうどうむに》なり、彼此《ひし》を念《ねん》ぜず。究竟寂滅《くきょうじゃくめつ》なるが故《ゆえ》に。

ここでいう方便は修行のことで、それには四つあると『起信論』では説いていきます。

一つ目は「行（の）根本方便」、つまり修行していくその根本のやり方です。それは簡単に言うと、生死にも住せず、涅槃にも住しないあり方を習っていくことです。どこにも住しない、無住を実現していくわけですが、修行するという立場にも住しないし、住しないという立場にも住しないといったようにいろいろなかたちに展開できると思います。ここでは、あらゆるものは実体あるものとして生じることはない。生じることがなければ滅することもない、と述べています。空性であるので、生じたものでもなく滅したものでもない、その無自性が本性です。そのことを観じて、人我見・法我見といった実体視する妄見の立場を離れて、死後の世界があるともないとも、どちらにも住しないし、現象の中で活動している認識に固執することもない立場に立ちます。

一方で、善因楽果・悪因苦果の法則が確実にあることを観察して、他人に悪をさせず自分も悪を行わないようにしようと思い、大悲を起こして、さまざまな修行を行っていきます。「福徳」とは、たとえば六波羅蜜では、布施・持戒・忍辱・精進・禅定までが福のための修で、智慧が智のための修行となるというように、福と智を分けて考えたりします。しかしここでは福徳の語により、一般的な修行全般を指しているのでしょう。そして衆生に働きかけ、仏道を実践するように導いて、働いてやむことがなく、涅槃にも住しません。生死の苦しみを起こす無明・煩悩から離れますが、生死を離れた涅槃にもとどまらず、人々のために休むことなく働くのが、根本的な行の一つのあり方です。それは私たちのいのちの根本がそもそも住するところがないというあり方にあって、それにしたがっていくからなのです。

二つ目は「能止の方便」、悪を止めることです。先ほどの善因楽果・悪因苦果の悪の方です。この悪は仏教の中で言う悪で、苦しみをもたらすものを指します。逆に楽をもたらすのが善になります。

本来は宗教的な意味での苦・楽のことでしょうが、一般的には死後に地獄や餓鬼の世界に墜ちることが苦果となります。それを導くのは、貪・瞋・癡や慢・疑・悪見、嫉妬やうぬぼれ、怨みなどの無明・煩悩です。これを止める手立てである行を修することが二つ目の内容です。

「慚愧」とは反省することです。『倶舎論《くしゃろん》』では慚と愧を分け、慚は自分に恥じること、愧は他者に恥じることと区別して説明します。「悔過」も過ちを悔いること、反省のことです。本来の仏道を歩むべきものである自分として悪をなすことを恥ずかしく思い反省して、悪業をそれ以上増やさず、たくさん起きることがないようにすることが能止の方便の修行です。それをなぜするかというと、法性が諸々の無明・煩悩を離れ、本来清浄であることにしたがっていくためなのです。「能止の方便」とは、『瑜伽師地論《ゆがしじろん》』などに出る大乗仏教の戒律、三聚浄戒《さんしゅじょうかい》（摂律儀戒・摂善法戒・饒益有情戒）の摂律《しょうりつ》儀戒《ぎかい》に相当するように思われます。

三つ目は、善を行う修行です。これは三聚浄戒の摂善法戒《しょうぜんぼうかい》と一致しています。仏法僧の三宝を供養し礼拝し、諸仏を讃歎してお迎えすることを言います。それは三宝に対する純粋にして強い憧れの心があるからです。こうして、ますます心が深まっていき、阿耨多羅三藐三菩提を実現し自利利他円満なる働きを実現したいと思うようになります。

そうしますと、三宝の力に護られるので、過去世から無明・煩悩が起こしてきた業の障りを消して、善根が退くことがなくなります。法性が癡である無明に基づく煩悩の障りを離れていることにしたがって修行していくからなのです。

四つ目は、差別することなく平等に一切の人々の苦しみをすくい取りたいという大願を起こし修行することです。つまり、大願を発して無限の未来まで一切の衆生をすくい取って、残る人がいないように無余依涅槃に究極的に（究竟じて）導くことです。ここは三聚浄戒の饒益《にょうやく》有情戒《うじょうかい》に相当すると考えられます。無余涅槃あるいは無余依涅槃に対して有余依涅槃という言葉があります。有余依涅槃は過去世の業のよりどころである身心がなおある状態で涅槃に入ったところを言います。それに対して過去世の業果としての身体を捨てて完全な涅槃に入ったところが無余依涅槃です。大乗の立場では、両方とも我執のみの断滅になります。先ほどの障りで言えば、煩悩障を断っただけの世界です。煩悩障だけでなく法執である所知障も断って、四智（大円鏡智・平等性智・妙観察智・成所作智）を実現すると、無住処涅槃になります。唯識では有余依涅槃も無余依涅槃も二乗の涅槃と見ているので、ここでは無余依涅槃に導くことは自ずから無住処涅槃に展開する立場で書いていると受け止めるとよいかと思います。

法性は断絶することがなく、三世一切を貫いているもので、平等に遍くゆきわたっていて、最終的に寂滅の世界、涅槃の世界に至らしめます。寂滅の世界とありますが、大乗の場合は無住処涅槃ですから、たんなる寂滅の世界ではなく、生死輪廻のただ中においての寂滅にまで達するのでなければいけません。その断絶することなき法性にしたがって修行していくのです。

## 発心の八つの利益——解釈分（27）

菩薩《ぼさつ》是《こ》の心《しん》を発《おこ》すが故《ゆえ》に則《すなわ》ち少分《しょうぶん》に法身《ほっしん》を見《み》ることを得《う》。法身《ほっしん》を見《み》るを以《もっ》ての故《ゆえ》に、其《そ》の願力《がんりき》に随《したが》いて能《よ》く八種《はっしゅ》を現《げん》じて衆生《しゅじょう》を利益《りやく》す。所謂《いわゆる》兜率天《とそつてん》より退《たい》すると、入胎《にったい》と、住胎《じゅうたい》と、出胎《しゅったい》と、出家《しゅっけ》と、成道《じょうどう》と、転法輪《てんぽうりん》と、涅槃《ねはん》に入《い》るとなり。

然《しか》も是《こ》の菩薩《ぼさつ》をば未《いま》だ法身《ほっしん》と名《な》づけず。其《そ》の過去《かこ》無量世《むりょうせ》より来《このかた》有漏《うろ》の業《ごう》いい未《いま》だ決断《けつだん》すること能《あた》わざるを以《もっ》て、其《そ》の所生《しょしょう》に随《したが》いて微苦《みく》と相応《そうおう》す。亦《ま》た業繫《ごっけ》に非《あら》ず、大願自在力《だいがんじざいりき》有《あ》るを以《もっ》ての故《ゆえ》に。

修多羅《しゅたら》の中《なか》に或《あるい》は「悪趣《あくしゅ》に退堕《たいだ》する者有《ものあ》り」と説《と》くが如《ごと》きは其《そ》の実退《じったい》に非《あら》ず。但《た》だ初学《しょがく》の菩薩《ぼさつ》の未《いま》だ正位《しょうい》に入《い》らずして懈怠《けたい》する者《もの》を恐怖《くふ》せしめ彼《か》をして勇猛《ゆみょう》ならしめん為《ため》の故《ゆえ》に。

又《ま》た是《こ》の菩薩《ぼさつ》は一《ひと》たび発心《ほっしん》して後《のち》、怯弱《こにゃく》を遠離《おんり》して畢竟《ひっきょう》じて二乗地《にじょうち》に堕《だ》せんことを畏《おそ》れず。若《も》し無量無辺阿僧祇劫《むりょうむへんあそうぎこう》に勤求難行《ごんぐなんぎょう》して乃《すなわ》ち涅槃《ねはん》を得《う》と聞《き》くとも亦《ま》た怯弱《こにゃく》ならず。一切《いっさい》の法《ほう》は本《も》とより已来《このかた》自《おのずか》ら涅槃《ねはん》なりと信知《しんち》するを以《もっ》ての故《ゆえ》に。

ここでは修行の道筋に対する『起信論』独特の見方が示されています。大乗に対する信が確立されて、この道を進んでいこうという固い決意を起こします。そのために、部分的に法身を見ることができるようになります。法身とは仏身論で見たときに、仏の本体、真理そのものを体としているところをいうもので、その内容を言えば、真如そのものです。真如は諸法の本性＝法性であり空性そのものでもあります。しかもそれが智慧そのものでもあるというのが『起信論』などの如来蔵思想の考え方です。唯識では、十地にあがる最初のところで、無分別智を発して真如を証します。それ以前では本当の意味で真如を体得することはできません。そのため、法身そのものを明らかには証することができませんが、ある程度は理解できるので、「少分に見る」と言っています。

そして法身を知的に了解して、大乗の根本的な真理そのものを了解するとともに、人々を救済したい、他人の苦しみをなくしたいという本願力に随って、菩薩一人一人が修行していくわけです。

その願力にしたがって、八種類に分類できるようなしかたで姿・形をあらわして衆生を救済していきます。仏身論でいう法身・報身・化身の化身にあたるもので、一般には仏や高位の菩薩が現すことができるとされています。しかし、『起信論』では、信成就発心の段階で化身を現すことができると説いているのです。唯識などの基本的な見方と比べて、かなり急進的な立場に立っています。信が決定すれば人々に応じて姿・形を現して救済できるというわけですから、それだけ信の成就に重きを置いているとも言えます。八種に関しては、八相成道といって、釈尊が生まれてからいろいろと経験して成道を果たすまでが、八つの場面に分けて説かれます。場面に関して多少違いもありますが、地論宗関係の八相と同じと言えます。

八種とは「退兜率天」「入胎」「住胎」「出胎」「出家」「成道」「転法輪」「入涅槃」の八つです。まず釈尊は当初に兜率天にいました。未来仏の弥勒《みろく》菩薩も現在、兜率天にいて、五十六億七千万年後に地上に現れて三回説法して一切の衆生を救うと言われています。地上に現れたときに仏になるものは、その前は兜率天にいるわけで、五十二位の階位で言うと最後から二番目の等覚の位にあたります。

そして、母親の胎内に入ります（入胎）。釈尊の母親の名前は摩耶夫人《まやぶにん》と言います。その胎内に住してから「出胎」、生まれました。一説には脇の下から生まれたという説もあります。その後、王子もしくは太子として何不自由ない宮殿生活を送り、結婚して子どももできます。しかし理由《わけ》あって「出家」します。最高の宗教者について学んだり苦行したりしますが、満足できません。苦行をやめて菩提樹の下で静かに坐禅をしていたら覚りを開いた（成道）と言われています。こうして成道した後、鹿野苑《ろくやおん》で初めて説法をします。これが転法輪の始まり（初転法輪）で、その後、人々を教化しながら旅を続け、最後に涅槃に入られました。

ここで説かれている次第は『法華経』などで説く久遠実成《くおんじつじょう》の釈迦牟尼仏のその化身と同じです。しかし『起信論』では信成就発心した菩薩の段階でこういう仮の姿を現すことができると言います。本来は智慧がそうとう深まった段階で具わる能力だと思いますが、『起信論』では信成就の力によると考えているわけです。ここには、『起信論』の教えの内容が他と比べて非常に深いものであるから、その教えに対する信が成就すれば、このような能力がおのずから具わるのだという意味も込められているのでしょう。

以上のような能力を持っているけれども、まだ法身を証した菩薩とは呼びません。なぜ法身の菩薩と呼べないかというと、無始以来生死輪廻して、煩悩にまみれて行為を行い、それが真如に熏習していいます。その過去からの有漏の行為の結果がいまだ断滅できていない、払拭できていないため、煩悩がまだ残っているからなのです。

そこで生死輪廻を繰り返していきます。信成就によってある程度の苦しみは消えたり変わったりしているかもしれませんが、自分をこの世につなぎとめるような微細な苦は残っていてそれと相応します。しかし、過去世の業によって苦しみの多い世に生まれるという業に縛られているわけではありません。輪廻するにしても人間界や天上界なりに生まれてさらに修行していきます。もしくはみずから願って地獄・餓鬼・畜生の三悪趣に生まれることもあるかもしれません。いずれにせよ、それは一切の苦しんでいる人々を何とか助けたいという大願の力によるのです。阿弥陀仏の十八願のように、修行に入る前に立てる願を本願と言います。大乗仏教徒として歩んでいく大本の誓願ですから、信成就発心を果たすような菩薩はみなその大願を持っています。その大願に応じて生死輪廻しながら修行を深めていくので、業繫ではありませんが、無漏の真実の智慧のもとで修行を続けていくわけではなく、微細な苦に相応しているわけです。

経典（修多羅）の中には、信成就発心した後でも人によっては地獄や餓鬼に墜ちる者もいると説きます。しかし、本当に信成就発心したら地獄などに墜ちることはありません。そのように説くのは、初学の菩薩が無分別智を発して真如を証した段階に入る前にあって、信成就したけれども修行を怠けがちになったりしないように、また地獄に墜ちますよと説いて懈怠しないように取りはからっているからなのです。怠けるとまた苦しみを受けますよと言って、恐れさせて修行を促して、勇ましく猛々しく一気に修行するようにしむけます。信成就すればもう退転することがなく必ず仏になることが約束される位、画期的な段階なのですが、今の理由からあえて経典では堕ちると説くというわけです。

信が決定して菩提心を起こした後では、仏道修行に怖じ気づく心からも離れて、もう大乗の仏道を離れて声聞や縁覚の二乗になるようなことはないと確信して恐れません。

また気の遠くなるような長い時間に一所懸命修行して涅槃が得られますと聞きます。阿僧祇劫はたいへん長い時間で、唯識などでは、どのような人も菩提心を起こしてから仏になるまで三大阿僧祇劫の時間がかかると言われます。これほど長い時間をかけて血を流すほどの苦労をして修行を続けたら、初めて涅槃が得られる、仏になれるというのです。仏になるということは、唯識では八識のすべてが智慧に変わることを意味します。第八阿頼耶識が大円鏡智、第七末那識が平等性智、第六意識が妙観察智、眼識・耳識・鼻識・舌識・身識の五識が成所作智に変化し四智が完成するのが、仏の世界です。しかし、このように修行に要する長い時間のことを聞いても、信成就した菩薩はひるむことはありません。

なぜならば、いろいろと煩悩を起こさざるえない自分も、本より涅槃の中にある、仏のいのちに活かされていることを信じ知っているからです。だから、焦ることなく一歩一歩落ちついて修行を進めていくことができるわけで、信成就発心ではそのような境地が開かれるのです。また、信成就して不退の位に入ることができれば、いつかは必ず仏になれるわけで、安心して修行を進めていくことができます。自分よりも他の人々を先にすくい取っていきたいと思って活動していく境地も開かれていき、その活動自体も修行になっていくのです。

そこで、次の段階、解行発心に入っていきます。

## 深く理解し修行するときの発心――解釈（28）

解行《げぎょう》発心《ほっしん》というは、当《まさ》に知《し》るべし、転《うた》た勝《しょう》なり。是《こ》の菩薩《ぼさつ》は初《はじ》めの正信《しょうしん》より已来《このかた》、第一阿僧祇劫《だいいちあそうぎこう》に於《お》いて将《まさ》に満《まん》ぜんと欲《ほっ》するを以《もっ》ての故《ゆえ》に。真如《しんにょ》の法《ほう》の中《なか》に於《お》いて深解現前《しんげげんぜん》して所修《しょしゅ》に相《そう》を離《はな》る。

法性《ほっしょう》の体《たい》は慳《けん》・貪《どん》無《な》きを知《し》るを以《もっ》ての故《ゆえ》に、随順《ずいじゅん》して檀波羅蜜《だんはらみつ》を修行《しゅぎょう》す。

法性《ほっしょう》は無染《むぜん》にして五欲《ごよく》の過《か》を離《はな》れたるを知《し》るを以《もっ》ての故《ゆえ》に、随順《ずいじゅん》して尸羅波羅蜜《しらはらみつ》を修行《しゅぎょう》す。

法性《ほっしょう》は無苦《むく》にして瞋《しん》・悩《のう》を離《はな》れたるを知《し》るを以《もっ》ての故《ゆえ》に、随順《ずいじゅん》して羼提波羅蜜《せんだいはらみつ》を修行《しゅぎょう》す。

法性《ほっしょう》は身《しん》・心《しん》の相《そう》無《な》く懈怠《けたい》を離《はな》れたるを知《し》るを以《もっ》ての故《ゆえ》に、随順《ずいじゅん》して毗梨耶波羅蜜《びりやはらみつ》を修行《しゅぎょう》す。

法性《ほっしょう》は常定《じょうじょう》にして体乱無《たいらんな》きを知《し》るを以《もっ》ての故《ゆえ》に、随順《ずいじゅん》して禅波羅蜜《ぜんはらみつ》を修行《しゅぎょう》す。

法性《ほっしょう》は体明《たいみょう》にして無明《むみょう》を離《はな》れたるを知《し》るを以《もっ》ての故《ゆえ》に、随順《ずいじゅん》して般若波羅蜜《はんにゃはらみつ》を修行《しゅぎょう》す。

信成就発心の次の段階は解行発心で、よりいっそう勝れた段階になります。この菩薩は、十信の信が成就して十住の最初に入ってから、一大阿僧祇劫かけて修行を遂げようと願います。唯識では、十住・十行・十廻向が一大阿僧祇劫、十地の初地から第七地までが一大阿僧祇劫、第八地から仏地までが一大阿僧祇劫に相応します。したがって、十住の初めから十廻向の最後までの段階が解行発心に相当することになります。信成就発心は十住の段階、解行発心は十行・十廻向の段階と見る説もありますが、それは法蔵の『起信論義記』の注釈によるものです。しかし、本文に基づいて読むと、信成就発心は十信からまさに十住に入った直後の段階で、解行発心はその信成就（正信）以来、十住・十行・十廻向全体と見るのがよいかと思います。ともかく前の段階よりは進んでいますが、ただし本当の意味での智慧を一瞬たりとも成就したというまでには至っていません。

そこで、真如という法（真理あるいは存在）に対して深い理解が現前します。少分に法身を見るということと矛盾しませんが、その見方がずっと深まっていくのです。そして、真如・法性の無相に随順するあり方の中で修行が進んでいきますが、そのありようが後ほど六波羅蜜に即して具体的に説明されます。つまりは、諸法の根源そのものである真如・法性に随順する仕方で、理解を深め修行がさらに進んでいくという段階です。

六波羅蜜

初めに、檀波羅蜜の檀とは、サンスクリット語でダーナ、布施という意味の語の音写で、布施波羅蜜のことです。自分自身のいのちの本性である法性の体には慳・貪がありません。慳とは、もの惜しみする心や人に恵むことができないような心、いらないものをため込んでしまう心を言います。貪は執着などの貪りです。本来の自己そのもののあり方にはそういったことがないことを深く知って布施の修行をするのです。

なお、波羅蜜とはサンスクリット語でパーラミターと言い、到彼岸とも訳されます。この漢語からは、覚りの彼岸に到るという意味と受け止められますが、さらに言えば彼岸に到ったことやもう彼岸に達していることも含む内容だと思います。修行を進める中で覚りが実はもう実現している、成就しているということではないでしょうか。道元禅師のいう修証一等、修行と覚りが一つであることと同じだと思います。もう一つの意味は、完全なるもの、最高のものという意味です。布施には小乗から大乗までいろいろありますので、そのたくさんある中で大乗の布施が最高であるという意味で、布施波羅蜜というと解釈できます。その布施には、お金をあげる財施以外にも教えを分かち合う法施、畏れなき心を施す無畏施などがあります。中村元先生はこのパーラミターを「完成」と訳して、般若波羅蜜を「智慧の完成」と訳しましたが、そこで智慧を完成する修行と受け止めると、それは誤解になります。むしろ最高の智慧と受け止めるべきです。

二番目に尸羅波羅蜜を修行します。尸羅とはサンスクリット語のシーラ、戒のことです。律はビナヤと言って教団の運営のために必要な規則を含むものです。戒の方は、自分の修行のために自分で守っていくものを言います。法性にはさまざまな煩悩やその汚れである染はありません。特に五感の対象への執着によって見たり聞いたりするものにとらわれていく五欲の過失を離れています。そのことを知って、そのあり方に随順して自ら慎んで戒を守っていくことが尸羅波羅蜜、持戒波羅蜜なのです。大乗仏教の持戒は、前にも少しふれたように何々をしてはいけないという規律を守る摂律儀戒と、自ら修行していく摂善法戒、人々を助けていく饒益有情戒の三つがあり、これを三聚浄戒と言います。

三番目に羼提波羅蜜を修行します。羼提とはサンスクリット語でクシャーンティ、忍辱のことです。いのちの本性である法性には苦しみはありません。また怒りの心である瞋による悩みから離れています。「悩」の心は唯識では独自の随煩悩に挙げられています。その「悩」とは、いらいらして相手に傷つけるような言葉を吐いたりすることです。自己の本性は怒りによって自ら悩んだり、また悩まされたりすることから離れていることを理解して、そのあり方に随順して忍辱波羅蜜を修行して怒りの心から離れていきます。

四番目に毘棃耶波羅蜜を修行します。毘棃耶とはサンスクリット語のヴィールヤ、精進（勤）の音写です。法性には有相の姿・形がなく、宇宙の千変万化の根源となって常に働いているので、懈怠から離れていると理解します。易の言葉に「天行健やかなり、君子以て自彊して息《や》まず」というのがあります。宇宙の生成発展、進行は一時も休まずに続いており、君子はそれを見て了解しみずから努めて止むことがないという意味です。井上円了は、あらゆる現象の根元に大勢力なる絶対無限尊があって、それが働いているので、私たちも活動していかなければいけない、だから「活動はこれ天の理なり。勇進はこれ天の意なり。奮闘はこれ天の命なり」と言っています。根元そのものが滞ることはなく、そのあり方に随順して、毘梨耶波羅蜜、精進波羅蜜を修行するのです。何かものごとを始める時には非常にエネルギーがいります。それに全力をもって取り組んでいくのが、精進です。もちろん、軌道に乗ってもそれをさらに維持発展させていくために努力しなければいけません。そして少しぐらいの成果が得られても満足せず、どこまでも追求していくことが、大乗の精進波羅蜜において説かれています。

五番目は禅波羅蜜です。禅もサンスクリット語のディヤーナ、静慮の意の語の音写です。法性は常に定まっていて乱れがないとあります。空性そのものですので、空なるあり方そのものに定まっていて、現象のように生じたり滅したりすることはなく、不生不滅であることを言っています。そのあり方に随順して、心を統一していく禅波羅蜜を修行していきます。

最後は般若波羅蜜です。般若はプラジュニャー、智慧のことです。この「法性は体明にして」の「明」も智慧そのもののことです。自己の本性は理智不二の真如であって、空性ですがまた悟りの智慧でもあるわけです。迷いにある人の分別ではとらえきれない世界ですが、そのように自己の根源は暗い心を離れていることを知って、それに随順して般若の智慧、般若波羅蜜を修行します。

この解行発心は、六波羅蜜に即して説明されていますが、要するに有相ではなく無相の法性のあり方にしたがって修行していく段階なのです。それが真如を証する無分別智へとつながるわけで、次の証発心の段階に移ります。証発心は五十二位の階位でいうと、十地以上の段階にあたります。

## 法身を証得したときの発心——解釈分（29）

証発心《しょうほっしん》というは、浄心地《じょうしんじ》従《よ》り乃至《ないし》菩薩究竟地《ぼさつくきょうじ》に何《いず》れの境界《きょうがい》を証《しょう》するや。

所謂真如《いわゆるしんにょ》なり。転識《てんじき》に依《よ》るを以《もっ》て説《と》きて境界《きょうがい》と為《な》す。而《しか》も此《こ》の証《しょう》というは境界《きょうがい》有《あ》ること無《な》し。唯《た》だ真如智《しんにょち》を名《な》づけて法身《ほっしん》と為《な》す。

是《こ》の菩薩《ぼさつ》は、一念《いちねん》の頃《あいだ》に於《おい》て能《よ》く十方無余《じっぽうむよ》の世界《せかい》に至《いた》りて、諸仏《しょぶつ》を供養《くよう》し転法輪《てんぼうりん》を請《しょう》す。唯《た》だ衆《しゅ》生《じょう》を開導《かいどう》し利益《りやく》せんが為《ため》には文字《もんじ》に依《よ》らず。或《あるい》は地《ち》を超《こ》えて速《すみ》やかに正覚《しょうがく》を成《じょう》ずと示《しめ》す、怯《こ》弱《にゃく》の衆生《しゅじょう》の為《ため》なるを以《もっ》ての故《ゆえ》に。或《あるい》は我《わ》れ無量阿僧祇劫《むりょうあそうぎこう》に於《おい》て当《まさ》に仏道《ぶつどう》を成《じょう》ずべしと説《と》く、懈《け》・慢《まん》の衆生《しゅじょう》の為《ため》なるを以《もっ》ての故《ゆえ》に。

能《よ》く是《かく》の如《ごと》き無数《むしゅ》の方便《ほうべん》を示《しめ》す不可思議《ふかしぎ》なり。而《しか》れども実《じつ》に菩薩《ぼさつ》の種性《しゅしょう》は根等《こんひと》しく発心則《ほっしんすなわ》ち等《ひと》しく所証《しょしょう》亦《ま》た等《ひと》しくして、超過《ちょうか》の法有《ほうあ》ること無《な》し。一切《いっさい》の菩薩《ぼさつ》は皆《み》な三阿僧祇劫《さんあそうぎこう》を経《へ》るを以《もっ》ての故《ゆえ》に。

但《た》だ衆生世界《しゅじょうせかい》の同《おな》じからず、所見《しょけん》・所聞《しょもん》・根《こん》・欲《よく》・性異《しょうこと》なるに随《したが》うが故《ゆえ》に、所行《しょぎょう》を示《しめ》すことも亦《ま》た差別《しゃべつ》有《あ》るなり。

「浄心地」とは十地でいう第一地の初歓喜地のことで、『成唯識論《じょうゆいしきろん》』では極喜地と言います。「究竟地」は十地の最後の法雲地のことで、十地の初地から成仏の直前までの段階が、「証発心」です。

証発心とありますが、「この修行の段階では、どういう境界を証するのですか」という質問に対し、「真如そのものを証するのです」と答えています。これまでは、少分に法身を見るとか、深解現前すといったように完全ではありませんでしたが、ここではっきり真如を証するわけです。そして無分別智が開かれて、その上で修行していくのです。

『起信論』では真如に無明が働いて起動する、その一番初めの段階を業識と説いていました。業識に基づいて相分・見分の主客が分裂し始めます。それが第二段階の転識です。転識の立場に立つと、真如も対象の側に位置づけられて境界となります。浄心地以前の菩薩は、まだ対象的に見る迷いの世界にあります。しかし真如を証するというその証そのものの中では対象としてとらえることはありません。理智一体となったあり方での知覚、覚りの世界です。そのため真如と智慧が一体となったそれそのものが現前します。それを法身と名づけるのです。十地の最初に無分別智を発して真如を証するということは、このようなあり方だと思いますが、修行を離れて日常に戻るとまた迷いの心を起こしたりすることもありえます。そのため十地の中でしばしば（数々《さくさく》）無分別智を修行していって心を浄化し、最終的にすべてが智慧に変わっていく、というのが唯識の説明です。無分別智を発している十地の菩薩の修行の中で、このようなかたちで法身を証するので、浄心地以降の菩薩は法身の菩薩ということになります。

証発心を実現すると、この菩薩は、一瞬の間にありとあらゆる世界に行って、諸仏を供養し教えを説くことをお願いします。十方とは、東西南北の四つに、その間の北東などの四つ、それに上下の二つを足したものです。また一人の仏は十億世界を教化すると言います。一世界とは須弥山《しゅみせん》を中心とする世界で、それが千集まって小千世界、それが千集まって中千世界、さらにそれが千集まって大千世界となって、十億世界になります。そのため、阿弥陀仏はお釈迦さまが教化するこの娑婆世界から十億世界向こうにある極楽浄土にいることになるのです。しかし、この菩薩は、ありとあらゆる世界の仏のもとに行って供養して、自分の住んでいるこの世界で教えを説いてくださいとお願いするのです。それは、ただひたすら衆生を無明の苦しみから解放して覚りの方へ導くためにそのような活動をするのです。

必ずしも言葉で説いて導くだけでなく、本来非常に長くかかる修行の時間を超えて速やかに仏に成る姿を化作して方便として示すのは、まだ信成就にも到らないような力のない衆生を何とかして仏道に引き入れたいと思うからなのです。

また逆に長い時間をかけて初めて仏に成ると説いたりするのは、怠けたりする人や、自分は凄いのだ、力があるのだと思う慢心のある人に対して、修行を怠らないようにするためなのです。そうして、それぞれの衆生のために適切な方法を取って姿・形を現したりして、仏と同じように衆生を導いているのです。

このように、ありとあらゆる方便を示しますが、それは人間の心にはわからないことなのです。この証発心の菩薩は大活躍しますが、あらゆる人間は、大乗の人間（菩薩）としての能力・資格の因となる種性に関して、信成就しようがしまいが、その心の強さや能力といった意根は等しく、どのような心を発すかという点においても変わることがなく、みな同じく真如を証するのであって、それ以外のあり方はありません。つまり、証発心ということがこの菩薩だけにはあるとかないとかいった違いはないということです。

それは早く仏に成るような姿を示したり、とほうもない長い時間をかけて修行していく姿を示したりしても、大乗の修行者は必ず全員、菩提心を発してから仏に成るまでに三大阿僧祇劫かかるからなのです。信成就するにあたっては、その要因となる能力はみな同じく持っています。一言で言えば仏性であり、「一切衆生悉有仏性」である点に変わりはありません。いろいろな因縁があって煩悩の厚い薄い、信成就の早い遅いがありますが、根本の能力には変わりはなく、そのため信成就から成仏まで、結局、等しく三大阿僧祇劫かかるということです。

これほど長い時間がかかると聞くと嫌になる人も多いと思います。基本的には三大阿僧祇劫と説きますが、実際の上では禅宗などで言う「勇猛の衆生は成仏一念にあり」と、真剣に修行をすれば一瞬にうちに成仏することもありえます。そのため三大阿僧祇劫かかると言われても決して怯む必要はないのです。それから、道元禅師の立場で言うと、「覚りを待つ」こと自体、覚りの成就の一番の支障になるわけで、本来仏のいのちがこうして坐禅して修行しているという修証一等を深めていくことが大事なのです。つまり、道に窮まりはなく、本来覚りの世界に生きているからこそ永遠に修行していかなければいけないということです。このことを理解すれば、怯弱の心を持つ必要はまったくないと言えるでしょう。

　本来的にはみな平等ですが、実際には生死輪廻があってさまざまな縁によって心のありさまからその住む世界まで違っています。地獄に生まれる人もあれば、人間界に生まれる人もあり、また同じ場所に住んでいても受け止め方は違ってきます。同じ人間でも夏になって、暑くて地獄のようだと感じる人もいれば、それほどでもないという人もいます。また同じものを見たり聞いたりしても、過去世の因縁によって違った反応をしたりするかもしれません。後天的な能力以外にも、何を欲したり目指したりするのかといったその人の傾向や本性は、それぞれ違っています。そこで相手に応じて救いとる行為もそれぞれ違っているということです。

又《ま》た是《こ》の菩薩《ぼさつ》の発心《ほっしん》の相《そう》というは、三種《さんしゅ》の心《しん》の微細《みさい》の相有《そうあ》り。
云何《いかん》が三《みっ》と為《な》す。
一《ひとつ》には真心《しんじん》。無分別《むふんべつ》の故《ゆえ》に。
二《ふたつ》には方便心《ほうべんしん》。自然《じねん》に偏行《へんぎょう》して衆生《しゅじょう》を利益《りやく》するが故《ゆえ》に。
三《みっつ》には業識心《ごっしきしん》。微細《みさい》に起滅《きめつ》するが故《ゆえ》に。

又《ま》た是《こ》の菩薩《ぼさつ》は功徳成満《くどくじょうまん》して、色究竟処《しきくきょうしょ》に於《おい》て一切世間《いっさいせけん》の最高大《さいこうだい》の身《しん》を示《しめ》す。謂《いわ》く一念相応《いちねんそうおう》の慧《え》を以《もっ》て無明頓《むみょうとん》に尽《つ》くすを一切種智《いっさいしゅち》と名《な》づく。自然《じねん》に而《しか》も不思議《ふしぎ》の業有《ごうあ》りて、能《よ》く十方《じっぽう》に現《げん》じて衆生《しゅじょう》を利益《りやく》す。

### 三種の発心

またこの菩薩が発《おこ》す心には三つの微細なあり方があります。一つには、無分別智を発して真如と一体になる境界です。二つには、あらゆる他者と平等同体であることを証しておのずからあらゆる他者の苦しみの除滅に働いていく境界です。自然にこのように働くには無分別智は当然必要ですが、後得智も働かせる必要があるでしょう。三つには、業識心です。ここで業識を挙げる理由は、迷いにある衆生の識である分別事識よりも深い層の心の働きに基づいて修行しているということでしょう。

またこの菩薩は修行が完成するとき、色究竟処で身体としての最高の姿・形を示します。色究竟処は感覚がある世界である色界の最高の場所です。欲界・色界・無色界の三界がありますが、修行が完成し仏になる一歩手前の段階で、最高の身体、色身を示すわけです。そして、修行の最後の一瞬に仏に成る智慧が生まれます。そうすると、最後まで残っていた微細な無明が一瞬にしてなくなるのです。

そのときに生まれる智慧を一切種智と名づけます。一切種ですから、無分別智だけではなく、ありとあらゆるものを的確に分析し判断できるようになる智慧です。ある意味では、真如を証するというのも一切の本性を証するわけで、無分別の一切智と言えます。しかしここではさらに進んで現象を的確に把握していく後得分別智を言っているのでしょう。この智慧が実現すると、先ほどにもありましたが、計らうことなくおのずから働いていく智慧の働きがあって、あらゆる世界に姿・形を現して衆生をすくいとります。そのことが一切種智でもあるわけです。

問《と》うて曰《いわ》く、虚空無辺《こくうむへん》なるが故《ゆえ》に世界無辺《せかいむへん》なり。世界無辺《せかいむへん》なるが故《ゆえ》に衆生無辺《しゅじょうむへん》なり。衆生無辺《しゅじょうむへん》なるが故《ゆえ》に心《しん》・行《ぎょう》の差別《しゃべつ》亦《ま》た復《ま》た無辺《むへん》なり。是《かく》の如《ごと》く境界《きょうがい》は分斉《ぶんざい》すべからず、知《し》り難《がた》く解《げ》し難《がた》し。若《も》し無明《むみょう》断《だん》じつれば心想《しんそう》有《あ》ること無《な》し。云何《いかん》が能《よ》く了《りょう》ずるを一切種智《いっさいしゅち》と名《な》づけん。

答《こた》えて曰《いわ》く、一切《いっさい》の境界《きょうがい》は本来一心《ほんらいいっしん》にして想念《そうねん》を離《はな》る。衆生妄《しゅじょうみだ》りに境界《きょうがい》を見《み》るを以《もっ》ての故《ゆえ》に心《しん》に分斉有《ぶんざいあ》り。妄《みだ》りに想念《そうねん》を起《おこ》して法性《ほっしょう》に称《かな》わざるを以《もっ》ての故《ゆえ》に決了《けつりょう》すること能《あた》わず。諸仏如来《しょぶつにょらい》は見相《けんそう》を離《はな》れて偏《へん》ぜざる所無《ところな》し、心《しん》いい真実《しんじつ》の故《ゆえ》に。即《すなわ》ち是《こ》れ諸法《しょほう》の性《しょう》なり。自体《じたい》いい一切《いっさい》の妄法《もうぼう》を顕照《けんしょう》す。大智用無量《だいちゆうむりょう》の方便有《ほうべんあ》りて、諸《もろもろ》の衆生《しゅじょう》の所応《しょおう》に随《したが》いて解《げ》を得《え》しめて皆《み》な能《よ》く種種《しゅじゅ》の法義《ほうぎ》を開示《かいじ》したもう。是《こ》の故《ゆえ》に一切種智《いっさいしゅち》と名《な》づくることを得《う》。

## 質疑応答

続いては、煩悩を断じていくと心の働きもなくなってしまうのではないかという疑問です。空間的な広がりである虚空に限りがないので、世界も限りはありません。仏教では、世界は無辺なのです。そしてその世界が無辺であるから、そこにはあらゆる種類の莫大な数の生きものが住んでいます。そのように無数の人たちがいるので、それぞれの人の心の働き方、思いや望み、生き方なども一人一人違ってきます。このように、対象となる世界を限ることができず無限に広がっているので、多くの一人一人の心の働きを知ることも難しいし了解することも難しいのが、世界の実情です。

ところが修行をして無明・煩悩がなくなってしまえば、心の働きもなくなってしまうのではないかと尋ねています。質問者は二元対立の分別がなくなると、その心の働きはなくなると考えて、「どうしてすべてのことを了解する一切種智というような智慧や心の働きがあるのでしょうか」と尋ねるわけです。一切種智については、前のところで、仏に成る一瞬に修行が完成して無明が完全に断たれ、一切種智が生まれると説明していました。自然に人々を救済する働きをするので、私たちには及びもつかない働きという意味で不思議業と呼んでいます。質問はこの部分を受けたもので、無明がなくなれば心の働きもなくなって一切種智という智慧も存在しないのではないか、という内容です。

それに対して、一切の対象的な世界は本来一心であって、分別の対象というあり方を離れていると答えています。一心とは、私たちの見たり聞いたり、惜しいとかほしいとかいう衆生心のことです。この心は本性を離れず空性において一つです。ところが、衆生は無明が働いて、本当はそのように存在しないにもかかわらず、対象的に何らかの実体として存在するように対象を見ていくために、分別が生じて対象的に関わるようになり、区別して判断するようになります。そういったかたちで世界を見ていくために、見る心の側も限定されてしまうのです。それは、無明・煩悩に影響されて誤って分別の想念を起こして、法性そのもののあり方にかなわないからです。法性と一体化してその世界を円かに自覚することができないのです。

しかし、諸仏は対象的な分別である想念を離れているので、心の働きがあらゆるものにゆきわたり、本来一心なるものが二つに分裂しないで一のままのあり方に住するので、諸法の本性のままになります。またそれは同時に、ありとあらゆるものを証している無分別智の世界とも言えます。無分別の智の働きであってしかもあらゆる存在の本性そのものであるところを、仏は実現しているのです。

その理智不二の自体、真如と本覚が一体となった世界が現前して、無明の覆いが払われ智慧の働きが働き出して、あらゆる妄法を照らし出し、分別のなかでとらえられているものは実のないものであることを明らかにします。無分別智のもとに後得智の偉大なる智慧としての働きがあって、それがさまざまな手立て（方便）を通じて、衆生一人一人が理解できる範囲で、世界の意味や自己の意味、存在の意味内容などを説明して、人々を導いていくのです。

したがって仏に成ると、一切種智というような、ありとあらゆるものを的確に知って衆生救済のために働くような智慧が実現するのです。修行が終わると何もなくなってしまうわけではありません。声聞・縁覚といった小乗仏教では、我執のみを断って、生死輪廻から離れて涅槃に入ると、それでおしまいです。この涅槃の世界は、身体と智慧を灰滅する灰身滅智《けしんめっち》という言葉から考えると、何の働きもない、無と変わらない世界が想定されているようです。しかし、大乗仏教は小乗と違って修行が完成すると智慧が実現します。涅槃だけではなく菩提が実現して、その菩提が永遠に衆生済度のために働いていきます。その衆生済度の働きが修行の完成段階から始まっていくのです。そして、それに応じてそのただ中に涅槃、無住処涅槃を見出していくわけで、小乗の涅槃とはまったく異なる涅槃が実現してくるのです。

又《ま》た問《と》うて曰《いわ》く、若《も》し諸仏《しょぶつ》に自然《じねん》の業有《ごうあ》りて能《よ》く一切処《いっさいしょ》に現《げん》じて衆生《しゅじょう》を利益《りやく》せば、一切衆生《いっさいしゅじょう》は若《も》しは其《そ》の身《しん》を見《み》、若《も》しは神変《じんぺん》を覩《み》、若《も》しは其《そ》の説《せつ》を聞《き》きて利《り》を得《え》ずということ無《な》けん。云何《いかん》ぞ世間《せけん》に多《おお》く見《み》ること能《あた》わざるや。
答《こた》えて曰《いわ》く、諸仏如来《しょぶつにょらい》の法身《ほっしん》は平等《びょうどう》に一切処《いっさいしょ》に遍《へん》じて作意《さい》有《あ》ること無《な》きが故《ゆえ》に自然《じねん》と説《と》く。但《た》だ衆生《しゅじょう》の心《しん》に依《よ》りて現《げん》じたもう。衆生《しゅじょう》の心《しん》は猶《なお》し鏡《かがみ》の如《ごと》し。鏡《かがみ》若《も》し垢有《くあ》らば色像現《しきぞうげん》ぜず。是《かく》の如《ごと》く衆生《しゅじょう》の心《しん》に若《も》し垢有《くあ》らば法身現《ほっしんげん》ぜざるが故《ゆえ》に。

もう一つ質問が続きます。先ほどあげた「自然に而も不思議の業有りて、能く十方に現じて衆生を利益す」（二二七頁）の箇所の仏の働きに対する質問です。諸仏におのずから心の働きがあって働いていきます。何か意識して初めて働くわけではなく、また働いていることを意識することもないような働きです。そうして、どのようなところでも自分の仏身を示して、衆生を利益します。ある人は仏の体を見たり、仏が不思議な出来事を現すのを見たり、仏の説法を聞いたりして、衆生が利益を受けないことはないのです。しかし、このように仏があらゆるところに現れて衆生に働きかけていると説くけれども、世間一般の人が仏に出会うことがないのはどういうことかという質問です。

それに対する答えです。仏の真理そのものを体として見た場合、それは空間的に限定できないもので、その真如・本覚が意識を働かせて分別することもなく、自然にそれぞれの苦悩している衆生に働きかけています。そのような働きにより、衆生の心にその姿・形が現れます。その際、衆生の心はちょうど鏡のようであって、衆生の心が無明・煩悩によって汚れていれば、法身を見ることはできません。無分別智の智慧を発さない限りでは、仏の報身を見ることはできないのです。応身化身にしても煩悩が厚ければ現れることはないでしょう。要するに、衆生は報身・化身の働きを見ることがないではないか、という質問に対して、あまりに煩悩が厚いと仏がどれだけ一所懸命に働きかけても、それを見ることができないのだ、という回答です。

というわけで、私たち一人一人が菩提心を起こして、信成就して、順々に修行していき、最終的に仏になります。仏になると、ありとあらゆるところに趣いて苦しんでいる衆生を救済し、覚りへと導いていきます。そのような不思議で自然な業の智慧が働きだしますが、それが仏ということなのです。

# 第七章　信心のあり方と修行の功徳——正宗分（五）・流通分

## 四種の信心——修行信心分（1）

已《すで》に解釈分《げしゃくぶん》を説《と》きつ。次《つぎ》に修行信心分《しゅぎょうしんじんぶん》を説《と》かん。

是《こ》の中《なか》に未《いま》だ正定聚《しょうじょうしゅ》に入《い》らざる衆生《しゅじょう》に依《よ》るが故《ゆえ》に修行《しゅぎょう》・信心《しんじん》を説《と》く。

何等《なんら》の信心《しんじん》を云何《いかん》が修行《しゅぎょう》するや。

略《りゃく》して信心《しんじん》を説《と》くに四種《ししゅ》有《あ》り。

云何《いかん》が四《よつ》と為《な》す。

一《ひとつ》には根本《こんぽん》を信《しん》ず。所謂真如《いわゆるしんにょ》の法《ほう》を楽念《ぎょうねん》するが故《ゆえ》に。

二《ふたつ》には仏《ぶつ》に無量《むりょう》の功徳有《くどくあ》りと信《しん》じて、常《つね》に念《ねん》じて親近《しんごん》し供養《くよう》し恭敬《くぎょう》して善根《ぜんごん》を発起《ほっき》し一切智《いっさいち》を願《がん》求《ぐ》するが故《ゆえ》に。

三《みっ》には法《ほう》に大利益《だいりやく》有《あ》りと信《しん》じて、常《つね》に念《ねん》じて諸波羅蜜《しょはらみつ》を修行《しゅぎょう》するが故《ゆえ》に。

四《よっ》には僧《そう》は能《よ》く正《ただ》しく自利《じり》・利他《りた》を修行《しゅぎょう》すと信《しん》じて、常《つね》に楽《ねが》うて諸《もろもろ》の菩薩衆《ぼさつしゅう》に親近《しんごん》して如実《にょじつ》の行《ぎょう》を求学《ぐがく》するが故《ゆえ》に。

先の解釈分までで世界観や自己のあり方について説き終わったので、これからは実践の話、修行信心分について語ります。

この修行信心分においては、仏に成ることが約束された正定聚にいまだ入っていない衆生（不定聚）のために信心の修行が説かれます。正定聚に入るとは、『起信論』では信心が決定する段階にあたります。しかし、そこまで達していない人々を想定して、そのような人々をどのように救うのかという観点から修行信心分が説かれます。逆に言えば、人々を正定聚に入らせることが目的なわけです。正定聚になって仏に成ることが約束されるということは、その成仏のときはいつになるかはわかりませんが、必ず仏に成る、すなわち救われるということです。『華厳経』には「初発心時、便成正覚」（初発心の時に便ち正覚を成ず）と言って、初めて菩提心を発したときに便ち正覚を成ずと言います。このように、信心の成就は決定的な意味を持っているわけで、そのための修行が説かれるのです。

信心を成就することに関して、その信心の内容はどういったものかという質問です。唯識では、信の心の説明は心所有法として詳しく説明されていますが、『起信論』では四つにまとめて説明します。一つが真如への信です。いのちの根源、世界の根源そのものを正しく理解しながら、その実現に向かっていこうという気持ちを起こすことです。残りの三つは、仏法僧の三宝への信です。この四つが信の内容です。

一には、いのちの根本である「真如法」の覚証を願う（楽念）ことです。『起信論』の教理を学ぶ中で、真如のあり方を教えにそって理解を深めていき、その実現に努力しようという気持ちを起こすことです。

二には、仏にはすばらしい智慧の働きや功徳という徳性があって、自分を救ってくれると信じることです。そこから、常に仏を思って実際に仏に近づき尊重する気持ちになって、その教えにしたがって修行していきます。そして善根を積んで仏に成って一切智を実現し、自分も自由自在に人々を救済するような存在になりたいと願うことです。

三には、法つまり教え、世界観や修行の仕方などの教えにはたいへんな利益があると信じて、常によく理解して修行の仕方の教えである諸の波羅蜜を修行するのです。仏道を歩んでいこうという気持ちの中で波羅蜜を修行するのが、法に対する信心なのです。

ここで言う波羅蜜は六波羅蜜を想定していると思われますが、大乗仏教では、六波羅蜜以外にも九波羅蜜などいろいろな波羅蜜が説かれます。「諸の」とありますので、それだけ広がりをもったさまざまな修行も含んでいるわけでしょう。大乗仏教の基本的な修行としては、ほかにも四摂法《ししょうぼう》（布施・愛語・同事・利行）や慈悲喜捨の四無量心、三十七菩提分法などがあります。その中でも最も基本的な波羅蜜やその周辺の諸の行を修行していくのです。

四には、僧侶たちが自利利他ともに等しく行じていることを信じて、常に菩薩衆に親近します。僧とは僧伽（サンガ）の伽が落ちだもので、本来は修行者の共同体を意味します。一人のお坊さんの意味ではありません。「菩薩衆」の「衆」はサンスクリット語でガナと言い、集団を意味する言葉です。大乗仏教の道を歩んでいる複数の人々、集団に近づいて、仏の教えにそった真実にかなった行を学ぶことを求めるのです。

このような仏法僧への帰依の気持ちとそれを実現していきたいという気持ちと、その根本にある真如の理解を深めていくこと、これらが信の内容であると説いています。それが本当に決定され成就すれば正定聚に入り、仏に成ることが約束された身となるのです。

## 五つの修行（1）（布施・持戒・忍辱・精進）——修行信心分（2）

修行《しゅぎょう》に五門《ごもん》有《あ》りて能《よ》く此《こ》の信《しん》を成《じょう》ず。

云何《いかん》が五《いつつ》と為《な》す。

一《ひとつ》には施門《せもん》、二《ふたつ》には戒門《かいもん》、三《みつ》には忍門《にんもん》、四《よつ》には進門《しんもん》、五《いつつ》には止観門《しかんもん》なり。

云何《いかん》が施門《せもん》を修行《しゅぎょう》する。

若《も》し一切《いっさい》の来《きた》りて求索《ぐさく》する者を見《み》れば、有《あ》らゆる財物力《ざいもつりき》に随《したが》いて施与《せよ》す。自《みずか》ら慳《けん》・貪《どん》を捨《す》つるを以《もっ》て彼《かれ》をして歓喜《かんぎ》せしむ。

若《も》し厄難《やくなん》・恐怖《くふ》・危逼《きひつ》を見《み》れば、己《おの》が堪任《かんにん》するに随《したが》いて無畏《むい》を施与《せよ》す。

若《も》し衆生《しゅじょう》の来《きた》りて法《ほう》を求《もと》むる者有《ものあ》らば、己《おの》が能《よ》く解《げ》するに随《したが》いて方便《ほうべん》して為《ため》に説《と》きて名利《みょうり》・恭《く》敬《ぎょう》を貪求《とんぐ》すべからず。唯《た》だ自利《じり》・利他《りた》を念《ねん》じ菩提《ぼだい》に廻向《えこう》するが故《ゆえ》に。

云何《いかん》が戒門《かいもん》を修行《しゅぎょう》する。

所謂不殺《いわゆるふせつ》と不盗《ふとう》と不婬《ふいん》と不両舌《ふりょうぜつ》と不悪口《ふあっく》と不妄言《ふもうごん》と不綺語《ふきご》と、貪《とん》と嫉《しつ》と欺《き》と詐《さ》と諂《てん》と曲《ごく》と瞋《しん》と恚《に》と邪見《じゃけん》とを遠離《おんり》す。

若《も》し出家《しゅっけ》の者《もの》は煩悩《ぼんのう》を折伏《しゃくぶく》せんが為《ため》の故《ゆえ》に、亦《ま》た応《まさ》に憒閙《かいにょう》を遠離《おんり》し常《つね》に寂静《じゃくじょう》に処《しょ》して少欲知《しょうよくち》足《そく》・頭陀《ずだ》等《とう》の行《ぎょう》を修習《しゅじゅう》し、乃至小罪《ないししょうざい》にも心《こころ》に怖畏《ふい》を生《しょう》じて慚愧《ざんき》し改悔《かいけ》して如来所制《にょらいしょせい》の禁戒《ごんかい》を軽《かろ》んずることを得《え》ざるべし。

当《まさ》に譏嫌《きげん》を護《まも》りて衆生《しゅじょう》をして妄《みだ》りに過罪《かざい》を起《おこ》さしめざるべきが故《ゆえ》に。

云何《いかん》が忍門《にんもん》を修行《しゅぎょう》する。

所謂応《いわゆるまさ》に他人《たにん》の悩《なや》ますを忍《しの》びて心《こころ》に報《ほう》を懐《いだ》かざるべし。

亦《ま》た当《まさ》に利《り》・衰《すい》・毀《き》・誉《よ》・称《しょう》・譏《き》・苦《く》・楽《らく》等《とう》の法《ほう》を忍《しの》ぶべきが故《ゆえ》に。

云何《いかん》が進門《しんもん》を修行《しゅぎょう》する。

所謂諸《いわゆるもろもろ》の善事《ぜんじ》に於《おい》て心懈退《こころけたい》せず。志《こころざし》を立《た》つること堅強《けんごう》にして怯弱《こにゃく》を遠離《おんり》し、当《まさ》に過去久遠《かこくおん》より已来《このかた》虚《むな》しく一切《いっさい》の身《しん》・心《しん》の大苦《だいく》を受《う》けて利益《りやく》有《あ》ること無《な》きを念《ねん》ずべし。

是《こ》の故《ゆえ》に応《まさ》に勤《つと》めて諸《もろもろ》の功徳《くどく》を修《しゅ》して自利《じり》し利他《りた》して速《すみやか》に衆苦《しゅく》を離《はな》るべし。

信を成就するための修行の説明に入ります。それが続いて説かれる五つの修行です。

その五つとは施門、戒門、忍門、進門、止観門です。施門は布施、戒門は持戒、忍門は堪え忍ぶ意味の忍辱、進門は精進のことです。六波羅蜜では布施・持戒・忍辱・精進・禅定・智慧となりますが、『起信論』ではその智慧と禅定をまとめて止観としています。止観とはサンスクリット語で、止をシャマタ、観をヴィパシャナと言います。これは禅定と智慧に相当しますので、結局のところ五行と言っても六波羅蜜を修行することによって信心が成就するわけです。もちろん、信が成就してから後も、諸の修行をしていくことは当然ですが、菩提心を発するに至る以前の信心を成就するための修行の道筋において五行、すなわち六波羅蜜が設定されています。

施門

初めに、施門、布施の修行の内容について説明されます。唯識の書物に無著作の『摂大乗論《しょうだいじょうろん》』があり、そこでは六波羅蜜が三種ずつ説明されています。この布施に関しては、財施・法施《ほっせ》・無畏施の三つがあると説いています。金品等をさしあげるのが財施、すばらしい教えを分かち合うのが法施、畏れなき心を施すのが無畏施です。『起信論』もここではそれに則って説明しています。

どのような人であっても、自分の方へ来て何か求めてくれば、自分の応分の力にしたがって施しなさいと言っています。すべてを施すと、自分も修行ができなくなるので、できる範囲でという条件がついています。そうすると、捨てたり恵んだりできないもの惜しみの心や貪りの心を人にものをさしあげる行為の中で捨て去ることができるわけで、しかも相手を喜ばせることにもなります。そのように修行しなさいということです。

次に、何か相手にやっかいなことが降りかかっていたり、困っていることが起きていたり、相手が何かに怯えていたりしたら、自分自身の力の範囲で畏れなき心を施しなさいと言っています。畏れなき心を施すとは実際にどういうことか難しいことですが、一緒にいてあげるとか不安を取り除いてあげるとか、そういったことではないでしょうか。そして、教えを求める者がいたならば、理解している範囲で相手がわかるように説いてあげなさいとあります。

布施するときには、何か布施をすることによって評判とか実利、尊敬されることやお返しを求める貪りの心などを追求してはいけません。宗教的な意味での自分の向上と他人の向上だけを考えて行い、そうして積まれた善根を菩提の実現に振り向けていきなさいと説いています。要するに、ひたすら仏道を歩んでいくことの中で、こうした行をしなさいということです。

## 戒門

戒門、戒律を持《たも》つ修行のことです。その内容は、まず、殺さない・盗まない・邪な男女関係を持たないという身体の行為に関しての規範があります。仏教では行為を身（身体）・語（言葉）・意（心）

の三業のかたちで見ます。ですから、ここでの三つは身体の行為として行ってはいけないことにあたります。なおここではただ「婬せず」とだけあるので、文字通りとれば男女関係を一切持たないことになり、出家者への規範になります。不邪婬では邪な男女関係を持たないということになり、在家への規範になります。一般的な十善業道に則っていると考えて、不邪婬の意味で解釈したいと思います。

次の四つは言葉の行為に関してであり、一つ目が「両舌しない」。これは、仲のよいAさんとBさんがいて、Aさんに対してはBさんがこういうことを言っていましたよ、Bさんに対してはAさんはこんなことを言っていましたよと、ありもしないことを言って仲違いさせることです。そのため離間語と呼ばれることもあります。二つ目の「悪口しない」とは、いわゆる「わるくち」ではなく粗暴な言葉、ハラスメントになるような言葉を言わないことです。三つ目の「妄言」は嘘のこと、四つ目の「綺語」は飾り立てた言葉、おべんちゃらのことで、そういったことを言わないという戒めです。

十善業道では、残りの心の行為に相当する三つは「貪」「瞋恚」「邪見」の否定になります。しかし『起信論』ではここに、「欺詐と諂曲」が挟まっています。欺詐とは欺くこと、出家者が修行もろくにしていないのに修行して悟ったかのような姿を見せて供養にありつくことを意味します。諂曲は他人から間違いを指摘されたときなどに、ああでもない、こうでもないと言って自分の悪さを認めず相手を丸め込んでしまうことです。瞋恚は怒り、邪見は正しくない見解、要するに無明のことです。

こういったことから遠離しなさいというのが十善業道で、出家・在家を問わず守るものです。

もしも出家者であれば煩悩をおさえるために騒がしいところを離れて静かなところに住すべきこと

が述べられます。「折伏」とありますので、まずは煩悩を断ずるところまではいかなくても、現実に働くのを抑えることを意図しています。そのために、騒々しい刺激的な都市から離れることが勧められているわけです。そして、あまり欲望を起こさず境遇に満足し、最小限の持ち物によって修行すべきとあります。頭陀行とは、衣・食・住にわたって清貧を守る修行で、粗末な衣（糞掃衣）を着、人様のあまりものを食し（乞食）、樹下を宿とする（樹下座）などを実践することです。さらに、どのような小さい罪にも恐れの気持ちを起こして、悔い改めて、如来の決めた戒律を軽んじてはいけない、とあります、如来が制した所の禁戒とは、出家者として守るべき小乗戒、二百五十戒などを指していると考えられます。以上は、特に出家の修行者を念頭に置いて説いたものです。

忍門

忍辱には一般に三つあります。一つは誹謗中傷を受けても心を波立たせることなく、冷静に対応して自分の信じている道をまっすぐ行くことです。二つは、非常に暑かったり寒かったりするなど困難な状況の中でも怠けないで修行していくことです。三つは、智慧の修行において非常に厳しいものがあるけれども、それを堪え忍ぶことです。ここでは、他人がいろいろとこちらを悩ましてもそれに復讐しようという心を持たないようにしなさいと、誹謗中傷を堪え忍ぶことが述べられています。

それから、豊かになったり貧しくなったり衰えたりすること、評判を傷つけられたり名誉になること、「たたえる」ことと「そしる」こと、「苦と楽」などのすべてを忍べきであると言っています。二元対立にとらわれることなく、一心に仏道を修行していくことや、厳しい環境に堪えることや、快楽などの感覚に流されることから堪え忍ぶことなどが忍の内容です。特に他人から褒められることは麻薬のようなもので、それを味わったり楽しんだりしていると、とんでもないことになったりするので注意が必要です。

進門

続いて、努力精進の修行についての説明に入ります。仏道修行に対して心が怯むことなく、やめてしまいたいといった心を起こさないことです。そして仏道を必ず成就するという固く強い志を立てて、怖じ気づくような弱い気持ちから離れなさい、と言っています。

始まりのない過去から死んでは生まれ死んでは生まれを繰り返し生死輪廻してきたわけで、はるか昔の過去より地獄や餓鬼等々に生まれて受けてきた今までの身心の苦しみを思い、何の利益もなかったことを念ずべきなのです。本当の意味での自己のいのちの了解や究極の楽しみを得たことはなく、自分がどこから来てどこへ行くのか、自分とは何かといったことに対する確固とした自覚をいまだかつて一度も実現したことがないことをよく思うべきだということでしょう。

したがって、この仏道を修行して、そのことを明らかにすべきであり、自分も大切にし他人も大切にして、修行を完成させて速やかにさまざまな苦しみから離れるべきなのです。

復《ま》た次《つぎ》に若《も》し人信心《ひとしんじん》を修行《しゅぎょう》すと雖《いえど》も、先世《せんぜ》より来《このかた》多《おお》く重罪悪業障《じゅうざいあくごっしょう》有《あ》るを以《もっ》ての故《ゆえ》に、邪魔諸《じゃましょ》鬼《き》の為《ため》に悩乱《のうらん》せらる。或《あるい》は世間事務《せけんじむ》の為《ため》に種種《しゅじゅ》に牽纏《けんてん》せらる。或《あるい》は病苦《びょうく》の為《ため》に悩《なや》まさる。是《かく》の如《ごと》き等《とう》の衆多《しゅた》の障礙《しょうげ》有《あ》り。是《こ》の故《ゆえ》に応当《まさ》に勇猛精勤《ゆみょうしょうごん》して昼夜六時《ちゅうやろくじ》に諸仏《しょぶつ》を礼拝《らいはい》し、誠心《じょうしん》に懺悔《さんげ》し勧請《かんじょう》し随喜《ずいき》して菩提《ぼだい》に廻向《えこう》すべし。
常《つね》に休廃《くはい》せずんば諸障《しょしょう》を免《まぬが》るることを得《え》ん。善根増長《ぜんごんぞうちょう》するが故《ゆえ》に。

こういう修行することによって信心を成就させていく中で、過去に無明・煩悩に覆われてさまざまな悪業を犯してきた、その業の結果によって、この世でも無明・煩悩に覆われたりしてさまざまな菩提と涅槃の実現への障りがあることになります。そのため、何か真実ではない誘惑してくるもの、姿・形は見えないけれども何か作用してくるものに悩まされたりします。あるいは、世間の世俗の仕事が忙しくてそれにまとわりつかれてどうにもならないことにもなり、病気のためになかなか修行できないことになったりして、たくさんの妨げが出てくることになります。

そのために、勇み猛々しく一所懸命に励んで、純粋な心でもって自分の悪業を懺悔し、諸仏を修行の世界に招き入れてその諸仏諸尊にしたがって仏道を歩むことを喜んで、さらに修行して得た功徳を菩提の実現に振り向けていくべきなのです。

## 五つの修行（2）（止観）――修行信心分（3）

云何《いかん》が止観門《しかんもん》を修行《しゅぎょう》する。

言《い》う所《ところ》の止《し》というは、謂《いわ》く一切《いっさい》の境界《きょうがい》の相《そう》を止《と》めて奢摩他観《しゃまたかん》に随順《ずいじゅん》する義《ぎ》の故《ゆえ》に。

言《い》う所《ところ》の観《かん》というは、謂《いわ》く因縁生滅《いんねんしょうめつ》の相《そう》を分別《ふんべつ》して毘鉢舎那観《びばしゃなかん》に随順《ずいじゅん》する義《ぎ》の故《ゆえ》に。

云何《いかん》が随順《ずいじゅん》する。

此《こ》の二義《にぎ》を以《もっ》て漸漸《ぜんぜん》に修習《しゅじゅう》して相《あい》捨離《しゃり》せず、双《なら》べて現前《げんぜん》するが故《ゆえ》に。

若《も》し止《し》を修《しゅ》する者《もの》は静処《じょうしょ》に住《じゅう》して端座《たんざ》して意《い》を正《ただ》しくし、気息《きそく》に依《よ》らず、形色《ぎょうしき》に依《よ》らず、空《くう》に依《よ》らず、地《ち》・水《すい》・火《か》・風《ふう》に依《よ》らず、乃至見《ないしけん》・聞《もん》・覚《かく》・知《ち》に依《よ》らず。

一切《いっさい》の諸想念《しょそうねん》に随《したが》いて皆《み》な除《のぞ》き亦《ま》た除想《じょそう》をも遣《や》る。

一切《いっさい》の法《ほう》は本来無想《ほんらいむそう》にして念念《ねんねん》に生《しょう》ぜず念念《ねんねん》に滅《めっ》せざるを以《もっ》てなり。

亦《ま》た常《つね》に心外《しんげ》に随《したが》いて境界《きょうがい》を念《ねん》じ後《のち》に心《こころ》を以《もっ》て心《こころ》を除《のぞ》くことを得《え》ず。

心若《しんも》し馳散《ちさん》せば即《すなわ》ち当《まさ》に摂《しょう》し来《きた》りて正念《しょうねん》に住《じゅう》すべし。

是《こ》の正念《しょうねん》というは当《まさ》に知《し》るべし、唯心《ゆいしん》にして外《げ》の境界《きょうがい》無《な》し。即《すなわ》ち復《ま》た此《こ》の心《しん》も亦《ま》た自相《じそう》無《な》く念《ねん》念《ねん》に不可得《ふかとく》なり。

若《も》し坐《ざ》より起《た》って去《こ》・来《らい》・進《しん》・止《し》に施作《せさ》する所有《ところあ》らば、一切《いっさい》の時《じ》に於《おい》て常《つね》に方便《ほうべん》を念《ねん》じて随順《ずいじゅん》観察《かんざつ》すべし。

久習淳熟《くしゅうじゅんじゅく》すれば其《そ》の心住《しんじゅう》することを得《う》。

心住《しんじゅう》するを以《もっ》ての故《ゆえ》に漸漸《ぜんぜん》に猛利《みょうり》にして真如三昧《しんにょざんまい》に随順《ずいじゅん》し得入《とくにゅう》し、深《ふか》く煩悩《ぼんのう》を伏《ふく》し信心増長《しんじんぞうちょう》して速《すみ》やかに不退《ふたい》を成《じょう》ず。

唯《た》だ疑惑《ぎわく》と不信《ふしん》と誹謗《ひぼう》と重罪《じゅうざい》と業障《ごっしょう》と我慢《がまん》と懈怠《けたい》とをば除《のぞ》く。是《かく》の如《ごと》き等《とう》の人《にん》は入《い》ること能《あた》わざる所《ところ》なり。

### 止観門

次に止観の修行の仕方についての説明です。前にも述べた通り止観は止（定）と観（慧）に分かれます。そのうち止は、対象的に分別して現れる相をとどめる、対象的に分別することをやめることです。これを奢摩他観とも言い、心を静めるという働きに相当します。奢摩他に観がつく表現は不思議な表現ですが、菩提流支の翻訳した論書にはこのような例が出てきますので、このことをもって一概に『起信論』は中国成立だとは言えません。一方、『起信論』が地論宗に近いと言える根拠になると思います。この分別をおさめて一心に住する行法を習っていくわけです。

観の方は、縁起の世界のありさまをきちんと理解すること、ありのままに縁起のままに理解することになります。こちらは知的な分別を働かせることになりますが、ふだんの対象的に実体視するあり方を超えて、現象世界のありのままの姿を観察していくところが違ってきます。この毘鉢舎那が観のことです。そのため毘鉢舎那観と言うと、観観と意味が重なってしまいますが、ともあれ、五行の中の止観は、本当の止観に随順していく段階の修行ということで、その双方に観がついているのでしょう。

どのように随順するのか、修行していくのかということについては、ときには止だけ観だけ修行することもあると思いますが、基本的には双方同時に行っていきます。奢摩他観・毘鉢舎那観の双方を次第に深めていって、心の統一を深め観察を鋭利にしていくと、その二つは相互に働き合って、止と観の極地が現前するのです。止観の世界の中で究極の真理を自覚するわけです。

止の修行は、六波羅蜜で言うと禅定に相当します。まず静かな場所に住して、姿勢を正して坐ります。坐禅で言うと、結跏趺坐や半跏趺坐になります。脊梁骨をぐっと伸ばして正身端坐して、心も正します。そして心を仏道への思いに集中して修行していくのです。すでに原始仏教の観法にはいろいろな対象を用いて行う方法が説かれています。たとえば、色を丸い円盤に塗ってそれにじっと見入るなどです。しかし、ここでは何か集中の対象を措定して心を注ぐ修行は禁止されています。坐禅の場合は、体を調えて結跏趺坐した後、呼吸を調えます。その上で心を調えていきます。調身・調息・調心の順で調えていくわけで、特に息を調えることが禅定では非常に重要な要素になっています。呼吸を調えることは、交感神経や副交感神経といった自律神経を調えることにつながり、心理的な状態も軽くなっていきます。随息観や数息観という息の数を数える方法も古来から伝わっています。

しかし、ここでは、自分の呼吸を対象化して集中していくこともするなと説かれています。それから、何か色を描いて観察の対象にすることもしてはいけないし、虚空を思い浮かべて集中することもしてはいけない、地水火風などを想定することもしてはいけないと述べています。これらは原始仏教で修行方法として説かれているものです。さらには、見る、聞く、覚知するものを対象として心を集中することまで禁止しています。

そうして、あらゆる分別の対象や働きを、そのつどそのつどみな除いていきます。そして修行しているその間ずっと、分別する思いを常に除いて、その除こうとすることすら除いていきます。対象を思い浮かべることも分別することも起こさないし、起こさないようにすることもしない（除想をも遣る）状態にとどまる重要性を述べているわけです。

それはなぜかと言うと、あらゆる法は本来、そのものとして対象化されてとらえられるような相は一切持っていないからです。それそのものとしてある世界ですので、相を離れていれば、生まれたとか滅したとか対象的に分別することもできないわけです。それで「念念に生ぜず念念に滅せざる」となるわけです。『中論』で言えば、八不中道の「不生・不滅、不常・不断、不一・不異、不来・不去」という世界がありのままに広がるのです。

また、心の外に対象的に何かあるものを想定するとして、唯識や空観などから、それは間違いであると理解して、分別は成り立たないから分別をやめようと、心でもって心をおさえようとしてはいけないと言っています。先ほどの「除想をも遣る」ということと同じです。ありのままに住するならば、対象的にとらえるべきものもなく、分別のはたらきも静めなければいけないけれども、心でもって心を静めるようでは、いつまで経っても埒が明かないことをわきまえなさいと言っているのでしょう。

心が集中できなくて散乱し、次から次へと対象を追い求めるような事態になったならば、あらゆる心の働きを離れる正念に戻ってこなければいけません。

この正念とは、対象的に分別するものを持たない、対象的に得るものを持たない心のあり方のことです。主体が主体のままにあるので、唯心ということになります。ところが、この心も一つの固有の相や実体もなく、その心自体は対象的にとらえることはできません。

『金剛般若経』に「過去心不可得、現在心不可得、未来心不可得」という一文があります。過去はもうないので得られません。未来もいまだ実在しないので得られません。では現在はというと、これも主体が主体として働いているただ中にあるので、対象的に得ることはできないのです。畢竟、自分というものは自分のものにならないわけで、そのならないというあり方の中でかけがえのないいのちを生きているのです。そういう対象化できない、念念不可得、不生不滅の世界に心が住することが、正念であり、止の世界なのです。それは真如そのものの世界、真如と一体となった真如三昧の世界とも言えます。

もし坐から立ち上がって行ったり来たりしていろいろと行動する場合も、どういったときでも常に対象世界も心の側もとらえられるものは何もないということを了解して、そのありように随順して観察しなさい、と言っています。方便とは、瞑想に入る修行のような意味合いでしょう。坐禅して禅定を深めるときは、真如そのものに近づいているかもしれませんが、坐禅から立って日常の生活をするときには、どうしても分別などが出てきてしまいます。そういう中でも常に不生不滅の真理の世界を念じて観察することを勧めているのです。ふだん私たちは自我やものに執着し、自分を対象的においてそれにしがみつきます。しかし、修行生活の中ではその虚妄性を見て、同時に心も実体視せず本来のいのちの世界のあり方があると理解して、それを日常の中でも続けて観察しなさいと言っているのです。

そういうしかたを続けて、それが熟してくれれば、心は心そのものに、真如そのものに住することができるようになるでしょう。止が成就する段階に達したと言えます。

心が分別の働きをおさえて対象化せず、主体そのものとしての心におさまっていくと、智の働きが非常に鋭くなっていきます。『起信論』では、真如と本覚が一体となって考えられていますので、真如の世界がそのまま覚りの智慧の世界なのです。その真如に近づけば近づくほど、その心のあり方が智慧の働きとして鋭くなってくるわけです。真如そのものの世界にだんだんと入っていき、真如三昧に入ることを得ると、煩悩が起きてくることがなくなっていきます。唯識では、現実に煩悩が働くことがおさえられることを伏と言います。この段階はまだ煩悩の種子が阿頼耶識に残っていますので、この種子を断じ滅していくことを目的に修行していきます。『起信論』では煩悩の種子の問題は触れられていませんが、しかも断ずるとは言わず伏すると言っているのは、唯識を踏まえているのかもしれません。

そして、同時に信心が増長して、不退を成就し、信心の成就が成し遂げられるわけです。真如と三宝への信が確立して退転しない段階、仏に成ることが約束された段階になるということです。

しかし、仏教の世界を疑ったり、譏ったり、父母を殺す、仏の体を傷つけると言った重い罪業を犯して、それによる障り（業障）を有していたり、自分はすごいと思ったり、怠けたりするようなあり方にあると、この止の修行を成就することはできません。「慢」は他者と比較して自分の方が勝れていると思ったり、自分の方が本当は劣っているのに対等だと思ったり勝れていると思ったりすることで、いろいろな慢が言われます。我慢も今日で言う忍耐の意味とは違って、自我があるという思いに終始して自分を恃む慢心を持つことを意味します。こういった人たちは、止の修行を全うすることはできないのです。

## 瞑想の障害——修行信心分（4）

復《ま》た次《つぎ》に是《こ》の三昧《ざんまい》に依《よ》るが故《ゆえ》に則《すなわ》ち法界一相《ほっかいいっそう》なりと知《し》る。謂《いわ》く一切《いっさい》の諸仏《しょぶつ》の法身《ほっしん》と衆生身《しゅじょうしん》と平《びょう》等無二《どうむに》なるを、即《すなわ》ち一行三昧《いちぎょうざんまい》と名《な》づく。

当《まさ》に知《し》るべし。真如《しんにょ》は是《こ》れ三昧《ざんまい》の根本《こんぽん》なり。

若《も》し人修行《ひとしゅぎょう》するときには漸漸《ぜんぜん》に能《よ》く無量《むりょう》の三昧《ざんまい》を生《しょう》ず。

或《あるい》は衆生《しゅじょう》有《あ》りて善根《ぜんごん》の力《りき》無《な》く、則《すなわ》ち諸魔《しょま》・外道《げどう》・鬼神《きしん》の惑乱《わくらん》する所《ところ》と為《な》る。若《も》しは坐中《ざちゅう》に於《おい》て形《ぎょう》を現《げん》じて恐怖《くふ》せしめ、或《あるい》は端正《たんじょう》の男《なん》・女《にょ》等《とう》の相《そう》を現《げん》ず。当《まさ》に唯心《ゆいしん》を念《ねん》ずべし。境界《きょうがい》則《すなわ》ち滅《めっ》して終《つい》に悩《のう》を為《な》さず。

或《あるい》は天《てん》の像《ぞう》・菩薩《ぼさつ》の像《ぞう》を現《げん》じ亦《ま》たは如来《にょらい》の像《ぞう》を作《な》して相好具足《そうごうぐそく》し、若《も》しは陀羅尼《だらに》を説《と》き、若《も》しは布施《ふせ》と持戒《じかい》と忍辱《にんにく》と精進《しょうじん》と禅定《ぜんじょう》と智慧《ちえ》とを説《と》き、或《あるい》は平等《びょうどう》の空《くう》と無相《むそう》と無願《むがん》と無怨《むおん》と無親《むしん》と無《む》因《いん》と無果《むか》と畢竟空寂《ひっきょうくうじゃく》なる是《こ》れ真《しん》の涅槃《ねはん》なりと説《と》き、或《あるい》は人《ひと》をして宿命《しゅくみょう》過去《かこ》の事《じ》を知《し》り亦《ま》た未《み》来《らい》の事《じ》を知《し》り他心智《たしんち》・弁才無礙《べんさいむげ》を得《え》せしめ、能《よ》く衆生《しゅじょう》をして世間《せけん》の名利《みょうり》の事《じ》に貪著《とんちゃく》せしむ、又《ま》た人《ひと》をして数《しばしば》瞋《い》り数《しばしば》喜《よろこ》びて性《しょう》い常準《じょうじゅん》無《な》からしめ、或《あるい》は多慈愛《たじあい》・多睡《たすい》・多宿《たしゅく》・多病《たびょう》にして其《そ》の心《しん》をして懈怠《けたい》ならしむ。或《あるい》は卒《にわか》に精進《しょうじん》を起《おこ》し後便《のちすなわ》ち休廃《くはい》し、不信《ふしん》を生《しょう》じて多《おお》く疑《うたが》い多《おお》く慮《おもん》ばからしむ。

或《あるい》は本《も》との勝行《しょうぎょう》を捨《す》て更《さら》に雑業《ぞうごう》を修《しゅ》し、若《も》しは世事《せじ》に著《じゃく》して種種《しゅじゅ》に牽纏《けんてん》せしむ。亦《ま》た能《よ》く人《ひと》をして諸《もろもろ》の三昧《ざんまい》の少分《しょうぶん》の相似《そうじ》を得《え》しむ。皆《み》な是《こ》れ外道《げどう》の所得《しょとく》にして真《しん》の三昧《ざんまい》に非《あら》ず。

或《あるい》は復《ま》た人《ひと》をして若《も》しは一日《いちにち》若《も》しは二日《ふつか》若《も》しは三日《みっか》乃至《ないし》七日《なの》定中《かじょうちゅう》に住《じゅう》して、自然《じねん》の香美《こうみ》の飲食《おんじき》を得《え》て身《しん》・心適悦《しんちゃくえつ》して飢《き》せず渇《かっ》せざらしめ、人《ひと》をして愛著《あいじゃく》せしむ。

或《あるい》は人《ひと》をして食《じき》に分斉無《ぶんざいな》く乍《たちまち》に多《おお》く乍《たちまち》に少《すく》なくして顔色変異《げんしきへんい》せしむ。

是《こ》の義《ぎ》を以《もっ》ての故《ゆえ》に、行者常《ぎょうじゃつね》に応《まさ》に智慧《ちえ》をもて観察《かんざつ》して此《こ》の心《しん》をして邪網《じゃもう》に堕《だ》せしむること勿《な》かるべし。

当《まさ》に勤《つと》めて正念《しょうねん》にして不取《ふしゅ》・不著《ふじゃく》なるときは則《すなわ》ち能《よ》く是《こ》の諸《もろもろ》の業障《ごっしょう》を遠離《おんり》すべし。応《まさ》に知《し》るべし。外道所有《げどうしょう》の三昧《ざんまい》は、皆《み》な見《けん》・愛《あい》・我慢《がまん》の心《しん》を離《はな》れず、世間《せけん》の名利《みょうり》・恭敬《くぎょう》を貪著《とんじゃく》するが故《ゆえ》に。

真如三昧《しんにょざんまい》というは、見相《けんそう》に住《じゅう》せず、得相《とくそう》に住《じゅう》せず。乃至出定《ないししゅつじょう》にも亦《ま》た懈《け》・慢《まん》無《な》く、所有《しょう》の煩悩《ぼんのう》漸漸《ぜんぜん》に微薄《みはく》なり。

若《も》し諸《もろもろ》の凡夫《ぼんぶ》此《こ》の三昧《ざんまい》の法《ほう》を習《なら》わずして、如来《にょらい》の種性《しゅしょう》に入《い》ることを得《う》ること、是《こ》の処《ことわり》有《あ》ること無《な》し。

世間《せけん》の諸禅三昧《しょぜんざんまい》を修《しゅ》して多《おお》く味著《みじゃく》を起《おこ》し、我見《がけん》に依《よ》りて三界《さんがい》に繋属《けぞく》するを以《もっ》て外道《げどう》と共《とも》にす。若《も》し善知識《ぜんちしき》の所護《しょご》を離《はな》れぬれば則《すなわ》ち外道《げどう》の見《けん》を起《おこ》すが故《ゆえ》に。

また、対象を分別する心のあり方からも離れていく三昧によって、世界の本性は空にして平等な一相であることを知ることができます。あらゆる現象世界を貫く平等の本性の世界によって「一切の諸仏の法身と衆生身と平等無二」であると知られます。その心に住する修行のあり方を一行三昧と名づけます。法身とは仏の真理そのものを体として見た場合の呼び方です。ここの衆生身は衆生の本性ということでしょう。一切の諸仏の体としての真如・法性は空性であり、それと個々の衆生の本質・本性は平等にして違いがないという世界、一なる世界に住することが、一行三昧なのです。

真如の三昧を修することが、根本の三昧であって、ここからさまざまな三昧が出てくるのです。止観の止の世界は真如そのものの世界を根底としてそこに住するものであり、そこから個別の事象や事物になりきるような三昧が出てくるので、三昧の根本なのでしょう。

次に禅定を修するうえで問題となる魔境についての説明に入ります。

十分に修行を積んだり自利利他の営みをしてこなかったりして善根を積んでいない衆生は、修行者に対して悪さを働くような存在であるさまざまな魔に悩まされます。何か恐ろしい姿となって修行者を怖がらせたり、逆に美しい姿の男性や女性として現れたりします。そうすると無意識のうちに心がそちらになびいて修行がおろそかになるわけです。そういったものが現れたときには、これは実体がないもので、心のかげんで現れただけだと、もう一度深く理解しなおします。そうすると、現れた像はたちまちに滅して今後は悩ますことはないでしょう。

坐禅をしているといろいろなものが出てくると言います。何か悪さをするようなものが現れた場合は、警戒して取り合わないようにすることは比較的やさしいことです。しかし、仏や観音などが現れた場合は難しいものです。禅ではそれらも魔境なのでとらわれていはいけない、喜んだりせずただひたすら坐り抜きなさいと言います。悪さをする魔も麗しい仏や観音の姿も実は修行を乱すものであって、そういうものにとらわれてはいけないのです。

あるいは、神々の姿や、観音や弥勒といった大乗の修行者である菩薩の姿、さらには耳朶が長いといったすばらしい特徴を備えた仏の姿で現れたりします。そして、教えを説いたりします。また、それらは、少ない文句の中に深い教義をたたえた陀羅尼を説いたり、六波羅蜜の修行を説いたりします。

あるいは、真如が分別を離れていて平等一相であることや、空であること、無相であること、対象として願うべきものが何もないことなどを説いたりします。さらに、敵となったり親しい間柄となったりする区別もなく、因も果もなく畢竟空寂であるのが涅槃の世界であると説きもします。これは空に偏っていてネガティブな面があり、そのため究極ではないことを間違いと言っているのでしょう。仮に真理であっても、禅定の中で現れるものは真実の存在ではなく、心が作用して現れたものなので、とらわれてはいけないのです。

次に神通力の話になります。「人をして宿命過去の事を知り亦た未来の事を知り」とは、過去や未来のことがわかる宿命通のことです。また、他者の心のありようや動きがわかって自由自在に語ることができるようにさせてくれるといった神通力を得させます。坐禅をしていると、このようなことが時々発生するそうですが、それにとらわれていはいけません。こういった神通力を得ることは、それを売り物にして世間の名声・実利を貪ることにつながるからです。そういった誤ったあり方に陥いってしまうため、神通力にとらわれてはいけないということです。

また、急に怒り出したり笑い出したりして、心に落ち着きのない安定しない状況にさせ、あるいは妙に優しかったりして甘くなったり、多く眠ったり多く病気をすると、結局修行しようという心を低下させて怠けさせます。あるいは急に何か頭燃を払うがごとく修行したりしても三日坊主で長続きしなかったり、ああでもないこうでもないと疑いを起こして悩み始めたりします。

あるいは、先ほど説いた布施・持戒・忍辱・精進・止観の勝れた修行を捨てて、別の脇道の修行をさせたり、世間のさまざまな仕事に惹かれて雑務をこなすことばかりを考えるようになって修行から遠ざかったり、何か心が鎮まった感覚や気分を得させるけれども、これらはすべて本当の仏道修行の三昧ではなく、外道のものなので、気をつけなさいと言っています。

一日から一週間の間、禅定に住して、何も食べないでいると、身心ともに非常に喜ばしい状態になって、飢えてお腹がすくこともなく、のどが渇くこともなく、快適な状態にさせます。何かおいしい香りをする食べ物を得てとありますが、具体的なある食べ物ではなく、匂いそのものを食べ物とするような意味合いで、何も食べないですむことを言っているのでしょう。しかし、そうなると快適な状態に満足して安住してしまうので、さらにそれを突破して真如そのもの、空性そのものに徹していかなければいけません。

また、止の修行をする中で、食べる量が一定でなく暴飲暴食したりあるいはまったく食べなかったりして、健康状態が悪化して顔色が変わってしまうようなことが起きます。

こうしたことがあるといけないので、きちんと本来の仏道修行のあり方を理解し観察して、何か悪さをする罠の邪網にかかることがないようにしなければいけません。

勤めて心の働きを正しくして、あらゆるものを対象的に分別し執着することがないときは、過去世以来の行為に基づくさまざまな障りを除くことができるでしょう。

外道の三昧は、何か特別な見解に固執していたりする愛着や執着、あるいは自我を持つような我慢の心を離れていません。結局のところは、このような坐禅をしていると言って、世間からの名声や評判を得ようとする心がつきまとって離れないものなのです。外道の修行は、どうしてもそのようなものになってしまうので、本当の仏道の修行にはならないことを言っています。

真如三昧は、対象的に何かを見るあり方に住せず、何かを得たというあり方にも住しません。一切を対象化しないし、対象化する働きをおさえようともせず、ただひたすら法性・真如そのものに住することを進めていくことが、真如三昧なのです。坐禅の最中だけではなく、日常生活においても修行が求められます。坐禅から出て、ここまで境涯が深まって自分はかなりのところまで行ったと思って、もうこれで良いという気持ちになって怠けたり、自分は凄いんだという気持ちになったりすることがないようにしなければなりません。日常生活においても謙虚に法性に随順するあり方で修行を行っていくと、起きていた煩悩がだんだんと薄くなっていきます。

もしこの分別せず執着もしない三昧法を修行するのでなければ、如来になることが決まった者たちの仲間、仏の家族の一員に入ることはありえないのです。別の言葉で言えば、不退の位に入った人々のグループの正定聚に入ることができないということです。

世間のさまざまな心を統一する方法を修行すると、いろいろな妨げが生じてしまいます。インドのヨーガの行法などもありますが、最近では若い女性の方に坐禅のブームを起きていると聞いています。殺伐とした社会の中で心の癒やしを求めているのでしょうが、心が少し鎮まることの快楽、喜びを求めて坐禅することに終始してしまうと問題があることを述べています。坐禅をすると、初めは足が痛くてたまりませんが、慣れてくると確かに心が落ちついて気持ちよくなってきます。しかし、それに執着して、我見によって何か自分は覚ったと思い込んだりすると、迷いの世界から出ることができません。我見とは自我があるという見解のことです。自分というものを否定しきれない、自分を殺しきれないあり方にとどまって、これはよい気持ちだなと思っているだけでは、まだ我執の煩悩が残っているわけです。そのため解脱できないから、結局は外道と同じ境涯になってしまい、如来種性に入ることができないのです。

修行をしていく場合に、自分を導いてくれる徳のある人＝善知識に護られることを離れるときは、外道の見を起こしてしまうので、正しい師匠について修行していくことが大事なわけです。先ほどでは「気息にもよらず……」と、何にもよらないという難しいことを言っていましたが、具体的にどうするかという問題があります。そこで善知識＝師の正しい指導を得て修行を進めていくことの必要性が説かれているのかもしれません。

## 瞑想の功徳――修行信心分（5）

復《ま》た次《つぎ》に精勤《しょうごん》して専心《せんしん》に此《こ》の三昧《ざんまい》を修学《しゅがく》する者《もの》は、現世《げんせ》に当《まさ》に十種《じゅっしゅ》の利益《りやく》を得《う》べし。
云何《いかん》が十《とお》と為《な》す。
一《ひとつ》には常《つね》に十方《じっぽう》の諸仏《しょぶつ》・菩薩《ぼさつ》の護念《ごねん》する所《ところ》と為《な》る。

二《ふたつ》には諸魔《しょま》・悪鬼《あっき》の為《ため》に能《よ》く恐怖《くふ》せられず。

三《みっ》には九十五種《くじゅうごしゅ》の外道《げどう》・鬼神《きしん》の惑乱《わくらん》する所《ところ》と為《な》らず。

四《よっ》には甚深《じんじん》の法《ほう》を誹謗《ひぼう》することを遠離《おんり》し、重罪《じゅうざい》・業障《ごっしょう》漸漸《ぜんぜん》に微薄《みはく》なり。

五《いつつ》には一切《いっさい》の疑《ぎ》と諸《もろもろ》の悪覚観《あくかくかん》とを滅《めっ》す。

六《むっ》には諸《もろもろ》の如来《にょらい》の境界《きょうがい》に於《おい》て信増長《しんぞうちょう》することを得《う》。

七《ななつ》には憂《う》・悔《け》を遠離《おんり》して生死《しょうじ》の中《なか》に於《おい》て勇猛不怯《ゆみょうふこ》なり。

八《やっ》には其《そ》の心柔和《しんにゅうわ》にして憍《きょう》・慢《まん》を捨《す》てて他人《たにん》の為《ため》に悩《のう》されず。

九《ここのつ》には未《いま》だ定《じょう》を得《え》ずと雖《いえど》も、一切《いっさい》の時《じ》・一切《いっさい》の境界《きょうがい》の処《しょ》に於《おい》て、則《すなわ》ち能《よ》く煩悩《ぼんのう》を減損《げんそん》して世間《せけん》を楽《ねが》わず。

十《とお》には若《も》し三昧《ざんまい》を得《う》れば外縁《げえん》の一切《いっさい》の音声《おんじょう》の驚動《きょうどう》する所《ところ》と為《な》らず。


次に真如三昧・一行三昧の十種の利益について説かれています。一所懸命に勤めて心を専らにして、分別と分別しないということからも離れたこの真如三昧・一行三昧を、生死輪廻の中で繰り返し修行すれば、未来世に仏に成ったりよいことがあるかもしれませんが、現世においても十種の利益があると言っています。


一つ目の利益は、常に十方のありとあらゆる諸仏と菩薩に護ってもらえるという利益です。

二つ目は、魔や悪鬼から襲われて恐怖に陥ったり邪魔されたりすることがないという利益です。

三つ目は、外道やこの世の者でない存在の鬼神に惑わされない利益です。外道の数を九十五種とするのは、仏典によく出てきます。仏教では無我と一切法空とを説いて、修行の中で永遠に人々を救済していく働きが続いていく考え方や、偽りの自我を解体して真実の自利利他円満の自己の実現を求めていく考え方に立ちます。そうではなく、自己の本体はあるとか違った考え方に立つのが外道であり、そういったものに惑わされることがなくなります。

四つ目は、『起信論』で説かれるような非常に深い教えを譏ることからすっかり離れて、今までに犯した悪業の障りの残りも今生において薄れていく利益です。

五つ目は、あらゆる疑いと悪しき考え方や見解から離れる利益です。

六つ目は、仏の世界に対する信が深まる利益です。

七つ目は、憂いや後悔を離れて生死輪廻の中においても、自利利他の修行に対して勇猛で怯《ひる》むことがない利益です。

八つ目は、優しい心になって、うぬぼれや慢心を捨てて、他人と自分を比較して悩むということから解放される利益です。

九つ目は、いまだ本当の真如三昧に徹したことがないとしても、どのような時や場所においても、煩悩が少なくなっていって世間的な快楽や目標を願わなくなるという利益です。常に本来の自己やいのちの実現を求めていくことです。

十は、外界のありとあらゆる音に驚かされることがないという利益です。感覚的な音を指しているのか、外道の教えを説く音声を指しているのかややわかりませんが、ともあれ外界に惑わされることなく、心を真如三昧に住して徹底していくことができるようになるのです。

## 四つの観法――修行信心分（6）

復《ま》た次《つぎ》に、若《も》し人《ひと》唯《た》だ止《し》のみを修《しゅ》せば則《すなわ》ち心沈没《しんちんもつ》し、或《あるい》は懈怠《けたい》を起《おこ》し衆善《しゅぜん》を楽《ねが》わず大悲《だいひ》を遠離《おんり》す。是《こ》の故《ゆえ》に観《かん》を修《しゅ》す。

観《かん》を修習《しゅじゅう》すというは、当《まさ》に一切世間《いっさいせけん》の有為《うい》の法《ほう》は久《ひさ》しく停《とど》まることを得《う》ること無《な》く須臾《しゅゆ》に変壊《へんね》す、一切《いっさい》の心《しん》・行《ぎょう》は念念《ねんねん》に生滅《しょうめつ》す、是《こ》れを以《もっ》ての故《ゆえ》に苦《く》なりと観《かん》ずべし。応《まさ》に過去所念《かこしょねん》の諸法《しょほう》は恍忽《こうこつ》として夢《ゆめ》の如《ごと》しと観《かん》ずべし。応《まさ》に現在所念《げんざいしょねん》の諸法《しょほう》は猶《なお》し電光《でんこう》の如《ごと》しと観《かん》ずべし。応《まさ》に未来《みらい》所念《しょねん》の諸法《しょほう》は猶《なお》し雲《くも》の忽爾《こつに》として起《おこ》るが如《ごと》しと観《かん》ずべし。応《まさ》に世間一切《せけんいっさい》の有身《うしん》は悉《ことごと》く皆《み》な不《ふ》浄《じょう》にして種種《しゅじゅ》の穢《え》汚《お》一《いち》として楽《ねが》うべき無《な》しと観《かん》ずべし。是《かく》の如《ごと》く当《まさ》に念《ねん》ずべし。一切《いっさい》の衆生《しゅじょう》は無始《むし》の時《とき》より来《このかた》、皆《み》な無明《むみょう》に熏習《くんじゅう》せらるるに因《よ》るが故《ゆえ》に心《しん》をして生滅《しょうめつ》せしめ、已《すで》に一切《いっさい》の身《しん》・心《しん》の大苦《だいく》を受《う》け、現在《げんざい》に即《すなわ》ち無量《むりょう》の逼迫《ひっぱく》有《あ》り。未来《みらい》の所《しょ》苦《く》も亦《ま》た分斉《ぶんざい》無《な》く、捨《しゃ》し難《がた》く離《り》し難《がた》くして覚知《かくち》せず。衆生《しゅじょう》いい是《かく》の如《ごと》く甚《はなは》だ愍《あわ》れむべしと為《な》す。是《こ》の思惟《しゆい》を作《な》し即《すなわ》ち応《まさ》に勇猛《ゆみょう》に大誓願《だいせいがん》を立《た》つべし。願《ねが》わくは我《わ》が心《しん》をして分別《ふんべつ》を離《はな》れしむるが故《ゆえ》に、十方《じっぽう》に偏《へん》じて一切《いっさい》の諸善功徳《しょぜんくどく》を修行《しゅぎょう》し、其《そ》の未来《みらい》を尽《つ》くして無量《むりょう》の方便《ほうべん》を以《もっ》て一切《いっさい》の苦悩《くのう》の衆《しゅ》生《じょう》を救抜《ぐばつ》して、涅槃第一義《ねはんだいいちぎ》の楽《らく》を得《え》しむ、と。
是《かく》の如《ごと》きの願《がん》を起《おこ》すを以《もっ》ての故《ゆえ》に、一切《いっさい》の時《じ》・一切《いっさい》の処《しょ》に於《おい》て、有《あ》らゆる衆善《しゅぜん》は己《おの》が堪能《かんのう》するに随《したが》いて修学《しゅがく》を捨《す》てず、心《こころ》に懈怠《けたい》無《な》し。
唯《た》だ坐《ざ》する時《とき》止《し》を専念《せんねん》するを除《のぞ》く。
若《も》し余《よ》の一切《いっさい》、悉《ことごと》く当《まさ》に応作《おうさ》と不応作《ふおうさ》とを観察《かんさつ》すべし。

けれども、この止観の止のみを修行するときは、心は活動することがなく、修行していこうという気持ちがなくなって怠け心が起きたり、衆生を救済しようという心がなくなったりして、慈悲の心から離れてしまいます。その気持ちよさに惹かれて坐禅ばかりしてしまうと、衆生救済の活動ができなくなってしまうという問題です。

そのために、止だけではなく、観も行うこと、止観の両方を行うことが重要なわけなのです。

このときの観では、次のような観察をまずすべきと説明しています。「修習」の「習」は持続的に修行していくこと、繰り返して修行していくことの意味が込められています。観をずっと修行していこうとするならば、次のように観察しなさいと言っています。生じてしばらくはそのかたちをとどめその後変化してなくなっていく現象や、さまざまな事物である有為法は、ずっとその本体を保つことはできません。短い時間（須臾）に変化したりなくなってしまったりします。有為の諸法には心理的な現象もあれば物理的な現象もありますが、そのなかでも心の働きは瞬間瞬間に生滅して過ぎ去っていきます。自分の願いや理想を保とうとしても保てません。そのため、諸行無常のこの世の中は自分の思い通りにならない苦以外のなにものでもない、一切は苦しみであると観察します。

そして、過去にあったことを想起（念）してみても、その過去の感覚や知覚に関わったそれぞれの存在は、実在性が乏しくてリアルな存在ではありません。もう過去のことで、なくなってしまいましたから、夢のようなものなのです。そのように観察しなければいけません。また、現在の諸法は電光のように、一瞬にしてなくなる、実体を持たないものであると観察すべきとも言っています。さらに、未来にあると考えられる諸法も、雲が突然起きてまたどこかへ行ってしまうように本体を持たないものであると観察しなさいと言っています。このように過去・現在・未来にわたってそれぞれ実在性のないものであることを観察すべきだと言っているのです。言い換えれば、すべての存在は空であり、実体的な存在としての我を持たない、無我（人無我・法無我）であることを観察するのです。

すべての生きとし生けるものは、実際に身体を中心として観察すると、いろいろと穢いものや汚れたものを抱えていて、楽しいものは一つもありません。

以上をまとめると、無常・苦・無我・不浄の観察を勧めているわけです。これは世間一般で認める常・楽・我・浄に対するものです。世間ではさまざまな事物に対して、常住である・楽しい・実体的な本体を持っている・浄らかであると見ますが、そうではなくて無常であり苦しみであり無我であり不浄であると観察していくことが、この世界の実相を観察していくことなのです。世間のあり方を如実に観察するとはこういうことなのです。

また次のように観察しなさいと説明が続きます。どのような人も始まりのない過去よりずっと、無明の力によって本来の実相を見る智慧の働きが覆われています。そしてさまざまに煩悩を起こして、苦しみを招くような業を造っています。その結果、心は生滅しながら相続していくので、無明・煩悩によって貪・瞋・癡などの心を続けていくことになります。そして業を造って、人間界に生まれたとしても、自覚していないかもしれませんが、大きな苦しみを受けているのです。仏教では四苦八苦、生・老・病・死といった生死の苦しみや、愛するものから別れなければいけないという愛別離苦、嫌な人と会わなければいけないという怨憎会苦、ほしい物が得られない求不得苦、身心が盛んでコントロールがきかない五蘊盛苦を説きますが、どれも思い通りにならない苦しみです。

このように現に多くの苦しみを受けているのに気づかず、さまざまな煩悩や執着を起こし、未来に苦しみを招くその種（因）を植え続けています。その結果、未来に苦しむことに限りがなくなります。無限と言ってよいほどの苦しみを未来にまた受けることになるのです。そういう苦しみそのもの、あるいは苦しみを生みだす無明・煩悩のあり方に関して、なかなか離れることができません。究極の意味での楽の世界、涅槃に到達できないのです。苦しみの中にあるのにそのことを自覚できない衆生は実に憐れむべき存在なのです。『法華経』でも、衆生はさまざまなものに愛着して苦しみに沈み込んで（没在して）いるけれども、そのことに気づかないというようなことが説かれています（「譬喩品」参照）。そういう人々、生きとし生けるものをかわいそうな存在であると、そのことを観察すべきなのです。

こうして、大悲を観察する観法を行っていきます。衆生はかわいそうな存在であると思って、固い決意のもとに偉大なる誓いとしての願を立てるべきといっています。大乗仏教徒であれば誰でも各自、その根本に立てる本願を持ちます。本願すなわち徹底した決意の自覚をもって修行に邁進していくわけです。

その誓願はどのようなものかというと、十方全体に遍くゆきわたらせるとありますので、要するにどのような人でも差別なくすくい取ろうという決心です。そのために、さまざまな修行を未来までし続けるわけです。菩提心を起こしてから仏に成るまで三大阿僧祇劫かかると言われますが、それほど長い時間がかかろうとも怯まずに修行していきます。

そして、苦しんでいるありとあらゆる衆生全員を、その人その人に応じたさまざまな手段でもって苦しみの世界から救い出し、煩悩の吹き消された安らぎの世界、涅槃の世界の究極の楽しみを得させるのです。「第一義の楽」とありますので、たんに金持ちにするとか健康にするといった世俗的なことではなく、宗教的な意味での解脱、本当の自己のいのちは何なのかを自覚させるようなことで、それを実現させる願を立てるべきなのです。

大乗仏教の場合、涅槃を実現するだけではなく、迷っている衆生の一人一人の心を智慧に変えていくことをめざします。この智慧すなわち菩提を実現させることが重要で、そのことがあるかないによって、涅槃の内容も変わってきます。小乗仏教では、涅槃は生死輪廻を離れたものになりますが、大乗仏教では智慧があるために生死のただ中に涅槃を見出します。生死の世界にあって何ものにもとらわれず衆生を救済してやまない、その働きの中に涅槃を見出します。それを生死にも涅槃にもとどまらないという意味で無住処涅槃と呼びます。この考え方を背景にして、本当の意味での生死の苦しみからの解脱を実現させることを願うべきだと言っているのです。

　このような願を起こしたのであれば、どのような時でも場所でも、どのような修行であっても自分の能力の堪えるかぎり、あらゆる修行を常に修行していき、怠けてはいけません。これが大願観です。

　坐って心を統一していく止の修行に専念するときを除いて、他の日常生活をしているすべての場面においては、まさになすべきこととなすべからざることを観察しなさい。なすべきこととは、さまざまな修行であり、人々を利益していくことです。戒律で言えば摂善法戒と饒益有情戒のことです。なすべからざることとは、してはいけないと定められた悪いことで、戒律で言えば摂律儀戒のことです。そのことを観察し、実際に実践もしなさいという意味です。

## 止観の修め方——修行信心分（7）

若《も》しは行《ぎょう》、若《も》しは住《じゅう》、若《も》しは坐《ざ》、若《も》しは臥《が》、若《も》しは起《き》、皆《み》な応《まさ》に止《し》と観《かん》とを倶行《くぎょう》すべし。
所謂《いわゆる》諸法《しょほう》の自性不生《じしょうふしょう》を念《ねん》ずと雖《いえど》も、而《しか》も復《ま》た即《すなわ》ち因縁和合《いんねんわごう》して善悪《ぜんあく》の業《ごう》と苦楽等《くらくとう》の報《ほう》とは失《しっ》せず壊《え》せずと念《ねん》ず。

因縁《いんねん》の善悪《ぜんあく》の業報《ごうほう》を念《ねん》ずと雖《いえど》も、而《しか》も亦《ま》た即《すなわ》ち性不可得《しょうふかとく》なりと念《ねん》ず。

若《も》し止《し》を修《しゅ》すれば、凡夫《ぼんぶ》の世間《せけん》に住著《じゅうじゃく》するを対治《たいじ》し、能《よ》く二乗《にじょう》の怯弱《こにゃく》の見《けん》を捨《しゃ》す。若《も》し観《かん》を修《しゅ》すれば、二乗《にじょう》の大悲《だいひ》を起《おこ》さざる狭劣《きょうれつ》の心過《しんか》を対治《たいじ》し、凡夫《ぼんぶ》の善根《ぜんごん》を修《しゅ》せざるを遠離《おんり》す。

是《こ》の義《ぎ》を以《もっ》ての故《ゆえ》に、是《こ》の止《し》・観門共《かんもんとも》に相《あ》い助成《じょじょう》して相《あ》い捨離《しゃり》せず。若《も》し止《し》・観具《かんぐ》せざれば則《すなわ》ち能《よ》く菩提《ぼだい》の道《どう》に入《い》ること無《な》し。


観の説明が終わり、止観の双方をすべきことが説かれます。一般に四威儀《しいぎ》といって行・住・坐・臥が言われますが、それは日常の生活のことを意味します。日常の生活の場面の中で、どのようなときでも止観を倶に行ずべきなのです。止というとじっと坐って行う修行のように思われるかもしれませんが、働いている中での止の行というのもあります。常に心を散乱させず、統一されたあり方を護ることでしょう。止と観の両者を行わないといけませんが、どういうふうにすべきかが次に説明されています。

どういうことかというと、あらゆる法は実体を持たないので、それとして生じたり滅したりということがありません。不生なりというのは、空の本質を見抜いていくことと別ではありません。生じたとか滅したとかいうことはなく、本質は空だと念ずるわけです。このように本来空性であって本体はないのですが、現象としては善を行えば楽の報いがあり、悪を行えば苦の果報があります。行為の世界においては善因楽果・悪因苦果の因果関係が厳然としてあって、生死輪廻とも関わってきます。善をなせば死後に人間界や天上界、もしくは三界を超えて覚りの世界へと生まれる報いが得られ、悪をなせば死後には地獄や餓鬼、畜生といった苦しみの多い世界に生まれ変わります。この行為の法則、道理は決して失われたりなくなったりはしないこともきちんと観察すべきことなのです。

そういった因果に縛られるけれども、その本質は空・無自性・不生であり、それに徹底していくと因果の中にあって因果を離れることが実現してきます。つまりこの身このままで救われることが実現するわけです。この両方のあり方をきちんとわきまえてそのときそのときに応じてことにあたっていくことが大事なわけです。

因縁のあり方とも言うべき善悪の行為とその報い、つまり善因楽果・悪因苦果の法則が厳然としてあり、そのことを深く思っても、またその現象世界の一つ一つの事物の本性は不可得であって、本体あるものとしてとらえられないことも念じなければいけません。

こういった明瞭な洞察と了解をもとにして、そのつどの縁にしたがってことにあたっていくことが止観倶行ということなのです。

ふだん、心は対象に向かって執着してそれに引きずり回されます。坐禅をして心を静めて心そのものになるように、対象にかかわらず主体そのものに帰るように止の修行をしていくと、凡夫が世間に執着するあり方を対治することになります。そしてそれだけではなくて、真如三昧、空性三昧によって空に徹底していくので、世間の事物の空は見られず生死輪廻から逃れようとして涅槃に入ることを望む二乗とは違って、生死のただ中にあって解脱することを実現することができます。苦しみから逃れようとだけする二乗の立場を捨てて、空において自由自在に働くことができるようになるのです。しかし、止だけではだめで、さらに観を修するときに、涅槃に入ってしまって自己満足し、他者とは一切関わりを持たないような狭い劣った心の過ちを退治します。他者のためにひたすら働いてやまない慈悲の主体が動き出します。それに加えて、先ほどこの世は無常・空・無我・不浄の中で衆生が苦しんでいる様子を観察し、彼らを救済しようという願を立て修行することが言われていましたが、この観を修すると、凡夫が善根を修しない、仏道を歩もうとしないというあり方からもはるかに離れることができるのです。究極的には本当の意味での自利利他円満になるような自己・主体を実現することができるのです。

そのため止と観の双方が大事になるわけです。空なる本質をよく理解して、それと同時に現象世界の行為に関わる法則等もきちんとわきまえて、自らの苦しみをいかに脱するかや、他者をいかに苦しみから抜け出させるかといった課題に取り組む大乗の立場が実現してくるのです。

止観は相助け合って離すべきものではありません。もしも止と観の両方を具えないときは、菩提の道に入ることができません。自覚覚他円満の悟りの智慧を完成させることができないのです。この「菩提の道」ですが、道を覚りの智慧のことととれば、「菩提という道《どう》」、いわゆる道《みち》ととれば、「菩提をめざす道」（仏道）ということになります。

## 念仏の勧め――修行信心分（8）

復《ま》た次《つぎ》に衆生《しゅじょう》初《はじ》めて是《こ》の法《ほう》を学《がく》し正信《しょうしん》を欲求《ほつぐ》するに、其《そ》の心《しん》怯弱《こにゃく》なり。此《こ》の娑婆世界《しゃばせかい》に住《じゅう》するを以《もっ》て、自《みずか》ら常《つね》に諸仏《しょぶつ》に値《あ》いて親承《しんじょう》し供養《くよう》すること能《あた》わざることを畏《おそ》れ、信心成就《しんじんじょうじゅ》すべきこと難《かた》しと謂《おも》うて意《い》に退《たい》せんと欲《ほっ》することを懼《おそ》るる者《もの》は、当《まさ》に知《し》るべし。如来《にょらい》に勝方便《しょうほうべん》有《あ》り、信心《しんじん》を摂護《しょうご》す。謂《いわ》く意《い》を専《もっぱ》らにし仏《ぶつ》を念《ねん》ずる因縁《いんねん》を以《もっ》て、願《がん》に随《したが》いて他方《たほう》の仏土《ぶつど》に生《しょう》ずることを得《え》て、常《つね》に仏《ぶつ》を見《み》て永《なが》く悪道《あくどう》を離《はな》る。

修多羅《しゅたら》に説《と》くが如《ごと》し。「若《も》し人《ひと》専《もっぱ》ら西方極楽世界《さいほうごくらくせかい》の阿弥陀仏《あみだぶつ》を念《ねん》じて、所修《しょしゅ》の善根《ぜんごん》を廻向《えこう》して彼《か》の世界《せかい》に生《しょう》ぜんと願求《がんぐ》せば即《すなわ》ち往生《おうじょう》することを得《え》ん」と。常《つね》に仏《ぶつ》を見《み》たてまつるが故《ゆえ》に終《つい》に退《たい》すること有《あ》ること無《な》し。

若《も》し彼《か》の仏《ぶつ》の真如法身《しんにょほっしん》を観《かん》じて常《つね》に勤《つと》めて修習《しゅじゅう》すれば畢竟《ひっきょう》じて生《しょう》ずることを得《え》ん。正定《しょうじょう》に住《じゅう》するが故《ゆえ》に。

信心を成就するために止観の双方を行じていかなければいけないと説いてきました。止観は布施・持戒・忍辱・精進と並ぶ五行の一つですが、合わせれば実質的に六波羅蜜と同じです。この五行を修行していって信心を成就していくわけですが、それができない人のための勝れた方便があります、そのことがこの修行信心分の最後に説かれています。

衆生が『起信論』に説かれた教えや修行を学んで信を成就することを願って、初めて五行を修しようとします。しかし、その心が弱く劣っていて、苦しみの多いこの世界に生きているために、仏に出会って親しくお仕えして身の回りの世話をするなど供養して修行していくことはできないと思い、やめておこうと思う者がいます。娑婆世界は人間の住んでいる苦しみの多い世界で、別名、忍土とも言います。堪え忍ばなければいけない世界であり、このような世界にいると修行なんて困難が多くてできないと思う人が出てくるということです。

そういった劣った機根のものに対しては、如来に勝れた方便があります。その方便によって信心を護っていくことができるわけです。その方便とは、念仏です。念仏には、観念、憶念の念仏や称名念仏などがありえますが、五行、特に止観のできない者に対する勝方便としての念仏ですので、心にイメージして観察する念仏ではなく、称名念仏が想定されていると考えられます。ひたすらに称名念仏をすることで、仏の本願にしたがって、この世の場所とは違う浄らかな仏国土に生まれ変わることができるのです。仏の本願とは、自分の名号を称えたものは必ず自分の仏国土に引き取るという本願です。それにしたがって、お釈迦さまが教化する世界とは別の世界、阿弥陀仏であれば極楽浄土に往生できることになります。その国土に往生すると、この娑婆世界とは異なり修行しやすい環境にありますので、常に仏の姿を見て完全に無明煩悩を離れることができるのです。これが勝方便の内容です。

親鸞の場合は、往生したらすぐに成仏すると言っていますが、本来の浄土教は、阿弥陀仏の極楽浄土に往って娑婆よりよい環境の中で修行をさせてもらい、その後、仏に成ることを説きます。ここでも、そのような内容で説明されています。

経典に「ひたすら極楽にいる阿弥陀を念じて、今までいろいろ修行して積んできた善根を浄土に往生することに振り向けていくと、往生することが決まる」と説いています。ここの「阿弥陀仏を念じ」を称名念仏ととらえれば、南無阿弥陀仏と称えることです。一般に六字名号と言いますが、それが『起信論』の最後に説かれているわけです。『起信論』の構造として、一心（衆生心）・二門（真如門・生滅門）・三大（体・相・用）・四信（真如・仏・法・僧）・五行（布施・持戒・忍辱・精進・止観）が説かれたのでした。しかし、最後に六字名号が用意されていますので、浄土系の方の中には、『起信論』は一心・二門・三大・四信・五行・六字名号の構造となっているのであり、最後の六字名号こそが『起信論』の本当に説きたいことだと言ったりする人もいます。

そして往生すれば、常に仏の姿を見るので、退転することがありません。必ず仏に成ることが約束される、とも説かれているわけです。『無量寿経』巻下の冒頭には、「……信心歓喜、乃至一念、至心廻向、願生彼国、即得往生、住不退転」とあります。

「若し彼の仏の真如法身を観じて常に勤めて修習すれば」の部分は、その解釈に議論を呼ぶ箇所ではありますが、娑婆世界で止観行を含む五行も修行できないものが真如法身を観ずることなどできませんから、浄土に往生した後の話かと思います。浄土に往生すると、阿弥陀仏の姿・形を超えて真の仏身であるところの法身そのものを観察することができるようになります。そしてその観察行を常に励んで修行していくと、最終的に仏の智慧を生ずることができるようになる。まずは本当の信心を生ずることが得られるので、仏に成ることが約束された身となるのです。そのあとに「正定に住するが故に」とありますので、ここの「畢竟じて生ずることを得」の「生ずること」とは必ずや決定した信心を生ずることと読むのがよいかと思います。いずれにしても、修行に耐えられないもののために称名念仏という勝れた方便があることも説かれていて、『起信論』が細部まで詰めた内容の書であることがわかります。

## 修行の功徳――勧修利益分（1）

已《すで》に修行信心分《しゅぎょうしんじんぶん》を説《と》きつ。次《つぎ》に勧修利益分《かんじゅりやくぶん》を説《と》かん。是《かく》の如《ごと》き摩訶衍《まかえん》は諸仏《しょぶつ》の秘蔵《ひぞう》なり。我《わ》れ已《すで》に総《そう》じて説《と》けり。若《も》し衆生有《しゅじょうあ》りて、如来《にょらい》の甚深《じんじん》の境界《きょうがい》に於《おい》て正信《しょうしん》を生《しょう》ずることを得《え》て、誹謗《ひぼう》を遠離《おんり》して大乗《だいじょう》の道《みち》に入《はい》らんと欲《ほっ》せば、当《まさ》に此《こ》の論《ろん》を持《じ》して思量《しりょう》し修習《しゅじゅう》し究竟《くきょう》じて能《よ》く無上《むじょう》の道《どう》に至《いた》るべし。若《も》し人《ひと》是《こ》の法《ほう》を聞《き》き已《おわ》って怯弱《こにゃく》を生《しょう》ぜざれば、当《まさ》に知《し》るべし。此《こ》の人定《にんさだ》んで仏種《ぶっしゅ》を紹《つ》ぎ必《かなら》ず諸仏《しょぶつ》の授記《じゅき》する所《ところ》と為《な》る。

仮使《たとい》人《ひと》有《あ》りて能《よ》く三千大千世界《さんぜんだいせんせかい》の中《なか》に満《み》てる衆生《しゅじょう》を化《け》して十善《じゅうぜん》を行《ぎょう》ぜしめんよりは、如《し》かず。人《ひと》有《あ》りて一食頃《いちじきけい》に於《おい》て正《まさ》しく此《こ》の法《ほう》を思《おも》わんに、前《さき》の功徳《くどく》に過《す》ぐること喩《たとえ》と為《な》すべからず。復《ま》た次《つぎ》に若《も》し人《ひと》此《こ》の論《ろん》を受持《じゅじ》して観察《かんざつ》し修行《しゅぎょう》すること若《も》しは一日一夜《いちにちいちや》せんに、所有《しょう》の功徳無《くどくむ》量無辺《りょうむへん》にして、説《と》くことを得《う》べからず。仮令十方一切《たといじっぽういっさい》の諸仏《しょぶつ》、各《おのおの》無量無辺阿僧祇劫《むりょうむへんあそうぎこう》に於《おい》て其《そ》の功徳《くどく》を歎《たん》ずるも亦《ま》た尽《つ》くすこと能《あた》わざらん。

何《なに》を以《もっ》ての故《ゆえ》に。

謂《いわ》く法性《ほっしょう》の功徳《くどく》は尽《つ》くること有《あ》ること無《な》きが故《ゆえ》に。此《こ》の人《にん》の功徳《くどく》亦《ま》た復《ま》た是《かく》の如《ごと》く辺際《へんざい》有《あ》ること無《な》し。

其《そ》れ衆生《しゅじょう》有《あ》りて此《こ》の論《ろん》の中《なか》に於《おい》て毀謗《きぼう》して信《しん》ぜずんば、獲《う》る所《ところ》の罪報《ざいほう》無量劫《むりょうごう》を経《へ》て大苦悩《だいくのう》を受《う》く。

是《こ》の故《ゆえ》に衆生《しゅじょう》但《た》だ応《まさ》に仰《あお》いで信《しん》ずべし、毀謗《きぼう》すべからず。

深《ふか》く自《みずか》らを害《がい》し亦《ま》た他人《たにん》を害《がい》して一切三宝《いっさいさんぼう》の種《しゅ》を断絶《だんぜつ》するを以《もっ》てなり。

一切《いっさい》の如来《にょらい》は皆《み》な此《こ》の法《ほう》に依《よ》りて涅槃《ねはん》を得《う》るが故《ゆえ》に。一切《いっさい》の菩薩《ぼさつ》は之《これ》に因《よ》りて修行《しゅぎょう》して仏智《ぶっち》に入《い》ることを得《う》るを以《もっ》ての故《ゆえ》に。

以上で「修行信心分」が終わり、最後の「勧修利益分」に入ります。『起信論』の教えには、このような利益があるということを説いて、修行を勧める内容です。

摩訶衍とは大乗のことで、大であり乗である衆生心をめぐる教えのことです。この教えは、諸仏がめったに説かない、本当に理解できる人だけに説く優れた教えなのです。それについては、すでにその全体を説いたと述べています。

もしも、『起信論』が説くような如来の奥深い世界に対して正しい信が生じて、大乗を譏ることを離れ大乗の道に入ろうと願う人がいるならば、この『起信論』を常に持《たも》って学び考えて、その納得したところを修行していくべきです。昔から仏教では「聞思修」と言いますが、教えを聞いて、考えて、実践することが大切なのです。そうすれば、無上の覚りに到達することができるのです。

『起信論』が説く教えを聞き終わって怖じ気づくような心が生じず、どれほど時間がかかろうとも仏道を歩もうと勇猛な心を持つことができる人がいるならば、仏に成る家族の一員となって、諸仏に「あなたは将来必ず仏に成ります」と預言され保証される「授記」を受けることができます。

たとえ世界のありとあらゆる人々を教化して、不殺生（殺さない）・不偸盗（盗まない）・不邪婬（邪な男女関係を持たない）・不妄語（嘘を言わない）・不綺語（おべんちゃらを言わない）・不悪口（粗暴な言葉を発しない）・不両舌（仲違いをさせるような言葉を遣わない）・不瞋恚（怒らない）・不慳貪（貪らない）・不邪見（正しく見る）の十善行を行わせるとしても、ごく短い間でも正しく『起信論』に説かれる教えを考えることの方がより多くの功徳があるのです。

その功徳の量は、喩えでも語れないほど大きいのです。そもそもその比較対象が「三千大千世界のあらゆる衆生」に「十善を行ぜしめ」ることになっており、それ自体、功徳が途方もなく大きいものだと思われますが、このように莫大なものと比べる言い方をして、『起信論』の教えの価値のさらなる高さや深さを語ろうとしているわけです。

また次に、もし『起信論』を受持して教えにしたがって観察し修行することが一晩だけであっても、そこに生まれる功徳は無量で説き尽くせないほどだと言います。たとえあらゆる世界のすべての仏が各自、莫大な無限なほどの時間を用いて、その功徳を讃歎しても、それでも尽くすことのできないほどの功徳を得ることができると言うのです。

それはどういうことかというと、『起信論』の教えの核心は法性（真如・本覚）そのものの自己表現にあります。その法性に関する教えを学んで修することは法性そのものを修することであって、法性の功徳は無限なのですから、その人の功徳もやはり無限なものになるのです。

一方、『起信論』を譏って信じないと、それによる罪の報いは、どれだけ時間が経とうと、ずっと大苦悩を受け続けることになります。そのため、この教えを聞く者はひたすら信じて誹謗してはいけません。

もし誹謗した場合は、仏法僧の三宝の種、仏の種が断たれることになります。仏がいるからこそ、教えが説かれ、教えが説かれるからこそ、それを信じ修行するサンガができるわけで、三宝は仏に帰着します。もしこの教えを誹謗すれば、自分も他人も損ねてしまうことになり、仏の種が断たれて、仏の存在が滅尽してしまいます。そうなれば、三宝のすべて、仏教のすべてがなくなってしまうことになるのです。

すでに仏に成ったものは、『起信論』の教え、大乗の教えによって涅槃（成仏）を得たわけで、あらゆる菩薩もこの教えによって修行して仏智を完成させるわけです。ですから、この『起信論』ほど重要な、貴重なものは他にないのです。このことは、大乗仏教のかけがえのない貴重さを物語るものであるでしょう。

## 修行の勧め――勧修利益分（2）

当《まさ》に知《し》るべし、過去《かこ》の菩薩《ぼさつ》は已《すで》に此《こ》の法《ほう》に依《よ》りて浄信《じょうしん》を成《じょう》ずることを得《う》。現在《げんざい》の菩薩《ぼさつ》は今此《いまこ》の法《ほう》に依《よ》りて浄信《じょうしん》を成《じょう》ずることを得《う》。未来《みらい》の菩薩《ぼさつ》は当《まさ》に此《こ》の法《ほう》に依《よ》りて浄信《じょうしん》を成《じょう》ずることを得《う》べし。是《こ》の故《ゆえ》に衆生《しゅじょう》応《まさ》に勤《つと》めて修学《しゅがく》すべし。

過去の菩薩も現在の菩薩も未来の菩薩も、この『起信論』の教えに基づいて、あるいは衆生心の根源の真如・本覚に基づいて信心を成就することを得たとあります。涅槃や仏智の獲得が究極のゴールではありますが、もう退転することがなく仏に成ることが約束される信成就の重要性を『起信論』では繰り返し説いていました。ここの説明も、いかに信を成就することが大切かに主眼が置かれて説明されています。

そのため、この『起信論』に説かれた教えを学び、考え、実践すべきであるという意味で、「応に勤めて修学すべし」と締めくくられています。

ここまでが本論にあたる部分で、最後のまとめに入ります。

## 広く読まれることへの願い――流通分

諸仏《しょぶつ》の甚深広大《じんじんこうだい》の義《ぎ》、
我《わ》れ今《いま》、分《ぶ》に随《したが》いて総持《そうじ》して説《と》けり。
此《こ》の功徳《くどく》の如法性《にょほっしょう》を廻《めぐ》らして、
普《あまね》く一切《いっさい》の衆生界《しゅじょうかい》を利《り》せん。

第三部の「流通分」は、人々にこの教えを薦めてくださいと説く部分です。諸仏の深く広大な教えを、自分のわかる範囲で、比較的短い文章の中に深い意味内容を盛り込んでまとめ説きました。

私が教えをまとめ説いてきましたが、そこに発生する法性のように無限の功徳を、すべての人々へ廻らしたいと思います。願うことは、そのことによって一切の衆生を利益することなのです。

# あとがき

数年前、芝・愛宕の青松寺と、本郷の東京大学仏教青年会において、ほぼ月一回ほどのペースで、『大乗起信論』の講義を行った。本書は、その講義録を整理して、本にしたものである。かつて私は、『大乗起信論読釈』なる本を山喜房仏書林から刊行したが、それは『起信論』の用語等に関する先行事例との比較的詳細な検討を含むものであり、世に真諦訳と伝えるものの、実は地論系ではないか、との見解を呈したものであった。今回の本は、もともと一般の方々を対象に解説したものであり、できるだけわかりやすく説明することを基本とした。そのため、たとえば『起信論』ははたしてインド撰述か中国撰述か、といった込み入った問題にはほとんど立ち入っていない。あくまでも、『起信論』の基礎的な解説書の性格にとどまっている。

ただ、『起信論』の教理等をより深く理解する手段として、それをしばしば法相唯識の教理に対照させてみた。法相唯識の教理体系は、大乗仏教の一つの標準をなすものであり、それと比較して『起信論』はどのあたりがどのように異なっているかを明らかにすることは、『起信論』の意図を正しく受け止めるためにも有効な道であると考える。『起信論』の解説書はこれまで数多く出されているが、この両者の比較対照が他にはあまりない本書の特徴になっており、かつ『起信論』の教理の了解を促進させることと思う。

かつて私の仏教学の恩師の一人、平川彰先生は、修士論文を書き終えたころ、『倶舎論』でも『成唯識論』でも『大乗起信論』でも何でもよい、法相（人間観・世界観）から修道論（修行方法・階梯）まで一貫して説いているものを一つはすべて読むべきだ、それが基準となって他の種々の仏教が了解されてくるから、と言われていた。そういう意味でも、読者の皆様が『起信論』の全体をひととおり読むことは、ひいては多種多様な仏教の内容の精確な理解をもたらしてくれることであろう。

『起信論』は、「一心・二門・三大・四信・五行」という、きわめて整った体系のもとに叙述されている。私は、前掲の『大乗起信論読釈』を刊行したのち、この適当な分量の大乗仏教の綱要書に関して、インド大乗仏教思想に現れた、唯識思想と如来蔵思想と中観思想とのすべてを統合する試みをなしたものではないかとの見解を表明したりした。たとえば唯識思想は、心生滅門の五意と意識、事実上は現識（十八界）と分別事識（意識）の二識説を基本として語られ、如来蔵思想は、同じく心生滅門において本覚や特に相大を中心に語られている。中観思想は、心生滅門と心真如門の二門に、世俗諦と勝義諦の二諦説を読むことができ、かつ依言真如（言葉で語られた真如）に加えて離言真如（言葉を超えた真如そのもの）を説くところには、究極の勝義諦（勝義勝義諦）が示されているであろう。そのように、インド大乗仏教の思想を総合的に受け継いでいることは間違いないと思われる。

なお、『起信論』が説いているのは、たとえば必ずしも本覚を認めよということではなく、むしろ心生滅門を中心とする説明を理解して、信心・修行に発趣し、最終的には真如門に悟入せよということであることは、忘れるべきではないであろう。

前述の講義に際しては、テキストに岩波文庫の『大乗起信論』（宇井伯寿・高崎直道訳註『大乗起信論』）を用いた。入手しやすいからであり、また高崎直道先生の綿密な註釈もあるからである。それは宇井伯寿が前の岩波文庫で公刊したテキストを用いており、かつところどころ高崎直道先生ご自身の見解が表明されている。それは、今日、もっとも信頼できるテキストになっていると言えるが、書き下しの体裁において、私にはどこか違和感がないでもない。たとえば、「〜の故に」を「〜の故なり」と読むなど、いささか格調に難があるように思われるのである。そこで、今回の刊行に際しては、あえて伝統的な読みを忠実に表現している、中川善教『科・校異　大乗起信論』（高野山大学出版部、昭和三一年）を用いることにした。それは、およそ十本を校異したものであり、またその読みには、古来の『起信論』研鑽の成果が盛り込まれてもいる。本書ではその正統的とも言えるテキストを用いることにしてみたので、さらに細かく解読したい方は、進んで高崎直道先生の岩波文庫等も参照していただきたいと思う。

本書が成るについては、春秋社の神田明会長、澤畑吉和社長、佐藤清靖編集長をはじめ、拙い講義録に関し重複個所の削除その他の整理を精力的にして下さった編集部の豊嶋悠吾氏の、なみなみならぬご協力・ご尽力のおかげであり、深く感謝申し上げる次第である。

最後に、本書が読者の皆様にとって、いずれの意味であれ、またほんの多少であれ、大乗仏教というものの理解の一助となったとすれば幸甚である。

平成二十八年十一月二十三日

つくば市故道庵にて

竹村牧男　誌す

著者紹介

竹村牧男（たけむら・まきお）

1948 年東京生まれ。1971 年、東京大学文学部印度哲学科卒業。文化庁宗務課専門職員、三重大学助教授、筑波大学教授、東洋大学教授・学長を経て、現在、東洋大学名誉教授。専攻は仏教学・宗教哲学。唯識思想研究で博士（文学）。著書に、『唯識三性説の研究』『空海の言語哲学――『声字実相義』を読む』『道元の〈哲学〉――脱落即現成の世界』『『華厳五教章』を読む』『〈宗教〉の核心――西田幾多郎と鈴木大拙に学ぶ』『心とはなにか』（春秋社）、『入門　哲学としての仏教』『はじめての大乗仏教』（講談社現代新書）、『ブッディスト・エコロジー――共生・環境・いのちの思想』（ノンブル社）、『唯識・華厳・空海・西田』『新・空海論』『良寛　その仏道』（青土社）ほか多数。

『大乗起信論』を読む

2017 年 1 月 20 日　第 1 刷発行
2025 年 3 月 10 日　第 2 刷発行

著　者＝竹村牧男
発行者＝小林公二
発行所＝株式会社 春秋社
〒 101-0021　東京都千代田区外神田 2-18-6
電話（03）3255-9611（営業）（03）3255-9614（編集）
振替　00180-6-24861
https://www.shunjusha.co.jp/
印　刷＝萩原印刷株式会社
装　幀＝本田　進


ISBN 978-4-393-11341-7　定価はカバーに表示してあります